Schulden in Berlin

Ein Lesebuch

Schulden in Berlin
Ein Lesebuch

Herausgegeben von Christine Friedrich, Lavinia Meier-Ewert und Andreas Resch

Verlag M – Stadtmuseum Berlin GmbH

REDAKTION: Lavinia Meier-Ewert, Andreas Resch und Christine Friedrich
TITELBILD: © To Kühne
FOTOS: Tobias Tanzyna

GESTALTUNG UND LAYOUT: Giraffe Werbeagentur GmbH
DRUCK: Albdruck

Bibliografische Information der Deutschen Nationalbibliothek:
Die Deutsche Nationalbibliothek verzeichnet diese Publikation in der Deutschen Nationalbibliografie; detaillierte bibliografische Daten sind im Internet über http://dnb.d-nb.de abrufbar.

1. Auflage Berlin 2012

ISBN 978-3-9812257-5-4

Schulden in Berlin

Ein Lesebuch

Herausgegeben von Christine Friedrich,
Lavinia Meier-Ewert und Andreas Resch

Verlag M
Stadtmuseum Berlin GmbH

INHALT

VORWORT

Schulden, ihre Ursachen und Folgen sind globaler Natur. Ist es angesichts dessen überhaupt sinnvoll, ein solches Thema lokal anzugehen? Auf jeden Fall! Die lokale Perspektive öffnet für vieles den Blick, auch für das, was die globalen Schuldenkrisen ausmacht: Filz und Korruption, Großmannssucht, Spekulierwahn und nicht zuletzt komplizierte Finanzsysteme, die schon im 18. Jahrhundert nur für Spezialisten durchschaubar waren, und heute, hochkomplex, jederzeit kollabieren können.

Schulden, ihre Ursachen und Folgen sind individueller Natur. Menschen machen Schulden und ermöglichen damit auch Bewegung innerhalb des Geflechts der Stadt: Verbindlichkeiten als Auslöser für immer neue Entwicklungen und Verbindungslinien. Als ein Vehikel, das anregt und befördert, hemmt, antreibt und zerstört und manchmal unausweichlich ist; ein Stimulus von Kreativität – und sei's im Interpretieren der Bilanzen – oder ihre lästige Begleiterscheinung. Der Blick auf Schulden kann auch eine Möglichkeit sein, eine Stadt wie Berlin zu kartografieren.

Schulden können poetisch sein, prosaisch, beängstigend, gewaltig und notwendig. Dies haben wir bei der Erarbeitung des Lesebuchs erfahren. Mögen die in diesem Band erzählten Geschichten beim Lesen neue Perspektiven eröffnen.

Die Herausgeber
Berlin, im April 2012

SCHULDEN

DAS EINZIGE, WAS MAN OHNE GELD MACHEN KANN.

~

Karl Pisa, österr. Politiker

AO HOSTEL
HOSTE
JOKER
Spielothek
Eingang
PFANDKREDIT
883 20 29
LEIHHAUS
39,-
LEIHHAUS
BURGER KING
COME 2 EAT

DIE ENTWICKLUNG DES BERLINER SCHULDENSTANDES*

1955:	481 000 000	Euro
1965:	627 000 000	Euro
1975:	2 401 000 000	Euro
1985:	4 585 000 000	Euro
1995:	21 547 000 000	Euro
2000:	33 453 000 000	Euro
2005:	57 380 000 000	Euro
2011:	61 538 000 000	Euro

**Kreditmarktschulden*

SPUREN

VON JOST LEHNE

Schulden hinterlassen Spuren. Die erste Schuldenspur Berlins führt zurück in die Anfangszeit der Stadt, als sie sich gemeinsam mit Cölln als wichtiger Handelsplatz etablierte. Die beiden Städte waren jung und ihre Bürger verfügten über weit reichende Rechte – etwa auf freie Ausübung von Handel und Gewerbe, auf erblichen Grundbesitz, auf kommunale Selbstverwaltung sowie über verschiedene Zoll- und Zinsfreiheiten. Der Fernhandel wuchs in dieser Zeit zu einem tragfähigen Pfeiler der Gesellschaft heran und insbesondere die Großhändler, die mercatores, bildeten mehr und mehr das einflussreiche Patriziat der beiden Städte, die im Jahr 1307 das erste Mal zur Doppelstadt Berlin-Cölln vereinigt wurden.

Berlin lag damals in einer rauen Gegend. Matschige Straßen führten durch dichte Wälder. Oft pfiff ein kräftiger Wind durch die schmalen Gassen der Stadt. Nachts hörte man gelegentlich Wölfe in der Ferne heulen. Keine Frage, das Reisen hierher war ein anstrengendes Unterfangen – und doch war man darauf angewiesen, denn die Stadt lebte vom Handel und musste ständig Güter ein- und ausführen. Berlin und Cölln bildeten damals das Handelszentrum für Waren aus östlichen Gebieten: Felle etwa, Pelze oder Fisch aus der Ostsee. Den Erfolg der Kaufleute gewährleistete aber vor allem der Verkauf von Produkten der Bauern aus der Mark Brandenburg, insbesondere Roggen, sowie von Holz. Beides wurde international vertrieben.

Vermutlich bereits seit ihrer Gründung waren die beiden Städte Mitglieder der Hanse.[1] Ein wichtiger Umschlagplatz für ihre Waren war Hamburg, das sehr günstig über die natürlichen Wasserwege zu erreichen war. Beinahe das ganze Jahr über verkehrten die Schiffe der Berliner und Cöllner Kaufleute, die Prahme, die sich durch einen besonders geringen Tiefgang auszeichneten, die Elbe hinab.[2]

Nur wenige Namen von Berliner Bürgern sind aus dieser Zeit bekannt. Einer von ihnen lautet Thilo von Hameln. Es ist nicht unbedingt der berühmteste Name in der Berliner Geschichte, aber er ist überliefert, weil sein Träger Schulden machte.

Im Hamburgischen Schuldbuch des Jahres 1288, am 25. August, ist zu lesen: »Thideco (Thilo) de Hamelen debet Johanni Militi 84 centena lignorum waghenscot in Carniprivio proximo persolvenda.«[3] Was besagt, dass Thilo von Hameln aus Berlin dem Hamburger Ratsherren Johann Miles 84 Hundert Hölzer schuldet, zu begleichen bis zum 22. Februar 1289. Damit sind, vermutlich zum ersten Mal, die Schulden eines Berliners schriftlich festgehalten worden.

Thilo von Hameln war Kaufmann und Fernhändler. Wie sein Beiname vermuten lässt, siedelte er oder einer seiner Vorfahren von der Stadt Hameln im Weserbergland aus in die aufstrebenden Handelsplätze in der Spreeniederung um. Zwischen 1288 und 1311 war der Berliner Großhändler mit seinem Lastkahn mehrmals in Hamburg, was anhand von Eintragungen im Schuldbuch in diesem Zeitraum ersichtlich ist. Von 1288 bis 1290 lieferte Thilo mehrere Ladungen zu Brettern geschnittenes Eichenholz an die Alster. Dieses wurde für den Wiederaufbau der Wohnhäuser nach dem Stadtbrand von 1284, für den Neubau des Rathauses an der Trostbrücke sowie für den Schiffsbau dringend benötigt.

Thilo von Hameln hat sich also wie so viele andere mit einem Prahm Richtung Hamburg aufgemacht. Dort angekommen, wurde ein Teil der Ware ausgetauscht, der andere verkauft. Soweit Geld im Spiel war, konnten Wechselbuden aufgesucht werden, um die Münzen aus den unterschiedlichen Städten und Regionen gegeneinander aufzuwiegen – die meisten Geschäfte beglich man sofort in bar. Sollte von einer Seite mehr Ware gegeben werden, als die andere im Gegenzug begleichen konnte, bestand die Möglichkeit, einen Kredit zu gewähren und diesen im Schuldbuch festzuhalten. Zur Beglaubigung waren meist zwei Vertreter des Rates der Stadt anwesend, ähnlich wie bei der Erklärung eines letzten Willens.[4] Weiterhin waren Bürgen zu benennen.

Bei Thilo von Hameln bestand die Absicht, die Schulden zeitnah zurückzuzahlen, die Zahlungsfrist betrug ein halbes Jahr. Zinsen wurden nicht erhoben.

Anhand der Eintragungen im Hamburgischen Schuldbuch werden bereits einige wichtige Merkmale dieser frühen Form kreditbasierten Handels erkennbar: Schulden dienten damals lediglich zur Überbrückung, sie waren ein kurzfristiges

Mittel, um einen Handel zu ermöglichen. Ein Gewinn sollte aus dem Handel selbst entstehen und nicht etwa aus dem Vorstrecken des Geldes.

Der Gläubiger verlangte jedoch Sicherheiten. Diese konnten in Sachwerten bestehen, aber auch in einer Bürgschaft durch andere Händler, wie der Eintrag des Berliner Kaufmanns Haghedorn vom 25. November 1288 belegt. Der Fernhändler schuldete dem Conrad von Holdensted 105 Mark in Silber. Dafür hafteten die Großkaufleute Johannes von Rode aus Lenzen und Johannes von Stendal. Diese mussten ein gewisses Maß an Vertrauen in Haghedorns Geschäfte setzen, da sie seine Schulden absicherten. Wäre Haghedorn zahlungsunfähig gewesen, hätten sie die Konsequenzen mittragen müssen. Selbst ihre persönliche Freiheit hätte auf dem Spiel gestanden, denn Leib und Leben des Schuldners gehörten dem Gläubiger. Dieser konnte Haghedorn in Gewahrsam nehmen lassen oder an seiner Stelle auch die Personen, die für ihn bürgten – schlimmste Konsequenzen hätten gedroht, eine Art Schuldknechtschaft.

Man musste also genau wissen, für wen man bürgte und mit wem man Geschäfte machte, da für den Zeitraum der Kreditvergabe die beteiligten Personen aneinander gebunden waren. Ein Grund, sich überhaupt darauf einzulassen, lag sicherlich in der Aussicht auf zukünftige Geschäfte, für die man auf verlässliche Partner angewiesen war.

Thilo von Hameln und Haghedorn sind nicht die einzigen Namen von Berliner Bürgern, die im Hamburgischen Schuldbuch verzeichnet wurden. Zahlreiche weitere finden sich darin, etwa Konrad von Beelitz, Heinrich Wiperti, Albert Krähenfuß, Heinrich Lange oder Johannes von Rode. Nach jenen Kaufleuten aus Gent, Utrecht und Lüneburg werden solche aus Berlin und Cölln am häufigsten genannt.[5] Dies ist nicht unbedingt ein Beleg für den klammen Geldbeutel der Berliner, sondern eher ein Indiz für die hohe Zahl an Handelsgeschäften, die Berliner Kaufleute damals in Hamburg vollzogen haben.

Bereits zu jener Zeit konnte das Anrecht auf Schulden weiterverkauft werden. Benötigte ein Gläubiger selbst das Geld, das er verliehen hatte, erhielt es aber bis zum festgesetzten Termin nicht zurück, dann konnte er das Anrecht auf die Schuld veräußern und bekam vom neuen Besitzer den entsprechenden Betrag oder eine Ware. Der Schuldner hatte dann einen neuen Gläubiger.

Auch Thilo von Hameln selbst hinterließ eine Spur im Schuldbuch, die auf ein solches Geschäftsgebaren schließen lässt. So erschien er als Gläubiger der Witwe Geske und ihres Sohnes Beteke, die ihm 62 Pfund Pfennige schuldeten.[6] Als Pfand diente ihr Grundbesitz, ein geerbtes Grundstück auf der Neuenburg. Sollte die Schuld nicht beglichen werden können, so fiele der Grund an Thilo, der ihn dann verkaufen konnte.

Der Betrag wäre am 24. Juni 1288 fällig gewesen. Zwei Monate später, am 25. August, war Thilo jedoch noch immer nicht im Besitz des Geldes und so bewilligte er eine weitere Frist. Etwas später erscheint jedoch als Gläubiger der Witwe Geske mit Johann Miles genau jener Kaufmann aus Hamburg, dem Thilo von Hameln die 84 Pfund Wagenschoss schuldete, was ebenfalls am 25. August verzeichnet wurde. Dies lässt sich als Beleg für einen Weiterverkauf von Schulden deuten. Es scheint, als habe Thilo mit dem Anrecht auf die Schulden der Witwe Geske das Geschäft mit Johann Miles zum Teil vorfinanziert.

Im Grunde werden hier schon wesentliche Merkmale unseres heutigen Umgangs mit Schulden erkennbar, beispielsweise das Einfordern von Sicherheiten. Allerdings waren Natural- und Geldwirtschaft in dieser Zeit noch eng miteinander verbunden, sodass die Händler einander gegenseitig Kredit gewährten. Banken oder einen auf Geldverleih spezialisierten Wirtschaftszweig gab es noch nicht. Die Praxis, aus Schulden einen Gewinn durch Zinsen zu erzielen und daraus ein Gewerbe zu entwickeln, hat ihre Wurzeln dennoch in jener Zeit. Ein Beleg hierfür ist jene Weitergabe des Anrechts auf Schulden, wie sie Thilo von Hameln praktizierte.

Die Schuldenspuren, die die Berliner Kaufleute in Hamburg hinterließen, spiegeln auch den hansischen Charakter Berlins und seiner Bürger wider, der zu jener Zeit einen Gutteil des Berliner Selbstverständnisses und -bewusstseins ausmachte.

Diese Phase endete allerdings jäh im 15. Jahrhundert, als die Hohenzollern Cölln und Berlin als ihre bevorzugten Residenzen etablierten und insbesondere Friedrich

»Eisenzahn« das Selbstbewusstsein Berlins als hansische Stadt schwächte und ihr Rechte und Selbstverwaltung nahm. Mit dem »Berliner Unwillen« bekundeten die Bürger bis 1448 vergeblich ihren Ärger über die neue Funktion als Residenzstadt.[7]

In der Folge schied Berlin aus der Hanse aus. In den Jahren 1516 und 1517 wies Lübeck die Hansekontore in Brügge, Bergen und London an, »die Berliner nicht mehr zum Genuß der hansischen Rechte zuzulassen und sie nicht mehr als Mitglied der Hanse zu behandeln«.[8]

Das Betragen der Berliner Kaufleute, die mitunter auch nicht davor zurückschreckten, mit Raubgut zu handeln, entsprach nicht mehr den hansischen Regeln. Zudem veränderten sich die gesellschaftlichen Strukturen: Die Kaufleute verloren ihre Vorrangstellung in der Stadt, während kurfürstliche Beamte und Höflinge mehr und mehr prägenden Einfluss gewannen.

---

1 Vgl. hierzu Müller-Mertens, Eckhard: Berlin und die Hanse. In: Hansische Geschichtsblätter 80. Köln/Graz 1962. S. 1–25. Andere Autoren datieren den Beitritt zur Hanse erst auf die Zeit nach dem Zusammenschluss von Berlin und Cölln auf das 14. Jahrhundert. Vgl. etwa Krüner, Friedrich: Berlin als Mitglied der Deutschen Hanse. Berlin 1897. Zur Entstehung der Hanse generell: Cian, Carmen/Exenberger, Andreas: Der weite Horizont. Globalisierung durch Kaufleute. Innsbruck 2006. Insbes. S. 91ff.

2 Vgl. hierzu u. a. Escher, Felix: Berlin-Cölln als Hafen- und Handelsstadt im Mittelalter und der frühen Neuzeit. In: Engel, Helmut/Haspel, Jörg/Ribbe, Wolfgang (Hg.): Geschichtswerkstatt Spree-Insel. Historische Topographie – Stadtarchäologie – Stadtentwicklung. Potsdam 1999. S. 87–98.

3 Zitiert nach: Koppmann, Karl: Das Hamburgische Schuldbuch von 1288. Hamburg 1875. S. 12.

4 Eine ausführliche Darlegung zum buchhalterischen Ablauf und zur Anwesenheit von Ratsmitgliedern bei der Schuldbekundung findet sich in: von Lehe, Erich: Das Hamburgische Schuldbuch von 1288. Hamburg 1956. S. 10ff. sowie S. 41ff.

5 Gent: 76 Nennungen, Utrecht: 30, Lüneburg: 29, Berlin und Cölln: 25; vgl. hierzu von Lehe 1956. S. 19.

6 Der Eintrag stammt vom 15. März 1288. Damit erscheint Thilo hier zunächst als Gläubiger und nicht als Schuldner; vgl. von Lehe 1956. S. 3, Nummer 16 der Abschrift des Hamburgischen Schuldbuches.

7 Zu den generellen Problemen in Berlin, die dem »Unwillen« vorausgingen vgl. Ribbe, Wolfgang: Geschichte Berlins, Band 1. München 1987.

8 Müller-Mertens 1962. S. 1.

DINGE, DIE MAN SICH FÜR BERLINS SCHULDEN KAUFEN KÖNNTE

79 Luxusyachten, Modell Eclipse
(Länge: 162 Meter, Stockwerke: 9, Co-Besitzer: Roman Abramowitsch)

18,5 Milliarden Big Macs

21.000 Tonnen Marihuana

140 Milliarden Kilosäcke Mehl

4.411 Weltraumflüge bei spaceadventures.com

620 Lionel Messis (geschätzter Marktwert: 100 Millionen)

163.636 Rolls Royce Phantom (Basisausstattung)

443 Boeings 787-9

15 Mal Stuttgart 21

2,5 Milliarden Exemplare von Jonathan Franzens »Die Korrekturen« (Hardcover)

BERLINER GESCHÄFTE

VON KURT TUCHOLSKY

Berliner Geschäfte gehen so vor sich:
Eines Tages klingelt dich eine Herrenstimme an. »Ja – Halloh? Ja, hier ist die Internationale Union-Zentrale – wir möchten Sie möglichst bald sprechen – aber möglichst bald! Wann dürfen wir Sie erwarten?« – Du sagst, sie können dich und möglichst bald erwarten. Gut. Und dann gehst du hin.

Es empfängt dich, mit allen Zeichen des Entzückens, ein außerordentlich freundlicher, dicker Mann. Er sagt, er habe schon viel von dir gehört, er sei begeistert, deine persönliche Bekanntschaft ... ob du nicht Platz nehmen wollest, auch eine Zigarre ... wie? ... Ja, also zur Sache. Es handele sich da um etwas ganz Neues. Um etwas absolut und völlig Neues, bei dem man gleich an dich gedacht habe – weil es ohne dich erstens nicht gehe und weil du überhaupt der geeignetste Mann ... Man wolle nämlich – aber das sei noch ganz vertraulich – man wolle nämlich eine neue Zeitschrift aufmachen. Ach, um Gottes willen! Aber du fällst nicht vom Stuhl, sondern siehst den kleinen, dicken Mann, gesellschaftlich wohl erzogen, wie man dich hat, freundlich an. Ja, sagt der, also eine neue Zeitschrift – und alle ersten Leute würden mitmachen, und du als Zeichner, du müßtest auch. Aber gleich! Aber sofort! Es seien nur noch ein paar kleine Modalitäten, ein paar Formalitätchen ... Kleinigkeiten, nicht wahr ... ? Im übrigen pressierte es sehr. Ob du wohl schon morgen abliefern könntest –? Oder vielleicht vorgestern? Aber sofort müßtest du liefern. Sofort. Du verbeugst dich sehr fein und versprichst: Sofort. Gut. Stühlerücken. Händedruck. Mich sehr gefreut. Aus.

Aus.

Nun hörst du nämlich vier geschlagene Wochen nichts mehr von der Internationalen Union-Zentrale. Du hast dich gleich am nächsten Morgen hingesetzt und hast das schönste Mädchenbein unter deinen Modellen abgekonterfeit, den grünsten Wald und den blausten Baldachin überm Himmelbett hast du gemalen – und das Ganze hast du fein säuberlich verpackt und an die I. U. Z. (wie das klingt! so kapitalkräftig!) abgeschickt. Und dann ist es aus.

Vier Wochen hörst du nichts. Dann schreibst du einen zagen Brief.

Nichts. Alle. Zerplatzt. Dann schreibst du einen etwas weniger zagen. Aber gar nichts. Dann telephonierst du. Es meldet sich eine quäkige Kleinmädchenstimme und sagt, als du dein langes Anerbieten heruntergebetet hast, das, was alle Berliner nach einem unerklärlichen Naturgesetz am Telefon sagen: »Einen Augenblick mal!« – Und verschwindet. Und inzwischen trennt dich das Amt und verbindet dich mit der Hebammenanstalt in Neukölln. Und schließlich wird es dir zu dumm, und du machst hin. Zur I. U. Z.

Der kleine, dicke Herr empfängt dich und ist entzückt. Du bist es nicht, aber er ist es. Aber bitte! Und ob du eine Zigarre..? Nein, die Zigarre möchtest du nicht. Auskunft möchtest du. Auskunft, was aus deinen Bildern ... und aus der Zeitschrift ... ? Ah – deine Bilder –? Und der kleine, dicke Mann zieht aus einem Wust verstaubter Akten deine hübschen Bilder mit dem entzückenden Baldachin hervor und mit dem schönen Modellmädchenbein und sagt: »Ja – ganz reizend! Genau das, was wir von Ihnen erwartet haben! Wissen Sie, ich muß noch mit meinem Sozius darüber sprechen – es sind da noch einige Schwierigkeiten – wir haben zur Zeit soviel zu tun – Nur noch mit meinem Sozius ... !«

Soziusse kommen in Berlin wild vor. Socii sind ein gefährlicher Negerstamm. Man lernt immer nur einen kennen. Der andere ist stets der stärkere und die Seele vons Buttergeschäft. Immer beeinflußt der andere den einen. Deinen. Soziusse sind, was die Unruhe in der Uhr ist. Sie stoppen ab.

Derweil ist viel öliges Wasser den Landwehrkanal hinabgeflossen. Die Wochen schwinden. Du hast schon ganz vergessen, was mit deinen Bildern – Eines Tages gehst du wieder hin, zur I. U. Z. Eigentlich mehr aus Neugier. Weise lächelnd und unendlich abgeklärt. Fern von allem Feuer der Jugend, steigst du die teppichbelegten Treppen hinan. Und der kleine, dicke Mann empfängt dich strahlend.

Was mit der Zeitschrift ... ? Ach, diesen Gedanken habe man längst aufgegeben. »Wissen Sie, die Konjunktur für Zeitschriften ist ja momentan – wie?« Nein, man wolle etwas ganz anders machen. Eine ganz große Sache. Aber eine ganz ungeheuer große Sache. Nämlich: eine Zentralmilchversorgungsanstalt. Und da ergreifst du resigniert deinen Deckel, gehst hinaus und weinest bitterlich.

Und denkst nach. Was ist das nur für eine Stadt? Jedermann läuft herum und ist voll großer Projekte und plant ganz große Dinge. Kein Theatermann, der nicht in der allernächsten Zeit – aber die Sache ist noch vertraulich! – eine neue große Theaterkiste aufziehen wird; kein Filmonkel, der nicht ein Riesenkonsortium an der Hand hat; kein Verleger, der nicht nächstens mal den Leuten zeigen wird, was eine Harke ...

Und derweil geschieht gar nichts.

Berliner Geschäfte kommen nicht durch ihre Unternehmer, sondern trotz ihrer Unternehmer zustande.

Wird nicht wirklich in dieser gesegneten Stadt ein bißchen viel projektiert? Wird nicht ein bißchen viel hergemacht? Vorschußlorbeer? Wechsel auf die Zukunft? Wie –?

Wird nicht, überall, beim Theater, in den Zeitschriften, in der Kinobranche, etwas reichlich verschwenderisch mit der Kraft der andern, mit der Kraft junger Künstler umgegangen? Die älteren lassen sich das ja nicht gefallen – aber wenn einer muß? Wenn einer Geld braucht? Und ihr pumpt ihn voll Hoffnungen, und er liefert Entwürfe ... Was sind Hoffnungen, was sind Entwürfe –! Übermorgen haben sie alles vergessen: euer Projekt, den Künstler und die Skizzen. Und frohen Herzens stürzen sie sich auf das nächste Ding ...

»Ihr Gedächtnis reicht nämlich nicht von einem Tage zum andern. Sie haben niemals die Absicht, wirklich ein Unternehmen zu Ende zu bringen. Sie prahlen und schwatzen und machen viel Geschrei, daß sie ein großes Volk sind, und daß der ganze Dschungel demnächst von ihren Taten sprechen soll, aber das Fallen einer Nuß schreckt sie – sie brechen in ein dummes Gelächter aus oder rennen davon, und alles andere ist wieder vergessen.« Das sagt Kipling. Von den Affen.

Aber horch! Klingelts da nicht am Telefon? »Hier die Allgemeine Genossenschaftsvereinigung. Könnten Sie uns nicht vielleicht –?«

Und der Weise legt lächelnd den Hörer hin, hat alles schweigend mitangehört und glaubt kein Wort. Und denkt an Don Quichote, einen Ritter aus Spanien, der viele Heldentaten verrichten wollte.

DER EISENBAHNKÖNIG BETHEL HENRY STROUSBERG

VON JOST LEHNE

Er schien unermesslich reich zu sein. In der Wilhelmstraße bewohnte er ein gigantisches Palais mit eigenem Konzertsaal und mehrstöckiger Bibliothek. Hinter seinem Bett befand sich ein riesiger Tresor und jedes seiner sieben Kinder sollte dereinst ein eigenes Rittergut erben. Wie ein Komet hatte er sich aus der Finsternis erhoben, eine Lichtgestalt der Vor-Gründerzeit: der »Eisenbahnkönig« Bethel Henry Strousberg (1823–1884), über den Friedrich Engels einmal urteilen sollte: »Der Kerl wird nächstens deutscher Kaiser. Überall wohin man kommt, spricht Alles nur von Strousberg«. [1]

Nach dem frühen Tod der Eltern war Baruch Hirsch Strausberg aus Ostpreußen zu seinem Onkel nach London gekommen, in dessen Betrieb er in der Folgezeit kaufmännische Grundlagen erlernte, die er im intensiven Selbststudium vertiefte. Er machte sich mit dem Banken- und Börsenwesen vertraut und nahm seinen anglisierten Namen an. 1845 heiratete er die englische Bürgerstochter Mary Ann Swan. Nachdem er 1849/50 als Unternehmer in den USA – vermutlich durch Textilgeschäfte – zu Geld gekommen war, kehrte er nach England zurück und etablierte sich dort als Wirtschaftsjournalist. Der gesellschaftliche Aufstieg gelang, Strousberg knüpfte ein engmaschiges Netz aus Kontakten, die ihm auch lange später, nach seiner Rückkehr nach Preußen, von großem Nutzen sein sollten. Schon früh hatte er erkannt, dass gute Beziehungen für seinen wirtschaftlichen Erfolg elementar sein würden.

Nach einem Gerichtsverfahren, in dem es um einen sieben Jahre zurückliegenden Fall von angeblichem Versicherungsbetrug von Seiten Strousbergs ging, siedelte er – obwohl freigesprochen – mit Frau und Kindern nach Berlin um, da er in London seinen Ruf nachhaltig beschädigt sah. Dort arbeitete er zunächst als Journalist und Verleger, begann jedoch bald, als Vertreter einer englischen Lebensversicherung tätig zu werden.

Seit der Eröffnung der ersten Eisenbahnlinie zwischen Fürth und Nürnberg im Jahre 1835 war die Eisenbahn in ganz Deutschland zu einem beliebten Fortbewegungsmittel geworden, das Schienenetz wuchs stetig. Trotz dieses Wachstums stagnierten in Preußen seit längerem die Neugründungen von privaten Eisenbahnunternehmen, da das preußische Eisenbahngesetz streng war und private Unternehmer scharfen Auflagen unterworfen waren. Der Staat selbst sah sich wiederum finanziell nicht in der Lage, dem stetig wachsenden Bedarf an einem immer dichteren Schienennetz auch nur annähernd nachzukommen.

1862 begab es sich, dass Strousberg von einer Kommission aus ostpreußischen Interessenten und britischen Finanziers aufgesucht wurde, die sich bislang vergeblich um eine Konzession für den Bau und Betrieb einer Bahnstrecke zwischen Tilsit und Insterburg bemüht hatten und Strousberg nun um Beistand ersuchten. Dieser sah die Chance, ein bereits in England praktiziertes Modell in Preußen zu etablieren: das der General Enterprise, welches in Preußen als »System Strousberg« berühmt werden sollte.

Strousbergs Idee, der als Bevollmächtigter der englischen Gruppe das Projekt praktisch im Alleingang managte, war es, die Ausführung des Streckenbaus nicht, wie bisher üblich, durch mehrere Auftragnehmer durchführen zu lassen, sondern durch einen einzigen: den Generalbauunternehmer. Dieser wurde mit Stammaktien der Eisenbahngesellschaft[2] entlohnt, die ihm zum Nominalwert überlassen wurden. Zudem hatte der Generalbauunternehmer die Aktien nicht mit Geld zu bezahlen, sondern über Sachleistungen zu begleichen. Damit entsprach man nominell der Vorgabe des Eisenbahngesetzes, Aktien nicht unter pari auszugeben.

Wie der Generalbauunternehmer dann mit den Aktien verfuhr, lag voll und ganz in seinem eigenen Ermessen. Er konnte sie als Sicherheiten für Kredite nutzen, dafür, Baumaterialen zu akquirieren, er konnte mit ihnen seine Subunternehmer und Zulieferer bezahlen oder er verkaufte sie am Markt. Dabei ging er allerdings ein nicht unerhebliches Risiko ein, schließlich war ein Weiterverkauf der Aktien oftmals nur unter Verlust möglich, sodass die Vorfinanzierung des Streckenbaus nicht ausgeglichen werden konnte.

Durch die Bezahlung des Bauunternehmers mit Aktien war es für die Eisenbahngesellschaft möglich, den Streckenbau durchzuführen, ohne über das gesamte für den Bau veranschlagte Kapital zu verfügen. Noch günstiger wurde die Situation dadurch, dass sie dem Generalunternehmer zudem stets nur jene Aktienmenge übertrug, die dem Wert des gerade abgeschlossenen Streckenabschnitts entsprach.
So brillant Strousbergs Einfall auch war, so sehr sollte er zum Ausgangspunkt seiner späteren finanziellen Schwierigkeiten werden. Denn solange er sich für seine Beratungstätigkeiten und Expertisen fürstlich bezahlen ließ, war sein persönliches Risiko überschaubar. Als er jedoch beim Bau der Eisenbahnstrecke Berlin-Görlitz selbst zum Generalbauunternehmer wurde und somit die finanzielle Bürde des Streckenbaus auf seinen Schultern lastete, begannen die Probleme.

Denn zwar fand Strousberg problemlos Käufer für die Aktien, die er als Generalbauunternehmer unter pari weiterverkaufte, doch war er dabei einem wankelmütigen Markt ausgeliefert, der ihn oft genug zwang, Aktien zu schlechten Kursen verlustreich weiterzuverkaufen – nur um liquide zu bleiben. Zudem begann Strousberg, an mehr und mehr Projekten gleichzeitig zu arbeiten, wodurch sein Kapitalbedarf immens stieg – und das war die Achillesferse seines Systems. Denn wie bei einem Kettenbrief konnte das Ganze nur so lange gut gehen, wie sich immer neue Investoren fanden, die bereit waren, Kapital in seine Unternehmungen zu stecken. Bismarcks Bankier Gerson Bleichröder erkannte diese Schwachstelle und benannte sie in einem Brief an Bismarck: »Der Mann ist sehr gescheut [sic!], aber die Art und Weise Geschäfte zu entarniren, um alte Löcher zu stopfen, ist gefährlich und im Momente einer Hemmung kann sein ganzes Gebäude zusammenstürzen.«[3]

Dass Strousberg trotz dieses immensen Risikos lange durchhielt, lag nicht zuletzt an seiner äußerst intelligenten Unternehmensstrategie. Beispielsweise kaufte er Baumaterialien zumeist in großen Mengen und zum genau richtigen Zeitpunkt, wodurch es ihm glückte, den Streckenbau oft weit günstiger durchzuführen, als dies in den Kalkulationen der Eisenbahngesellschaften vorgesehen war. Durch Investitionen in Maschinenfabriken, Hochöfen, Erzgruben und Bergwerke gelang es ihm zudem, auf sämtlichen Ebenen des Eisenbahnbaus mitzuverdienen und seine eigenen Ausgaben als Generalbauunternehmer so gering wie möglich zu halten.

Der Höhenflug des Eisenbahnkönigs Strousbergs endete mit dem Beginn des Deutsch-Französischen Krieges 1870/71, als sowohl Geldfluss wie auch die Bautätigkeit – viele Arbeiter waren eingezogen worden – zusehends stagnierten. Als besonders schwerwiegend erwies sich die Lage bei der Rumänischen Eisenbahn, die zwar zum Zeitpunkt des Kriegsausbruchs weitgehend fertiggestellt, aber eben noch nicht abgenommen worden war. Immer schwieriger wurde es für Strousberg, die Zinszahlungen auf die Anleihen zu bedienen. Rumänien nutzte die Chance und griff nach der Eisenbahn, indem sie Strousberg die Konzession entzog. Um liquide zu bleiben, begann dieser, seine Betriebe nach und nach zu verkaufen.[4] Ein Crash an der Wiener Börse sowie mehrere Prozesse verschärften die finanzielle Situation noch weiter.[4]

Strousbergs Ruf als innovativer Unternehmer war stark beschädigt, die Struktur seines Konzerns wurde von einer parlamentarischen Sonderkommission durchleuchtet und so war es mittlerweile beinahe unmöglich für ihn, Kredite zu erhalten.[5] Doch gab es da eine Bank in Moskau, die ihm einen Kredit anbot: die Commerz-Leih-Bank, deren Verwaltungsrat sich – zumindest auf den ersten Blick – aus durchaus respektablen Moskauer Bürgern zusammensetzte. Doch das solide Bild, das die Bank nach außen hin abgab, trog. Aufgrund schlechter Geschäfte hätte die Commerz-Leih-Bank für das Jahr 1873 eigentlich einen Verlust ausweisen müssen, aber die 1874 angefertigten Bilanzbücher wurden geschönt. Die Verluste aus Aktiengeschäften wurden verschleiert, indem die Wertpapiere in Höhe ihrer Kurse vor dem Wertverlust als Geldforderungen an andere Banken ausgewiesen wurden. All das wusste Strousberg zu diesem Zeitpunkt natürlich nicht.

Darüber hinaus waren die Konditionen für den Kredit, den man Strousberg anbot, für diesen äußerst ungünstig. Denn er übernahm genau jene »schlechten« Wertpapiere, die man in den Bilanzen versteckt hatte und nun auf ihn abwälzte. Dass Strousberg das Darlehen überhaupt annahm, ist ein Beleg für seine prekäre Lage. »Er verhält sich so, wie es viele vor ihm getan haben und viele nach ihm tun werden, die sich an der Grenze der Zahlungsfähigkeit bewegen: Es zählt für ihn nur, an Geld heranzukommen, koste es, was es wolle.«[6]

In der Folgezeit gelang es Strousberg zunächst, sich – wenn auch nur für kurze Zeit – wieder als Generalbauunternehmer im Eisenbahngeschäft zu etablieren und er begann mit dem Bau verschiedener Eisenbahnlinien in ganz Europa, allerdings litt er stets unter erheblichen Liquiditätsproblemen. Um leichter an Geld zu gelangen, gründete er eine Aktiengesellschaft, in die alle seine verbliebenen Betriebe eingebracht wurden. Die Aktien dieser »Aktiengesellschaft für Deutsche und Böhmische Eisen- und Stahlfabrikate« mit Sitz in Berlin konnte er dann, um liquide zu bleiben, an die Commerz-Leih-Bank verpfänden.

Im Oktober 1875 reiste Strousberg mit der Absicht, weitere Kredite zu akquirieren, nach Moskau. Dort wurden jedoch bereits die Bücher der Commerz-Leih-Bank geprüft und die Fälschungen schließlich aufgedeckt. So geriet Strousberg in den Strudel der Ermittlungen und wurde alsbald in Haft genommen, die allerdings in einen Hausarrest umgewandelt wurde, den er – weitaus komfortabler – in einem Moskauer Hotel absaß. Strousberg wurde der Prozess gemacht, er sollte zum Sündenbock für die Betrügereien der Commerz-Leih-Bank gemacht werden.

Doch das Schicksal meinte es zumindest in dieser Hinsicht gut mit ihm: Zwar wurde er verurteilt, doch anders als die mitangeklagten Direktoren der Bank wurde er nicht nach Sibirien verbannt, sondern lediglich aus Russland ausgewiesen. Erst ein weiteres Jahr später konnte Strousberg dann tatsächlich nach Berlin zurückkehren. Beinahe zwei Jahre hatte er nun in Moskau verbracht und dort seine Memoiren[7] geschrieben.

In der Zwischenzeit waren verschiedene Konkursverfahren gegen ihn eingeleitet worden. Insgesamt beliefen sich die Forderungen seiner Gläubiger auf 74 Millionen Mark. Es kam zu Zwangsversteigerungen all seiner verbliebenen Güter und Industrien. Doch über die Einnahmen aus den zumeist weit unter Wert erfolgten Verkäufen ließ sich nur ein geringer Teil der Forderungen begleichen. 1878 galt das Verfahren dennoch als abgeschlossen.

Seine letzten Lebensjahre verbrachte Strousberg wieder größtenteils als Journalist, für eine Weile gab er in Berlin das »Kleine Journal« heraus. Sein Palais hatte er längst verloren, er ging mit seiner Frau nach London zurück, die beiden bezogen dort eine Mietwohnung. 1882 verstarb Mary Ann, um ihre Gesundheit hatte es schon länger nicht gut gestanden. Strousberg zog es zurück nach Berlin, er versuchte mehrfach vergeblich, Geldgeber für seine Geschäftsideen aufzutun – noch immer hoffte er, ins Eisenbahngeschäft zurückkehren zu können. Zwei Jahre später, am Abend des 31. Mai 1884, verstarb er schließlich sechzigjährig in einem der beiden Zimmer, die er in »Aschbachs Hotel« in der Taubenstraße gemietet hatte, an den Folgen eines Herzinfarkts.

Zu seinem Tod fanden sich zahlreiche Nachrufe. Der »Berliner Börsen-Courier« hielt fest, dass er »mehr gebüßt hat, als er verschuldete.«[8] Zu seiner Beerdigung am 4. Juni 1884 auf dem St. Matthäus-Friedhof in Berlin-Schöneberg kamen Familie, Freunde und einige ehemalige Arbeiter. Es fehlten all jene, die aus Strousbergs Eisenbahnen so großen Nutzen gezogen hatten.

---

1 Zitiert nach Ohlsen, Manfred: Der Eisenbahnkönig Bethel Henry Strousberg. Eine preußische Gründerkarriere. Berlin 1987 (2. Auflage). S. 6.

2 Vgl. hierzu: Redlich, Fritz: Two Nineteenth-Century Financiers and Autobiographers. A Comparative Study in Creative Destructiveness and Business Failure. In: Economy and History 10. Lund 1967. S. 74. Sowie Ziegler, Dieter: Eisenbahnen und Staat im Zeitalter der Industrialisierung. Stuttgart 1996.

3 Zitiert nach: Ziegler 1996. S. 162.

4 Besonders gravierend waren die Probleme beim Bau der Eisenbahnstrecken in Rumänien. Technische und bürokratische Hindernisse, korrupte Beamte, die Nichterfüllung hoher Zinsversprechen und eine generell sehr knapp kalkulierte Finanzierung führten zum Scheitern des Projektes und beschädigten Strousbergs Ruf gravierend. Vgl. hierzu: Burhop, Carsten: Die Kreditbanken in der Gründerzeit. Stuttgart 2004. S. 219ff. sowie Maier, Lothar: Rumänien auf dem Weg zur Unabhängigkeitserklärung 1866–1877: Schein und Wirklichkeit liberaler Verfassung und staatlicher Souveränität. München 1989. S. 177–184.

5 Vgl. hierzu insbes. Ziegler 1996. S. 166ff.

6 Borchart, Joachim: Der europäische Eisenbahnkönig Bethel Henry Strousberg. München 1991. S. 192.

7 Strousberg, Bethel Henry: Dr. Strousberg und sein Wirken von ihm selbst geschildert. Berlin 1876.

8 Zitiert nach: Borchart 1991. S. 257.

GRÜNDERS MITTAGSLIED

Ich bin ein Gründer, froh und frisch,
Schon heute setz ich mich zu Tisch,
Als dürft ich weiter mich nicht quälen,
Als meine Zinsen nur zu zählen.

Gottlob, ich weiß mir selber Rat,
Nichts soll mich kümmern, Stadt noch Staat:
Dem Gründerleben treu ergeben,
Verschaff ich mir ein würdig Leben.

Was gehet *das* Verdienst mich an?
Nur *der* Verdienst ist noch mein Mann:
Ich will mir flechten selbst zum Lohne
Aus Aktien eine Bürgerkrone.

~

August Heinrich
Hoffmann von Fallersleben

WIEGE EINER WELTFIRMA

Mein Entschluß, mich ganz der Entwicklung des Telegraphenwesens zu widmen, stand fest. Ich veranlaßte daher im Herbst des Jahres 1847 den Mechaniker J. G. Halske, mit dem die gemeinsamen Arbeiten mich näher verbunden hatten, sein bisheriges Geschäft dem Socius zu überlassen und eine Telegraphenbauanstalt zu begründen, in die ich mir den persönlichen Eintritt nach meiner Verabschiedung vom Militär vorbehielt. Da Halske ebenso wenig wie ich selbst disponible Geldmittel hatte, so wandten wir uns an meinen in Berlin lebenden Vetter, den Justizrath Georg Siemens, der uns zur Errichtung einer kleinen Werkstatt 6.000 Thaler gegen sechsjährige Gewinnbeteiligung darlieh. Die Werkstatt wurde am 12. October 1847 in einem Hinterhause der Schöneberger Straße – wo Halske und ich auch Wohnung nahmen – eröffnet und entwickelte sich schnell und ohne weitere Inanspruchnahme fremden Capitals zu dem weltbekannten Etablissement von Siemens & Halske in Berlin mit Zweiggeschäften in vielen Hauptstädten Europas.

~

WERNER VON SIEMENS

DUELL

VON JOST LEHNE

Es war ein Ereignis nicht nur für die Titelseiten der Berliner Zeitungen, auch die internationale Presse berichtete darüber und sogar die New York Times schrieb am 11. Mai 1911 in einer Spaltennotiz: »Offizier im Duell ermordet. Wilhelm von Gaffron getötet von Oswald von Richthofen. [...] Ein Streit über Geldangelegenheiten führte zum Duell.«[1] Und es waren Schulden, die zu dieser Auseinandersetzung mit tödlichem Ausgang geführt hatten.

Oswald von Richthofen (1885–1915) war der jüngste Sohn eines angesehenen Staatssekretärs im Auswärtigen Amt, dessen beiden älteren Söhne als Reichsgerichtsrat und Diplomat standesgemäß Karriere machten. Oswald Junior hingegen wurde Leutnant im 2. Garde-Ulanen-Regiment.

Anders als sein Vater, der sich um die Bereinigung ganzer Staatshaushalte kümmerte,[2] ging Oswald Junior nicht sonderlich vernünftig mit Geld um. Er führte das reisefreudige Leben eines Dandys und befand sich deshalb recht häufig in Geldnöten. In seinem Testament verfügte der Vater daher, bevor er 1906 starb, dass der Anteil des Erbes, der für Oswald Junior bestimmt war, in festverzinslichen Papieren mit fünfjähriger Laufzeit angelegt werden sollte. Damit blieb es zunächst vor dem Zugriff des leichtlebigen Jünglings verschont.

Nach dem Tod des Vaters befand sich Richthofen jedoch in einer finanziell schwierigen Lage. Ihn drückten hohe Schulden. Statt seine Brüder um Hilfe zu ersuchen, wandte er sich an einen Bekannten, Wilhelm von Gaffron, der ihm von Sportwettkämpfen her bekannt und ebenfalls Kavallerieleutnant war.

Gaffron willigte ein und Richthofen erhielt sein Darlehen in Höhe von 25.000 Reichsmark. Als Sicherheit wollte Richthofen zunächst die beabsichtigte Heirat mit einer reichen Amerikanerin einbringen, was Gaffron verständlicherweise nicht genügte. Daraufhin bot Richthofen einen Teil seines Erbes in Höhe von

40.000 Mark als Pfand an, das in fünf Jahren – sobald er frei über die Summe verfügen konnte – ausgezahlt werden sollte. Damit war Gaffron einverstanden. Es wurde ein Zinssatz von fünf Prozent vereinbart und am 22. Juni 1908 wurde das Abkommen notariell beglaubigt.

Da jedoch die Verpfändung einer Erbschaft illegitim war, wurde die Darlehens-Vereinbarung in Form eines Kaufvertrages abgeschlossen. Richthofen verkaufte somit einen Teil seines Erbes in Höhe von 40.000 Reichsmark, Gaffron bezahlte jedoch nur 25.000 Mark. In einem zweiten, späteren Vertrag wurde vereinbart, dass Gaffron die Differenzsumme von 15.000 Mark, abzüglich Zinsen, an Richthofen zurückzuzahlen hatte. Dieser zweite Vertrag wurde aufgrund des Drucks der beiden Brüder Richthofens abgeschlossen.

In den folgenden Monaten streute die Familie Richthofen nun immer wieder das Gerücht der Vorteilsnahme und Wucherei von Seiten Gaffrons. Zudem wurde behauptet, Gaffron habe auch mit anderen Offizieren dubiose Kreditabkommen getätigt. Immer wieder wurden gegenseitige Beschuldigungen in Briefform ausgetauscht. Im November 1909 ergab es sich schließlich, dass sowohl Gaffron als auch Richthofen zur selben Zeit das Weinrestaurant »Zur Traube« in der Leipziger Straße aufsuchten, wo der Konflikt eskalierte. Gaffron sah sich durch die kursierenden Gerüchte und die Briefe in seiner gesellschaftlichen Stellung geschädigt und war hierdurch in solche »Erbitterung«[3] geraten, dass er Richthofen »tätlich beleidigte.«[4] Dieser beschrieb die Szene im späteren Prozess folgendermaßen: »Ich sah absichtlich weg und las die Speisekarte, bemerkte dabei nicht, dass Herr von Gaffron in einem Bogen zu mir herantrat. Hastig sagte er zu mir: Sie haben mir einen Brief geschrieben. Hier haben sie die Antwort – und schlug mir ins Auge.«[5]

Am nächsten Morgen sandte Richthofen seinem Widersacher die Aufforderung zu einem Duell. Gaffron jedoch lehnte ab, da er Richthofen für nicht satisfaktionsfähig hielt. Im Januar und Februar 1910 befasste sich das Amtsgericht Berlin-Mitte mit der Frage, ob die finanzielle Vereinbarung zwischen Gaffron und Richthofen ordnungsgemäß abgeschlossen worden war und entschied, dass sich Gaffron »in bezug auf dieses Geldgeschäft weder in strafbarer noch in unfairer Weise benommen habe. Trotzdem wurde über die Geldforderung des Herrn von Gaffron in den beteiligten Kreisen wenig günstig gesprochen.«[6]

Und so kam es am 10. Mai 1911 nach erneut eskalierenden Beschuldigungen und Beleidigungen schließlich doch noch zum Duell. Um vier Uhr morgens standen die beiden Duellanten Rücken an Rücken in der Jungfernheide. Die Pistolen mit Visier und Korn waren gezogen. Dann entfernten sich die Kontrahenten auf 15 Schritt Distanz voneinander. Im Abstand von zehn Sekunden fielen die ersten beiden Schüsse, die jedoch ihr Ziel verfehlten. Beim zweiten Schusswechsel brach Gaffron, in den Unterleib getroffen, zusammen und verstarb wenig später im Krankenhaus.

Am 19. Juli musste sich Richthofen vor einem Militärgericht verantworten. Die Verhandlung fand in einem kahlen, engen Kasernenzimmer statt, »von dem sich ziemlich grell die Paradeuniformen der Richter, des Angeklagten und der Offizierszeugen abhoben.«[7] Richthofen erschien als eleganter Reiteroffizier mit zwei »exotischen Orden«[8] an der Brust, »sein glattrasiertes, jugendliches Gesicht wurde manchmal von nervösen Zuckungen entstellt.«[9]

Nach kurzer Vernehmung wurde das Urteil gefällt. Es wurde das unterste Strafmaß von zwei Jahren Festungshaft festgelegt, denn Richthofens Duellgegner Gaffron habe »nicht als Kavalier«[10] gehandelt. Das Militärgericht bewertete die vereinbarte finanzielle Transaktion zwischen den beiden Offizieren somit nicht als »Geldgeschäft«,[11] das ein Jahr zuvor durch das Amtsgericht Mitte als ordnungsgemäß gebilligt worden war, sondern als unlauteres »Kavaliersgeschäft«,[12] in dem eine standesgemäße Hilfeleistung durch eine unangemessene finanzielle Forderung entehrt worden war.

Das Duell zwischen Gaffron und Richthofen hatte große öffentliche Aufmerksamkeit erregt, nicht nur, weil es sich bei den Beteiligten um Mitglieder angesehener Familien handelte, sondern auch, weil es einen fragwürdigen Ehrbegriff ins Blickfeld rückte. Gerade im Ausland sah man darin einen Beleg für die zum Teil mittelalterlichen Strukturen in der deutschen Gesellschaft während der Kaiserzeit.

[1] Im Original: »Officer slain in a duel. Wilhelm von Gaffron killed by Oswald von Richthofen. [...] A quarrel over money matters led to the duel.« In: The New York Times vom 11. Mai 1911.

[2] Vgl. hierzu: Freiherr von Richthofen, Patrick: Jahre der Entscheidung. Der kaiserlich-deutsche Staatssekretär des Auswärtigen Amts Oswald Frhr. v. Richthofen 1847–1906. Paris 2007. Insbes. S. 51ff.

[3] In: Berliner Lokal-Anzeiger vom 19. Juli 1911, Abendausgabe.

[4] Ebd.

[5] Ebd.

[6] In: Berliner Lokal-Anzeiger vom 19. Juli 1911, Mittagsausgabe.

[7] In: Berliner Morgenpost vom 20. Juli 1911.

[8] Ebd.

[9] Ebd.

[10] In: Berliner Lokal-Anzeiger vom 19. Juli 1911, Abendausgabe.

[11] In: Königlich privilegirte Berlinische Zeitung von Staats- und gelehrten Sachen. Vossische Zeitung vom 19. Juli 1911, Abendausgabe.

[12] Ebd.

ZU GROSSE EILE BEI DER RÜCKZAHLUNG EINES DARLEHENS IST EIN ZEICHEN VON UNDANK.

François VI. Duc de la Rochefoucauld (zugeschrieben)

VOLKSMUND I: GELD

❶
Geborgtes Geld ist doppelt ausgegeben.

❷
Wer den Pfennig nicht ehrt, ist des Talers nicht wert.

❸
Aus viel Beuteln ist gut Geld zählen.

❹
Geld verloren, nichts verloren,
Mut verloren, viel verloren,
Ehre verloren, alles verloren.

❺
Hast du Geld, so setz dich nieder,
Hast du keins, so scher dich wieder.

❻
So geht es in der Welt,
Der eine hat den Beutel,
der andre hat das Geld.

❼
Wenn der Wucherer stirbt, freuen sich viere:
der Erbe wegen des Geldes,
der Glöckner wegen der Leiche,
der Arme wegen des wohlfeilen Brots und
der Teufel um die Seele.

❽
Wer sagt, daß Wucher Sünde sei,
Der hat kein Geld, das glaube frei.

❾
Wer zum Heller gemünzt ist, wird nie ein Groschen.

❿
Der Kaiser hat mich lieb und wert,
Wo wäre, der mich nicht begehrt? – spricht der Pfennig.

Wiener Straße
Spreewaldplatz
LEIHHAUS
APOTHEKE
frei

UND WIE IMMER MUSS BERLIN IM GROSSEN STIL MITMISCHEN: CROSS BORDER LEASING

VON JOST LEHNE UND ANDREAS RESCH

Während in Deutschland Privatisierungen landeseigener oder staatlicher Unternehmen zumeist heftig diskutiert und oftmals scharf kritisiert werden, schwappte seit Ende der neunziger Jahre eine Privatisierungswelle über das Land, die von der Öffentlichkeit nahezu unbemerkt bleiben sollte. In dem aus heutiger Sicht geradezu aberwitzig anmutenden Glauben, so auf einen Schlag ihre überschuldeten Haushalte sanieren zu können, gingen zu dieser Zeit zahlreiche deutsche Kommunen dazu über, ihr Eigentum an US-amerikanische Trusts zu verleasen und gleichzeitig zurückzumieten. So wechselten unter anderem die Leipziger Wasserwerke, ein Klärwerk in Nürnberg, eine Wuppertaler Müllverbrennungsanlage, das Kölner Abwassersystem und ein Chemnitzer Krankenhaus in amerikanische Hand.[1] Insgesamt wurden 150 bis 200 solcher Geschäfte abgeschlossen.[2] Cross Border Leasing nannte sich das Ganze. Und natürlich musste das notorisch klamme Berlin auch hier im großen Stil mitmischen.

Cross-Border-Leasing, kurz CBL, basiert auf der Idee US-amerikanischer Investoren, Steuerschlupflöcher in ihrem Heimatland zu nutzen, indem eine deutsche Kommune ein langlebiges Wirtschaftsgut – in der Regel eine Immobilie, häufig auch eine Groß-Mobilie – über einen extrem langen Zeitraum von meist 99 Jahren an einen ausschließlich für dieses Unterfangen gegründeten Trust verleast und im gleichen Augenblick zurückmietet.[3] Die ungewöhnlich lange Mietdauer wurzelt in einer Besonderheit im US-Recht, welches für einen solchen Deal eine Abschreibungsdauer von mindestens 125 Prozent der Restnutzungszeit fordert.

Der Investor – oftmals handelt es sich um eine Bank oder um ein anderes Großunternehmen – kann die Investition in den USA steuerlich abschreiben, da er dort aufgrund der langen Laufzeit als Quasi-Eigentümer geführt wird. Ein Teil der Ersparnis, in der Regel vier Prozent, der so genannte »Barwertvorteil«, geht dann an die deutsche Kommune. Diese zahlt eine monatliche Miete und nach Ende der

Rückleaselaufzeit von bis zu 30 Jahren eine Ablösesumme, die dem Restwert des Wirtschaftsguts entspricht. In den täglichen Abläufen ändert sich dadurch wenig, alles läuft weiter wie bisher. Einzig für die Funktionstüchtigkeit der verleasten Anlage muss die Kommune Sorge tragen, was sie als deren Betreiber aber sowieso tut.

In den Jahren 1997, 2000 und 2002 schloss die BVG insgesamt 22 Cross-Border-Leasing-Verträge für 426 U-Bahnwagen und 511 Straßenbahnwagen ab.[4] Der Barwertvorteil dieser CBL-Deals belief sich auf insgesamt knapp 69 Millionen Euro.[5] Die Zahlungen gingen, wie bei CBL-Geschäften üblich, nicht direkt von Hand zu Hand, sondern liefen über zwischengeschaltete Kreditinstitute – der Eigenkapitalanteil des an einem CBL-Geschäft beteiligten Trusts beläuft sich in der Regel auf 15 bis 20 Prozent des Gesamtvolumens. Der Rest wird von zwei oder mehr Banken getragen. Ebenso verhält es sich mit der Kommune: Auch hier liegt die Eigenkapitalquote bei ungefähr 15 Prozent.

In die Deals von 1997 waren von BVG-Seite die Hypo-Vereinsbank, die Landesbank Berlin und die Credit Suisse als zahlungsübernehmende Banken involviert.[6] Bei den später abgeschlossenen Verträgen waren es von der BVG auf Nachfrage nicht näher spezifizierte »US-Agencies beziehungsweise -Treasuries«.[7] Sowohl der Trust als auch die BVG zahlten ihren Anteil zu Beginn des Geschäfts auf einen Schlag. Von nun an waren die Banken für die Abwicklung der Mietzahlungen und das Aufbringen der nach Ablauf des Rücklease-Vertrags fälligen Ablösesummen zuständig. Die BVG kassierte ihren Barwert-, der Trust seinen Steuervorteil. So weit, so schön.

Allerdings – und diese Tatsache ist entscheidend, um das wahre Ausmaß von CBL-Deals begreifen zu können – sichern bei CBL-Verträgen in der Regel die Kommunen das Geschäft über den gesamten Lease-Zeitraum voll ab. Und zwar nicht nur den Eigenkapitalanteil, sondern den vollen Betrag. Das bedeutet, dass eine Kommune über Jahrzehnte in Haftung genommen werden kann, sollte beispielsweise eine der Darlehensbanken pleite gehen. Sie fungiert als Versicherungsgeber für fremdes Kapital. Da macht es auch keinen Unterschied, dass CBL 2004 in den USA verboten wurde. Die Verträge waren weiterhin gültig, nur mussten die Trusts nach neuen Wegen suchen, ihre Investitionen rentabel zu machen. Und eine Möglichkeit bestand darin, einer Kommune Vertragsbruch nachzuweisen.

Als die LBB im Zusammenhang mit ihrer bevorstehenden Privatisierung in den Bonitäts-Ratings abzusinken drohte – landeseigene Banken haben stets ein AAA-Rating, da in Notfällen das Land einspringt –, sah sich die BVG genötigt, sich anderweitig abzusichern, wollte sie nicht vertragsbrüchig werden. Aufgrund einer Empfehlung durch die Bank JP Morgan, die auch selbst an mehreren CBL-Deals der BVG als Investor beteiligt war,[8] wurde 2007 eine Neuabsicherung des Geschäfts vorgenommen. Diese wurde durch die Übernahme eines entsprechenden Pakets durch die BVG von JP Morgan auf insgesamt 150 Geldgeber verteilt. Durch die breite Streuung, so der Gedanke, sollte das Ausfallrisiko minimiert werden. Doch letztendlich führte genau diese Umverteilung dazu, dass sich das CBL-Geschäft für die BVG innerhalb kürzester Zeit in ein veritables Himmelfahrtskommando verwandeln sollte.

Was geschah, war Folgendes: Infolge der Lehman-Pleite und der weltweiten Finanzkrise kam es 2008 zu einem globalen Rating-Abfall von zahlreichen Finanzinstituten mit zuvor bester Bonität. Das führte dazu, dass sich die BVG nach dem Absturz mehrerer Banken und Versicherer, deren Papiere in dem von JP Morgan übernommenen Portfolio enthalten waren, plötzlich mit möglichen Schadensersatzforderungen in dreistelliger Millionenhöhe für das geplatzte Sicherungspaket konfrontiert sah. Denn es stellte sich heraus, dass schon das Absinken einiger weniger im Paket enthaltener Unternehmen – und nicht etwa aller – ausreichte, um vertragsbrüchig zu werden. Im Nachhinein erscheint es zumindest nicht vollkommen abwegig, die Geschichte so zu interpretieren, als habe JP Morgan nicht nur die günstige Gelegenheit genutzt, heikle Papiere gerade noch rechtzeitig an die BVG zu überschreiben, sondern darüber hinaus in ihrer Funktion als Lease-Geber auch noch einen Vertragsbruch zu provozieren, um Schadensersatzforderungen geltend machen zu können.

Inzwischen ist ein Rechtsstreit zwischen JP Morgan und der BVG ausgebrochen. Die Bank fordert Geld – weit über einhundert Millionen Euro – für die von der BVG übernommenen Kreditrisiken. Die BVG bezichtigt JP Morgan im Gegenzug der falschen Beratung: Die Bank habe die hochgradig risikoreichen Papiere unter

Vorspiegelung falscher Tatsachen an sie abgeschoben.[9] Sicherheitshalber hat die BVG 2008 156 Millionen Euro aus dem Etat für mögliche Entschädigungszahlungen beiseite gestellt.[10] Das Verfahren läuft. Gerichtsstand ist London. Der Ausgang ist ungewiss.

Unabhängig davon, wie der Streit mit JP Morgan letztendlich ausgehen wird, bleibt die Feststellung, dass es juristisch höchst fragwürdig ist, öffentliche Sachen, zu denen öffentliche Nahverkehrsbetriebe nun einmal zählen, mit eindeutiger Gewinnabsicht zweckzuentfremden und dann auch noch fahrlässig in Geschäfte zu investieren, deren Konsequenzen nicht im Ansatz abzusehen sind. So vertreten nicht wenige Juristen die Auffassung, dass CBL-Geschäfte gegen den Widmungszweck der jeweiligen kommunalen Einrichtung verstoßen, der ja, wie der Name schon sagt, ein öffentlicher sein muss. So liegt der Zweck öffentlicher Nahverkehrsmittel in einer Gewährleistung der Personenbeförderung von A nach B und nicht darin, als hoch riskantes Finanzinstrument zu fungieren.[11]

Auch wenn man sich im Fall von CBL in »bester« Gesellschaft befindet: Berlin ist auch hier grobe Fahrlässigkeit im Umgang mit öffentlichen Finanzen vorzuwerfen. Da hilft es nichts, dass rückblickend mal wieder alle klüger sind und sich selbstverständlich niemand »mehr ärgert als ich«, wie Thilo Sarrazin, unter dessen Ägide als Berlins Finanzsenator und Aufsichtsratsvorsitzender der BVG 2002 mehrere CBL-Deals abgeschlossen wurden, beteuert.[12] Sarrazin hat längst seine Schäfchen ins Trockene gebracht. Die Bahnwaggons aus sieben noch nicht aufgelösten CBL-Deals[13] rollen weiterhin einem ungewissen Schicksal entgegen.

---

1 Kirbach, Roland: Für dumm verkauft. In: Die Zeit, 2.4. 2009. http://www.zeit.de/2009/12/DOS-Cross-Border-Leasing, 20.3. 2012.

2 Georgi, Oliver: Kaum jemand las das Kleingedruckte. In: Frankfurter Allgemeine Zeitung, 17.3. 2009. http://www.faz.net/aktuell/wirtschaft/wirtschaftspolitik/cross-border-leasing-kaum-jemand-las-das-kleingedruckte-1919799.html, 20.3. 2012.

3 Zur vertiefenden Lektüre seien empfohlen: Roser, Ellen: US-Cross-Border-Leasing. Struktur und Hintergründe eines internationalen Finanzinstruments für deutsche Kommunen. Aachen 2003. Sowie: Winkelmann, Thorsten: Cross-border-Leasing. Ein kommunales Finanzierungsinstrument. Frankfurt am Main 2008.

[4] Mail der BVG-Pressestelle vom 9. 2. 2012.
[5] Ebd.
[6] Ebd.
[7] Ebd.
[8] Mail der BVG-Pressestelle vom 21. 2. 2012.
[9] Fahrun, Joachim: BVG verliert ersten Prozess gegen US-Bank JP Morgan. In: Berliner Morgenpost, 14. 7. 2009. http://www.morgenpost.de/berlin/article1131821/BVG_verliert_ersten_Prozess_gegen_US_Bank_JP_Morgan.html, 20. 3. 2012.
[10] Wassermann, Andreas: Der Fluch des schnellen Geldes. In: Der Spiegel, 21. 2. 2009. http://www.spiegel.de/spiegel/print/d-64283809.html, 20. 3. 2012.
[11] Vgl. zu dieser Thematik u.a. Luksch, Petra: U.S.-Cross-Border-Leasing-Transaktionen deutscher Kommunen. Ein Beitrag zum Recht der öffentlichen Sachen. Berlin 2009.
[12] Heiser, Sebastian: Fiasko ohne Grenzen. In: taz, 17. 2. 2009. http://www.taz.de/!30539/, 20. 3. 2012.
[13] Mail der BVG-Pressestelle vom 9. 2. 2012.

HIER SIND SIE
GOLD
RICHTIG
ANKAUF VON ALTSCHMUCK
BRUCH- & ZAHNGOLD
LEIHHAUS ANKAUF & VERKAUF LEIHHAUS

ALLES IN ALLEM ZEHN MILLIONEN

Kann man eine Bank gründen, einfach so?
Oder einen Verlag in Amerika?
Wie vertickt man Autorenrechte so, dass alle was davon haben?
Und wer ist Glenn Miller?

VON BARBARA KALENDER UND JÖRG SCHRÖDER

Am Anfang ging es nur darum, mir selbst zu beweisen, dass die Gründung einer Aktiengesellschaft in den USA nicht viel kosten muss. Denn bekanntermaßen gehört zum drehköpfigen Bohemien die Lust am großen Geschäft, Hausnummer Franz Jung, der am Anfang seiner abwärts führenden Karriere auch meinte, Geld und Glück seien weitgehend identisch. Jedenfalls ist es ein alter Hut, dass die Boheme in ihren ›Größenwahn‹-Cafés stets bedeutende Erfindungen und Geschäfte entwickelte. Sogar anständige Anarchisten wie Erich Mühsam träumten zuweilen vom großen Geld. Aber so ist es nun mal, Max Stirner erfindet den Milchwagen in der ›Hippelschen Weinstube‹ bei Kokain und Absinth. Und wer macht das Geschäft mit der Milch? Natürlich Carl Bolle mit »Bolle bim bim!« So läuft das mit den glückmachenden Geschäften im Kapitalismus und nicht Bolle ist verrückt!

Jedenfalls bildete ich mich zum Experten für ›off shore business‹ aus, zum Beispiel wie man eine Vollbank auf den Niederländischen Antillen mit zwanzigtausend Dollar Kapital gründet – die übrigens im Prinzip nichts anderes ist als die Commerzbank Overseas Finance N.V. auf Curaçao. Wenn man sich mit solchen Dingen beschäftigt, muss man natürlich so tun, als wollte man übermorgen ein solches Bankhaus wirklich besitzen, gänzlich abstrakt funktioniert es nicht.

Als virtueller Weltenbummler braucht man weder Flugzeug noch Datenautobahn, es genügt zu wissen, dass zwölf Wellblechschuppen in der Karibik die Bankenmeile darstellen, wovon die prächtigste Hütte der ›Deutschen Bank Overseas Ltd. Antigua‹ gehört, die anderen der Dresdner Bank et cetera, und dass vor zwei weiteren die Treuhänder von jeweils vierzig Gauner- und Mafiabanken verträumt auf ihren Veranden dösen. Du musst nur hinfahren, wenn du selber für zwanzigtausend Dollar eine graue, gänzlich legale Bank gründen willst und deren Filiale in Frankfurt eröffnen möchtest. Ich blieb zu Hause und fuhr nur in ökonomischen Phantasiewelten herum. Schließlich legte ich mir aber doch eine amerikanische Aktiengesellschaft zu, sie war so billig, dass ich einfach nicht widerstehen konnte. Das Büro des Secretary of State des Staates Delaware berechnete mir im April 1980 für das Certificate of Incorporation zehn Dollar, für das Filing und Indexing fünfundzwanzig, zehn Dollar für eine Certified Copy of Incorporation, fünfzig nahm der Agent. Im Juni 1980 war ›The March Press Inc.‹ gegründet.

Für den Aktenschrank erhält der neue Firmeninhaber einen vornehmen schwarzen Ordner, in dem sich die ›Minutes and By Laws‹ befinden, also die nach amerikanischem Recht notwendigen Beschlussformulare, sowie Aktien in zwanzig ›Without Par Value‹-Stücken, schöne grüne amerikanische Papiere mit Adler und Liktorenbündel. Jeder kann President, Secretary, Treasurer seiner Corporation sein. Oder du trägst den Namen deiner Großmutter ein, niemand kümmert sich darum. Richtig, das hört sich nach ›Monopoly‹ oder ›Kinderpost‹ an, ist aber eine vollwertige Aktiengesellschaft. Du beschließt mit dir selbst die vorgeschriebenen Gesellschafterbeschlüsse, unterschreibst und siegelst anschließend die Schriftstücke, fertig ist die Laube. Moment, jedes Jahr bekommst du vom State of Delaware eine Steuerrechnung über etwa dreißig Dollar, dazu kostet der Agent vierzig. Als Ausländer bist du in Delaware steuerfrei, und deshalb hielt ich die ›March Press‹ am Leben bis ... ja, bis Glenn Miller auftauchte, der natürlich so nicht hieß.

Jan Roemer, ein junger Urheberrechtsanwalt, der uns vertrat, hatte sich gerade von seiner Frau getrennt und steckte noch im emotionalen und finanziellen Abnabelungsprozess. Jeder weiß, das gilt auch für Anwälte in Scheidungskalamitäten: Die besten Schneider haben die schlechtesten Anzüge. Er hatte bereits eine neue Gefährtin, die war ebenfalls finanziell sehr anspruchsvoll. Zum Glück wurde er sie bald los. Roemer kam aus dem Urlaub zurück, und ich riss den faulen Witz: »Na, hoffentlich hat sich Ihre Freundin nicht in den Skilehrer verknallt.« »Doch, sie ist gleich dortgeblieben«, war seine Antwort.

Dieser große, gutaussehende Bonvivant deutete bei einem Besuch Vielversprechendes an. Er hatte tolle Kontakte, war Anwalt von prominenten Komödianten, Schauspielern und Regisseuren, kannte die Swatch-Gründer, da wird sicher einiges hängengeblieben sein. Aber wenn man eine teure Kanzlei in Charlottenburg unterhält, rauscht das Geld nur so raus. Kurzum ein Mann, der einen großen Fuß hatte und auf noch größerem lebte. Wir sitzen also abends beim Carpaccio und bereden den neuesten Stand der März-Kalamitäten, da raunte Roemer von Geldgebern, machte uns den Mund wässrig, dass er für Mandanten etwas anlegen und zu diesem Zweck eventuell eine AG für Lizenzverwertungen in der Schweiz gründen wolle.

Da ich mich in der Materie etwas auskenne, denn ich hatte bereits 1970 in Genf die Bismarc Media SA gegründet, war ich für ihn eine interessante Quelle. Als ich dann noch andere Möglichkeiten auf der Isle of Man, Guernsey, Antigua-Barbuda, Anguilla, den Caymans und den Niederländischen Antillen aufzählte und ihm schließlich die Aktien und das Siegel meiner March Press zeigte, war er heiß. Ein Plan nach dem anderen wurde durchgespielt, wie sein Mandant sein Geld günstig anlegen könnte, um anschließend den März Verlag zu finanzieren. Dabei entstanden zirre Konstrukte, fünf Gesellschaften waren über fünf verschiedene Länder verkabelt, also Business-Art vom Feinsten.

Dann ließ Roemer die Katze aus dem Sack: Die Schweizer AG interessierte ihn hauptsächlich im Zusammenhang mit der Vermakelung der ›Sigmund Sternchen‹-Rechte. Bisher sei die Autorin Anne Meyer-Stanley noch im Besitz aller Nutzungsrechte, die sie jetzt verkaufen wolle und es »so gestalten möchte«, wie man so sagt in diesen Zusammenhängen, »dass möglichst wenig Steuer anfällt«. Na, da wird es ja schon um eine satte Million gehen, dachte ich und fragte: »Um welche Größenordnung handelt es sich denn?« »Dreizehn Millionen. Vielleicht kommen wir ins Geschäft ...« Barbara sagte: »Gründen Sie doch eine Corporation in Delaware.« »Nein«, dafür fehle die Zeit, alles müsse schnell über die Bühne gehen und: »Es ist wichtig, dass eine Gesellschaft tätig wird, die schon länger existiert, damit die Optik stimmt.« »Wollen Sie etwa die March Press erwerben?« »Eigentlich ja, aber als Käufer sollte möglichst ein Amerikaner auftreten. Na ja, ich müsste mir einen anderen Namen zulegen.« Und weil Jan Roemer Klavier spielt, in seiner bombastischen Kanzlei steht ein Flügel, und er Swing liebt, uns aber dieses Gedudel schrecklich auf den Wecker geht, besonders die schrägen Posauneneinstellungen in der ›Glenn Miller Story‹, und gleichzeitig die Sache mit ›Sigmund Sternchen‹

nicht weniger schräg zu werden versprach, summte ich: »In the mood, dada da da damm, in the mood, dada da da damm ... Dann nennen Sie sich doch einfach Glenn Miller Junior, mit Pied-à-terre im Château Marmont, Hollywood.«

Damals belatscherte uns gerade der Autor eines Buches über dieses legendäre Hotel der Stars und wollte, dass wir seine Anekdotensammlung verlegen, so hatten wir auch gleich die Adresse zur Hand. Gesagt, getan. Roemer ließ bei einer Berliner Druckerei eine Visitenkarte drucken:

GLENN A. MILLER
Financial Services

Château Marmont
8221 Sunset Boulevard — (213) 656-1010
Hollywood, California 90046 — Telex 9/03213006

Wofür das A. stand, wissen die Götter – vielleicht für Altersversorgung? Nachdem er uns die Visitenkarte geschickt hatte, als Beweis dafür, dass wir mit Mister Miller verhandelten, mussten wir ihn an etwas erinnern: »Herr Roemer, es geht um die Kleinigkeit von vier Millionen, die ihre Mandantin zusätzlich verdienen will. Was zahlen Sie denn für die March Press?« »Ich hatte mir gedacht, ich gebe Ihnen das Doppelte Ihrer bisherigen Kosten für die Gesellschaft.« Das waren etwa tausend Dollar plus Zinsen; also runde fünftausend Mark wagte er anzubieten. »Wir fordern fünfzig.« Es setzte eine Schacherei ein wie auf dem marokkanischen Markt, auf fünfunddreißigtausend einigten wir uns schließlich.

Es kam in die Gänge. Zunächst verkaufte Anne Meyer-Stanley, wohnhaft in Poona, der March Press in Delaware, vertreten durch ihren Präsidenten Jörg Schröder, alle deutschsprachigen Nutzungsrechte an dem Kinderbuch ›Sigmund Sternchen‹ für eins Komma fünf Millionen Schweizer Franken. Die indische Adresse gehörte zur Glaubhaftmachung der Geschäftsuntüchtigkeit der Autorin, weil sie ja ihre Rechte für ein Zehntel des Wertes verschleuderte. Annes zeitweiliger Wohnsitz in Poona war keine Erfindung, aber trotzdem nur die halbe Wahrheit. Zwar gehörte sie tatsächlich zu den Jüngerinnen des Rajneesh Chandra Mohan, dachte aber gar nicht daran, dem Guru ihre Millionen zu spenden, lediglich das Finanzamt sollte es glauben. Mit diesem Vertrag waren wir länger als eine logische Sekunde Besitzer aller Rechte an ›Sigmund Sternchen‹ und hätten diese kalt lächelnd an den Verleger der Hörbücher für dreizehn Millionen DM weiterveräußern können. Das wäre für uns ein Schnitt von fünf Millionen nach Steuern gewesen, gesetzt den Fall, wir hätten uns geweigert, die March Press anschließend für ein paar Piepen an Mister Roemer-Miller zu verkaufen.

Es gibt Unmenschen, die auf so eine Weise zu ihren Vermögen gekommen sind. Ich erwähne es nur, um deutlich zu machen, dass wir es gekonnt hätten und wie gering unsere Provision ausfiel, bezogen auf das Maß an Vertrauen, das man in unsere Corporation setzte. Nach dieser Transaktion schickte Roemer uns einen weiteren Vertrag, in dem eine Firma Cinedroit SA in Genf von der March Press Inc. die Rechte an ›Sigmund Sternchen‹ erwirbt. Damit waren wir dieselben wieder los, hatten die große Schweinerei nicht begangen und warteten auf die Überweisung von fünfunddreißigtausend DM Vermittlungsprovision. Das Geld kam, aber es machte nur kurz zisch, wie der Tropfen auf dem heißen Stein. Denn die Verbindlichkeiten des Verlags betrugen ein Vielfaches dieser Summe.

Die Übertragungsurkunde der March Press an Glenn A. Miller schickten wir anschließend ganz ordentlich an die Adresse des Château Marmont. Verständlicherweise kamen diese Dokumente nicht zurück, sie landeten dort vermutlich im Papierkorb. Nachdem also Mister Miller kein Interesse an ihr gezeigt hatte, löste ich die Corporation pflichtgemäß auf. Die Aktien stehen jetzt bei uns als Souvenir im Schrank, das Siegel liegt daneben, und warten immer noch auf Mr. Glenn A. Miller. Resümee dieses Geschäfts um mehrere Ecken: Der Hörbuchverleger zahlte dreizehn Millionen Deutsche Mark an die Cinedroit in der Schweiz, Anne Meyer-Stanley kassierte abzüglich Spesen, Schweizer Steuern und eines satten Millionenhonorars für unseren Freund Jan Roemer zusätzlich vier aus der Steuerersparnis, also insgesamt summa summarum zehn Millionen.

Nachdem wir die Geschichte aufgeschrieben hatten, beklagte sich Barbara, dass wir einfach zu viel arbeiten und damit zu wenig Geld verdienen: »Ich glaube, wir konzentrieren uns nicht genug auf den Profit, sondern kümmern uns nur um unsere Literatur.« Ich gab zu bedenken: »Warum jammerst du? Es geht uns doch gut! Wir sitzen auf der Terrasse neben einem Rosenstock, genießen die letzten Sonnenstrahlen und trinken Wein. Sind wir nicht wie die Vögel unter dem Himmel ...« »Aber der Vergleich mit den Vögeln hinkt«, meinte Barbara, »beobachte mal die Amseln, wie sie geradezu fieberhaft tätig sind! Sie müssen viel fliegen, viel kratzen und picken, viele Halme für die Nester suchen ...« »Stimmt, und überall lauern Katzen! Da hat der Evangelist nicht genau hingeguckt.«

NUR LEUTE, DIE IHRE RECHNUNGEN BEZAHLEN,
BRAUCHEN GELD, [...], UND ICH BEZAHLE MEINE NIE.

~

Lord Henry in Oscar Wildes »Das Bildnis des Dorian Gray«.

KNOCKOUT

VON THOMAS RESCH

Mein Vater hat schon früh Lobbyarbeit geleistet, um mich auf den richtigen Weg zu bringen: Erste IBM-Aktie mit sechs, erstes Devisengeschäft mit acht. Doch genützt hat es wenig: Seit Beginn der Pubertät hatte ich selbstverständlich nur Verachtung für BWL'er, Börse, Banken und Co. übrig.

Doch wenn man älter wird, kehrt man irgendwann zu seinen Wurzeln zurück. Neuerdings beschäftigt sich mein Vater mit Intraday Trading und Technischer Analyse. Wenn er lange genug auf dich einredet, wird das Gehirn weich und gibt nach. Day Trading? Wenn ich schon Geld verdienen muss, warum dann nicht gleich an der Quelle. So schwer kann das doch nicht sein.

Zu Übungszwecken spiele ich mit virtuellem Geld. Ich habe anscheinend ein gewisses Talent für diesen Schwachsinn. Nach sechs Wochen und anfänglich großen Verlusten habe ich bei einem Börsenspiel in der ersten Runde ein Plus von 700 Euro erwirtschaftet und von 3.500 Teilnehmern Platz 42 belegt.

Auf Aktiencharts zu starren, ist schlimmer als auf Download-Balken. Stunde um Stunde, bis man sicher ist zu wissen, was als nächstes passiert. Und ich bin mir immer sicher. So sicher, dass ich kurz davor bin, parallel zum Spiel gleich mit echtem Geld loszulegen. Drei Wochen später habe ich 3.000 Euro Verlust gemacht, bei jedem Deal überzeugt davon, dass der Markt doch noch das tun wird, was ich beschlossen habe.

Es heißt, 80 Prozent der Börsenteilnehmer machen nur Verluste. Die Profis zocken alle anderen ab. Die Rahmenbedingungen sind einfach: ein Markt, der auf Angebot und Nachfrage reagiert. Die wichtigsten Einflussfaktoren sind Politik, Wirtschaft, Erdbeben, Tsunamis – und wie Menschen massenpsychologisch auf sie reagieren. Die große Kunst besteht darin vorauszusehen, was alle anderen machen werden und darauf eine Wette abzuschließen.

Ein Freund von mir spielt »World of Warcraft«, ein Online-Rollenspiel, das nie aufhört. Inzwischen verstehe ich, dass er keine Zeit für mich hat. Ich starre auf meine Charts, inzwischen habe ich eines gelernt: Ich weiß nie, was als nächstes passiert.

Ich habe mich für die nächste Runde qualifiziert. Da nicht reine Performance zählt, sondern Anzahl der Gewinntrades geteilt durch Anzahl der Verlusttrades als Gewichtung mit in die Platzierung eingeht, habe ich eine neue Taktik: Keinen Verlust machen!

Tag vier, 16.00 Uhr, zweite Runde, noch kein Trade. Pflicht sind fünf pro Woche. Nach 17.00 Uhr passiert nichts mehr. Also jetzt. Stimmung ist schlecht. Schuldenkrise. Es kann nur schlimmer werden. Ich finde kein Signal. Dann abwärts, schnell. Ich werde depressiv. Ich steige ein. Noch rechtzeitig. Mit vier verschiedenen Zertifikaten. 160 Euro Gewinn. Morgen noch ein Deal, dann ist die erste Woche überstanden.

Eigentlich muss ich arbeiten. Meine Deadline rückt immer näher. Candlesticks und Live-Ticker haben mich jedoch fest im Griff. 13 Deals in zehn Tagen ohne Verlust, allerdings mit einer schlappen Performance von 350 Euro. Ein Dreieck bildet sich aus. Ich bin nervös. Kaufen. Es geht runter. Ich bekomme Angst. Klicke mich durch alle Browser-Fenster. Es muss hoch gehen. Es geht hoch. Verkaufen. 14 Deals, 380 Euro.

Tag elf. Es passiert: absolut nichts. Zehn Punkte hoch, zehn Punkte runter. Ich werde langsam ungeduldig. Und plötzlich weiß ich, der Dax wird fallen, ganz sicher, hundertprozentig. Ich kaufe für 15.000 Euro Knockouts.

15 Minuten später: Aufwärts, plötzlich, erst zehn Punkte, dann 20, 30, 40, 50. Und entgegen aller Vernunft steige ich nicht aus, bin überzeugt, es ist ein Fehlsignal, obwohl mein gesetztes maximales Verlustrisiko längst überschritten ist. Der Dax steigt in den folgenden Tagen und Wochen unaufhörlich weiter. Meine Knockouts sind wertlos geworden.

Meine virtuellen Knockouts sind wertlos geworden. Vielleicht kann ich meine Deadline noch einhalten.

WIE BANKEN FÜR KREDITANGEBOTE WERBEN

sie möchten sich einen ganz besonderen wunsch sofort und günstig erfüllen?

schaffen sie sich finanziellen freiraum
schnell, einfach, individuell und sicher
es ist mehr drin, als sie denken

bauen sie sich ganz einfach eine kunstsammlung auf
gönnen sie sich etwas, ganz schnell und unbürokratisch
realisieren sie ihre träume!
ein bild: mann mit auto,
rennwagengestreifte buchstaben:
»geile karre«

machen sie ihre träume wahr
investieren sie in ihre zukunft

finanzielle freiheit

jetzt geldreserve sichern

wünsche hat jeder
wir helfen ihnen

einfach klicken
klicken
KLICKEN

flexibel kann so einfach sei

mashup from ing diba; deutsche bank; targobank; santander bestcredit xxl; berlin art finance; berliner bank; volksbank; volkswagen bank; wüstenrot; comdirect; bankhaus august lenz; hypovereinsbank; easy credit.

~

LAVINIA MEIER-EWERT

So ließen sich Berlins Schulden tilgen

❶
Zehn Jahre lang keinen der derzeit etwa 100.000 Mitarbeiter im Landesdienst bezahlen.

❷
Sieben Jahre lang sämtliche Steuereinnahmen komplett zur Schuldentilgung verwenden.

❸
Zwölf Jahre lang die Etats für Kultur, Schulen, Hochschulen sowie für Gesundheit, Umwelt, Sport und Erholung komplett streichen.

Und all das ließe sich finanzieren, würde es gelingen, die jährlich knapp 2,5 Milliarden Euro an schuldenbedingten Zinszahlungen zu halbieren

❶
Sämtliche Investitionsausgaben für Gesundheit, Umwelt und Verbraucherschutz (2011: 84 Mio. Euro)

❷
Sämtliche Investitionsausgaben für Bildung, Wissenschaft und Forschung (2011: 265 Mio. Euro)

❸
Sämtliche Investitionsausgaben für Stadtentwicklung (2011: 598 Mio. Euro)

❹
Sämtliche Investitionsausgaben für sämtliche Berliner Bezirke (2011: 172 Mio. Euro)

❺
Sämtliche Investitionsausgaben für Finanzen (2011: 131 Mio. Euro)

Macht insgesamt 1.25 Milliarden Euro

MY BIG FAT GREEK COLUMN

VON HARALD MARTENSTEIN

Auch ich habe, wie die Griechen, einiges für die europäische Kultur geleistet und trotzdem Schulden gemacht. Mir kam das wie ein Verrat an den Idealen meiner Kindheit vor. Während ich mit dem Bankberater sprach, saßen, für ihn unsichtbar, all meine Ahnen am Tisch und schüttelten tadelnd ihre Köpfe. Meine Ahnen sagten: »Niemand in unserer Familie hat jemals einen Kredit aufgenommen. Man spart, Harald, und wenn man genug Geld beisammenhat, kauft man sich davon etwas. Niemals vorher.« Ich flüsterte meinen Ahnen zu: »Ich will eine Wohnung kaufen, versteht ihr?« Meine Ahnen tippten sich mit ihren Fingern an ihre Stirnen. Der Kredit sollte, glaube ich, sechs Prozent Zinsen kosten. Nachdem ich unterschrieben hatte, sagte der Bankberater, dass er noch eine Supergelegenheit anzubieten hätte, einen Sparvertrag, bei dem ich vier Prozent Zinsen kriege.

Ich muss das noch mal langsam wiederholen. Dieser Typ verkauft mir also einen Kredit für sechs Prozent, und unmittelbar danach will er mich dazu bringen, dass ich mein überschüssiges Geld nicht etwa zur Tilgung meines Kredites verwende, sondern es, für niedrigere Zinsen, bei ihm anlege. Gut, dass immer noch meine Ahnen im Raum waren.

Ich spare gern. Wenn ein Chef mich mies behandelt, dann möchte ich die Freiheit besitzen, ihm fröhlich »Viel Spaß mit dem Nachfolger« zu wünschen. Sparen ist für mich Lebensqualität. Ich will, wenn es mir stinkt, das Geld nehmen und in die Karibik abhauen können, innerhalb von Stunden. Dort tauche ich unter und schreibe, unter Pseudonym, grenzdebile Western-Romane. Irgendwann mache ich das.

Folglich brauche ich ein Tagesgeldkonto. Vor ein paar Jahren habe ich meine Ersparnisse auf einem Konto geparkt, das gute Zinsen versprach. Von Zeit zu Zeit schickten sie Kontoauszüge. Mein Geld wurde erstaunlicherweise immer weniger, unter Anrechnung der Inflation. Die Bank hatte den guten Zins einige Monate lang bezahlt und dann, ohne ein Wort zu sagen, den Zins auf nahezu null zurückgefahren. Der neue Zinssatz stand weder auf den Auszügen noch auf der Homepage. Ich musste anrufen und fünf Sachbearbeiter abklappern, um ihn herauszufinden.

Ich wechselte mein Geldinstitut, ich ging zu einer Großbank mit weniger hohen Zinsen. Es gab für den Zinssatz keine Befristung, da habe ich aufgepasst. Nach ein paar Monaten passierte das Gleiche. Der Zinssatz sank klammheimlich auf fast null, während die Kreditzinsen interessanterweise stiegen. Die Großbank hat an meinen Ersparnissen einen sogenannten Haircut vorgenommen.

Nun ging ich zu einer Bank, die damit wirbt, wie ehrlich sie ist. Sie würde mit ihren Zinsen immer im soliden Mittelfeld liegen. Großes Ehrenwort. Vor zwei Wochen rief eine Dame von dieser Bank an. Ob ich nicht wieder ein paar Euro auf mein Konto überweisen wolle, für jeden neuen Euro zahle die Bank drei Prozent. Ich habe gesagt, aha, toll, wie viel gibt es eigentlich für das vorhandene Guthaben? Die Frau antwortete, sie wisse nicht, ob sie mir das verraten dürfe. Es war ein Prozent.

Das Schlimmste aber, was Banken mir jemals angetan haben, ist, dass sie mich dazu gebracht haben, mich, einen immerhin leidlich originellen Autor, einen Mann, der geistig eigene Wege zu gehen versucht, einen, der nicht jeden Medienscheiß gedankenlos nachplappern möchte, mich also haben die Banken dazu gebracht, so etwas Klischeehaftes, Altlinkes und Unoriginelles wie eine Anti-Banken-Kolumne zu verfassen. Diesen Text hier verzeihe ich ihnen nie.

VERGEBUNG AUS DER KISTE – DER ABLASSHÄNDLER JOHANN TETZEL

VON JOST LEHNE

Ein von der katholischen Kirche erfolgreich praktiziertes Verfahren zur Vergebung von Schuld war der Ablass. Dieser ermöglichte es reuigen Sündern, gegen einen bestimmten Geldbetrag jene Zeit zu verkürzen, die sie im Fegefeuer zu schmoren hatten. Auch zu Beginn des 16. Jahrhunderts glaubten noch viele Menschen an diese Praxis und der Ablasshandel bildete für die Kirche ein florierendes Geschäft.

Ein überaus gerissener Ablassverkäufer war Johann Tetzel (um 1465–1519). Über ihn erzählt man sich folgende Geschichte: Im Jahre 1517 besuchte Tetzel für mehrere Monate Berlin und gemahnte während seines Aufenthaltes in einer flammenden Predigt in der Nikolaikirche zum Kauf von Ablassscheinen. Tetzel war für seine mitreißenden Reden berühmt und das Geld floss in Strömen in seine Geldkiste, auf der geschrieben stand: »Sobald das Geld im Kasten klingt, die Seele vom Fegefeuer in den Himmel springt«.[1]

Gegen Ende seines Besuchs trat ein gut gekleideter Junker an Tetzel heran und erkundigte sich, ob man einen Ablassbrief auch schon für zukünftige Sünden kaufen könne. Nun hätte Tetzel dem jungen Mann eigentlich ins Gewissen reden und ihn ermahnen müssen, von der Sünde abzulassen. Tetzel war jedoch bereit, gegen einen gewissen Aufpreis einen solchen Ablassbrief auszustellen. Die beiden feilschten noch etwas um den genauen Betrag und schließlich kaufte der Junker für den geforderten Preis einen Ablassbrief für Straßenraub.

Einige Tage später, als Tetzel Berlin mit einer gut gefüllten Truhe voller Ablassgeld in Richtung Jüterbog verließ, näherte sich eine Reiterschar seiner Kutsche. Die Gesichter der Reiter waren verhüllt, was auf Straßenräuber hindeutete, woraufhin Tetzels Gehilfen und der Kutscher Reißaus nahmen.

Tetzel selbst jedoch blieb auf der Truhe mit den Ablassgeldern sitzen und hielt den Reitern mahnende Worte entgegen: Sie dürften ihn nicht berauben, er sei ein Geweihter des Herrn und das Geld, das er mit sich führe, gehöre dem Oberhaupt der Christenheit, dem Papst in Rom. Wer sich daran vergreife, der begehe eine Sünde, die nie und nimmer vergeben würde. Ungerührt zogen ihn die Reitersknechte von der Truhe. Der Anführer enthüllte sein Antlitz und gab sich als eben jener Junker zu erkennen, der von Tetzel einige Tage zuvor den Ablassbrief für Straßenraub erworben hatte. Nachdem Tetzel den Räuber verflucht hatte – er würde in der Hölle schmoren –, wedelte dieser mit dem Ablassbrief und erwiderte, dass er sich von dieser Sünde bereits im Voraus frei gekauft habe. [2]

---

1 Auf den noch erhaltenen Ablasstruhen Tetzels, etwa im städtischen Museum Braunschweig, ist dieser Spruch nicht zu finden. Er wird ihm jedoch zugeschrieben, vgl. etwa Wallmann, Johannes: Kirchengeschichte Deutschlands seit der Reformation. Stuttgart 2006 (6. Auflage). S. 19.

2 Vgl. zu Tetzel in Berlin: Schwenk, Herbert: Atemlos lauschte die Menge: Johann Tetzel – ein Kapitel »Weltgeschichte auf berlinisch«. In: Berlinische Monatsschrift, Heft 11. Berlin 1997. S. 4–11. Sowie zu Tetzel generell: Paulus, Nikolaus: Johann Tetzel, der Ablassprediger. Egelsbach/Köln/New York 1992.

HERR BIEDERMEIER

MITGLIED DER »BESITZENDEN UND GEBILDETEN KLASSE«

Schaut, dort spaziert Herr Biedermeier
Und seine Frau, den Sohn am Arm;
Sein Tritt ist sachte wie auf Eier,
Sein Wahlspruch: Weder kalt noch warm.
Das ist ein Bürger hochgeachtet,
Der geistlich spricht und weltlich trachtet;
Er wohnt in jenem schönen Haus
Und – leiht sein Geld auf Wucher aus.

Gemäßigt stimmt er bei den Wahlen,
Denn er mißbilligt allen Streit;
Obwohl kein Freund vom Steuerzahlen,
Verehrt er sehr die Obrigkeit.
Aufs Rathaus und vor Amt gerufen,
Zieht er den Hut schon auf den Stufen;
Dann aber geht er stolz nach Haus
Und – leiht sein Geld auf Wucher aus.

Am Sonntag in der Kirche fehlen,
Das wäre gegen Christenpflicht;
Da holt er Labung seiner Seelen –
Und schlummert, wenn der Pfarrer spricht.
Das führt ihn lieblich bis zum Segen,
Den nimmt der Wackre fromm entgegen.
Dann geht er ganz erbaut nach Haus.
Und – leiht sein Geld auf Wucher aus.

Ach! Wandrer, die gen Westen streben!
Wie rühret ihre Not sein Herz!
Wohl sieht er sammeln, doch zu geben
Vergißt er ganz in seinem Schmerz.
»Ihr Schicksal ruht in Gottes Händen!«
Spricht er – dann geht er auszupfänden,
Nimmt einem Schuldner Hof und Haus
Und – leiht sein Geld auf Wucher aus.

Den einzgen, hoffnungsvollen Sprossen –
Denn mehr, das wäre Überfluß –,
Den hält er klösterlich verschlossen:
Die Sünde stammt ja vom Genuß.
Die Mutter führt ihr Küchlein sittig
Wie eine Henne unterm Fittich;
Sie sorgt für strenge Zucht im Haus
Und – leiht ihr Geld auf Wucher aus.

O edles Haus! O feine Sitten!
Wo jedes Gift im Keim erstickt,
Wo nur gepflegt wird und gelitten,
Was gern sich duckt und wohl sich schickt.
O wahre Bildung ohne Spitzen!
Nur der Besitz kann dich besitzen –
Anstand muß sein in Staat und Haus,
Sonst – geht dem Geld der Wucher aus.

~

LUDWIG PFAU

Der Staatshaushalt muss ausgeglichen sein. Die öffentlichen Schulden müssen verringert werden. Die Arroganz der Behörden muss gemäßigt und kontrolliert werden. Die Zahlungen an ausländische Regierungen müssen reduziert werden, wenn der Staat nicht Bankrott gehen will.

~

Marcus Tullius Cicero
(zugeschrieben)

DIE SCHATZINSEL

VON MATHEW D. ROSE

Knapp elf Tage lang hatte Berlin einen echten Freibeuter zum Senator. Nein, lange hat sich Michael Braun wahrhaftig nicht gehalten. Anlässlich der neuesten Auflage der Berliner Großen Koalition – die letzte hatte die Stadt finanziell in den Ruin getrieben – war er zum Senator für Justiz und Verbraucherschutz ernannt worden. Zur Ausübung seines Amtes jedoch sollte der alte Freibeuter – andere würden Braun wohl eher als Piraten bezeichnen, auch wenn er Mitglied der CDU ist – nicht kommen.

Zwischen dem 16. und dem 19. Jahrhundert waren Freibeuter weit verbreitet, damals allerdings ausschließlich auf dem Meer. Was den Freibeuter vom Piraten unterschied, war der Kaperbrief, ein Dokument, das eine Regierung ausstellte, um ein Schiff als Zusatzkraft der Kriegsmarine ihrer Nation zu deklarieren – als lizenzierte Banditen zur See. Es war keine Seltenheit, dass Kapitäne und ihre Mannschaften im Lauf ihrer langen Karriere mal Freibeuter, mal Piraten waren. Die Rolle eines Schiffes bestimmte der in der Tasche des Kapitäns vorhandene oder nicht vorhandene Kaperbrief – und die Perspektive der Betroffenen. Sir Francis Drake war für die Engländer ein großer Seeheld und Freibeuter, der seiner Königin und der Nation treu diente. Für die Spanier und Portugiesen, deren Schiffe Drake kaperte, deren Schätze er plünderte und deren Landsleute er umbrachte, war er schlicht und einfach ein blutrünstiger Pirat.

Michael Braun segelt auf den Meeren des Kapitalismus mit seiner Notarurkunde in der Tasche. Aus seiner Sicht, aus der seines Berufstandes und seiner Parteigenossen ist er ein ehrenwerter Bürger, ein angesehener Politiker. Für die Opfer des Immobilienbetrugs, deren Verträge Braun beglaubigte, und an denen er gut verdiente, ist der Mann ein Komplize von Betrügern, ja ein Krimineller, der sie vor anderen Kriminellen nicht schützte beziehungsweise nicht schützen wollte.

Michael Braun ist ein typischer Vertreter Berlins politischer Klasse. Die Bevölkerung von Berlin ist ihre Beute, in der Politik wie im Privatgeschäft. Ihr Handwerk haben die Vertreter dieses Standes in der Partei, in einem Unternehmen oder einer Kanzlei erlernt. Neu ist das nicht. Das Bürgertum hat den König und die Aristokratie nicht von der Macht verdrängt, um der Gesamtbevölkerung eine bessere Welt zu ermöglichen, sondern um sich die politische Macht zu sichern, mittels derer es sich dann bereichern konnte – auf Kosten des Volkes. Mancher Bürger hat sich, wie die beiden Napoleons in Frankreich, nach einer Revolution zum Kaiser erklärt. Die Klügeren unter ihnen haben die repräsentative Demokratie ausgerufen, was nichts anderes hieß, als dass die Bürger wählen durften, wer sie fortan ausplündern würde.

Doch Plündern bleibt Plündern, und wenn es nichts mehr zu plündern gibt, zaubern die politischen Freibeuter den nächsten Schatz eben selbst aus dem Hut. Das nennt man dann »Verschuldung der öffentlichen Hand«. Die hat sich in Berlin bewährt. Sehr bewährt.

Während ich dies schreibe, wird vermeldet, das Land Berlin habe seine Neuverschuldung im Jahr 2011 auf 1,12 Milliarden Euro halbieren können.[1] In einem Jahr mit starkem Wirtschaftswachstum und entsprechend hohem Steueraufkommen kann man sich fragen, ob dies tatsächlich als Erfolg zu betrachten ist. Darüber hinaus erhält Berlin knapp 30 Prozent seiner jährlichen Einnahmen von den wirtschaftlich gesunden Bundesländern und vom Bund. Ein solches Arrangement hätte Griechenland mit der EU auch gern. Und übrigens, so wenig sind 1,12 Milliarden Euro auch nicht: immerhin 320 Euro neue Schulden für jeden Einwohner der Stadt.

Berlins offizielle Verschuldung liegt heute bei rund 62 Milliarden Euro. Doch es gibt eine Menge Schulden, die die Politik nicht dazurechnet. Die »stille Verschuldung«, wie der gegenwärtig für die Verwaltung der Schatztruhe zuständige Maat, Ulrich Nußbaum, sie nennt.[2] Zum Beispiel die Beamtenpensionen. Diese werden aus Steuergeldern des Landes beglichen, im Gegensatz zur Altersversorgung der beitragspflichtigen Arbeitnehmer, die aus der Rentenkasse gespeist wird. Laut einer Studie vom Ende des Jahres 2011 muss Berlin hierfür bis zum Jahr 2050 rund 130 Milliarden Euro aufbringen.[3] Somit steigen die Ausgaben für Beamtenpensionen von heute an um jährlich 1,5 Milliarden auf fast das Dreifache. Dafür existieren keine Rücklagen. Hinzu kommen Verbindlichkeiten in Milliardenhöhe aus Berlins Wirtschaftsbeteiligungen wie den Berliner Verkehrsbetrieben (BVG), den Wohnungsbaugesellschaften, der Berliner Stadtreinigung (BSR) oder der Krankenhaus-Gesellschaft Vivantes. Die hat Nußbaum so sehr verdrängt, dass sein Pressesprecher mir nicht einmal deren Gesamthöhe nennen konnte.[4] Außerdem gibt es da noch die Bürgschaften des Landes Berlin. Die liegen bei rund dreißig Milliarden Euro[5] – auch wenn hiervon erwartungsgemäß nur ein kleiner Teil tatsächlich anfällt, bedeutet das für den Haushalt dennoch eine Belastung von rund 200 Millionen Euro im Jahr.[6] Diese jährliche Summe könnte in den nächsten Jahren, vor allem wegen der Bankgesellschaft-Bürgschaften, noch höher ausfallen.

Auf der Einkommensseite ist der stete Abbau jener Gelder zu verzeichnen, die Berlin aufgrund des Solidarpakts vom Bund erhält. Diese reduzieren sich um rund 150 Millionen Euro jährlich. Im Vergleich zu heute bedeutet das für das Jahr 2020 etwa 1,5 Milliarden Euro weniger Einnahmen – also 8 Prozent des aktuellen Berliner Gesamteinkommens.[7] Dieser Posten ist besonders schmerzlich für Berlin, da das Geld zur Reduzierung des starken infrastrukturellen Nachholbedarfs in Ost-Berlin verwendet werden sollte. Dort kommt es allerdings nicht an. Berlin entwendet das Geld, um damit das jährliche Defizit zu begleichen.[8]

Doch fehlt es nicht nur an vorgesehenen Investitionen. Ferner sollte man den Instandsetzungsstau, den das Land vor sich herschiebt, nicht vergessen – auch ein Defizit, selbst wenn es nicht im Berliner Landeshaushalt erfasst ist. Berlins Autofahrer können ein Lied von der erbärmlichen Straßenqualität in der Hauptstadt singen, und beim Betrachten vieler öffentlicher Gebäude ist an deren schlechtem Zustand die Malaise erschreckend deutlich zu erkennen.

Wo das alles hinführt, weiß niemand. Je größer die Ausgaben beziehungsweise je geringer die Einnahmen, desto mehr muss gespart oder Landeseigentum verkauft werden. Seit der Wiedervereinigung ist viel veräußert worden: die Elektrizitäts-, die Gas- und Wasserbetriebe, fast 250.000 städtische Wohnungen (beinahe die Hälfte des Bestandes), städtische Gewerbebaugesellschaften, die Landesbank und viele landeseigene Immobilien, um nur einiges zu nennen.

Im Grunde genommen haben Berlins Freibeuter keine Ahnung, wie sie die Landesschulden abbauen sollen. Letztendlich interessiert es sie auch herzlich wenig. Man wird nicht Politiker, um Sparhaushalte zu entwerfen. Sie hoffen, dass alles gut geht – bis sie aus ihren hoch dotierten Ämtern ausscheiden. Danach können sich ja andere darum kümmern. Der Zusammenbruch allerdings kann schneller kommen als erwartet, wie man aus dem Kollaps von Berlins Bankgesellschaft gelernt hat, oder wie es die südeuropäischen Länder heute feststellen müssen.

Wie kam es zu Berlins aussichtsloser Situation? Die Antwort ist einfach: durch die politische Klasse Berlins. Das klingt vielleicht polemisch, ist es aber bei näherem Hinsehen nicht. Verantwortlich sind natürlich, wie immer, die Achtundsechziger, die Prügelknaben der deutschen Postmoderne. Vor allem die berüchtigte »K-Gruppe«. Die hatte sich wie so viele K-Gruppen an der Freien Universität in West-Berlin formiert. Doch anders als ihre linken Namensvettern stand diese »K-Gruppe« ideologisch eher der Jungen Union und dem Ring Christlich Demokratischer Studenten (RCDS) nahe. Viele ihrer Mitglieder studierten Jura. Zwei der berüchtigtsten waren Klaus Landowsky und Eberhard Diepgen. Landowsky hatte noch einen anderen Namen für die K-Gruppe: die »Crew«, [9] deren Kapitän er werden sollte. Ihr Freibeuter-Motto lautete: »Das Leben ist so kurz, da kann man sich keine Umwege leisten«. [10] Nach Abschluss ihrer Studien begannen Landowsky und seine Crew ihren Freibeutertörn durch die Gewässer der politischen Institutionen, der zu Berlins Leidwesen schnurstracks zum Erfolg führen sollte.

Es gab zwei berüchtigte Freibeuter-Kapitäne zu jener Zeit: »Die zwei Kläuse«, der schon erwähnte Klaus Landowsky und sein SPD-Pendant Klaus Riebschläger. Ihre Karrieren nahmen einen ähnlichen Verlauf, und beide galten als Schrecken der öffentlichen Finanzen und Demokratie. Die horrenden Freibeuterzüge der beiden Kapitäne sind in den Schulden-Annalen Berlins in Stein gemeißelt.

Klaus Riebschläger, der »rote Klaus«, machte wie sein fast gleichaltriges Gegenstück in der CDU, der »schwarze Klaus« oder »Blackbeard« Landowsky, in den Siebzigern Karriere in Berlins Sozialem Wohnungsbauförderungsprogramm. Dieses Programm sollte ursprünglich schnellstens den im Krieg zerstörten Wohnungsbestand West-Berlins wiederherstellen. Es wurde jedoch zu einem der größten finanziellen Fiaskos in der Geschichte der Bundesrepublik – eine riesige Geldumverteilungsaktion von unten nach oben.

Die Preise der Wohnungen in dem Programm, gebaut von der privaten Wirtschaft anstatt von den städtischen Wohnungsbaugesellschaften, wurden durch fiktive Kosten in die Höhe getrieben. Die Baupreise lagen um einhundert Prozent über denen in Hamburg.[11] Die Bauunternehmer kassierten die Differenz sofort. Unter den Bauträgern hieß es damals: »Wer an einem kleinen Block nicht zwei Millionen macht, hat sich wirklich doof angestellt.«[12] Die Investoren bekamen ihre Investition über Steuerabschreibungen zurück und damit die Wohnungen quasi umsonst. Die Kosten wurden in die Zukunft verschoben, um vom Steuerzahler beglichen zu werden. Sie waren im Landeshaushalt nicht einmal sichtbar, da darin nur die jährlichen Subventionen aufgeführt wurden. Berlin schob unsichtbare Schulden in zweistelliger Milliardenhöhe vor sich her. Dafür zahlen die Berliner heute noch – obwohl das Programm vor 15 Jahre beendet wurde – eine Summe von gegenwärtig rund einer halben Milliarde Euro im Jahr.

Die Bauunternehmer bekamen ihre Milliarden von zwei öffentlichen Berliner Institutionen: die Förderung von der Wohnungsbau-Kreditanstalt und die Finanzierung über die Berliner Pfandbriefbank. Riebschläger war Vorstandsmitglied der einen, Landowsky der anderen. Obwohl beide Institutionen die gleiche Klientel bedienten, kam man auf die Idee, dass sie einander kontrollieren sollten. Also trat der »rote Klaus« dem Vorstand der Pfandbriefbank bei, der »schwarze Klaus« dem der Wohnungsbau-Kreditanstalt. Die Geldschleusen wurden geöffnet. Und alle waren zufrieden: Die Bauunternehmer wurden Millionäre; viele Anwälte und Zahnärzte bekamen massive Steuerabschreibungen und dadurch eine Immobilie umsonst; die politischen Freibeuter kassierten kräftig mit; die Gewerkschaften freuten sich über die vielen Arbeitsplätze und Berlins Bevölkerung über geringe Mieten. Wer das alles bezahlen sollte, fragten sich nur wenige.

Im Jahr 1981 bekam Berlin die Freibeuterei im großen Stil zu spüren. Der Baulöwe Dietrich Garski erhielt von West-Berlin eine Bürgschaft in Höhe von 116 Millionen D-Mark für ein abenteuerliches Geschäft in Saudi-Arabien. Als das Geschäft platzte, blieb West-Berlin auf der Bürgschaft sitzen.[13] Obwohl er das Geld nie zurückgezahlt hat, ist Garski heute erfolgreich in der deutschen Immobilienszene aktiv.[14] Der Mann, der hinter Garskis Kredit stand, war der in der Zwischenzeit zum SPD-Finanzsenator aufgestiegene Klaus Riebschläger. In der Folge der Garski-Affäre stürzte die SPD-FDP-Koalition. Der gute Ruf der Partei, den Willy Brandt hinterlassen hatte, war dahin.

Die CDU erlangte die Macht in Berlin. Die Parteigenossen in Bonn vertrauten Blackbeard und seiner Crew nicht und schickten Richard von Weizsäcker, der auf eine Berufung zum Bundespräsidenten wartete, als Bürgermeister in die Frontstadt. Er hielt allerdings die Crew von ihrer wilden Plünderung der Stadt nicht ab. 1984 ging Weizsäcker wieder von Bord, um als Staatsoberhaupt der Bundesrepublik seine Karriere fortzusetzen; Landowsky und die »K-Gruppe« waren endlich am Ziel: an der Macht über West-Berlin. Blackbeards Bürgermeister war sein erster Maat Diepgen. Die meisten übrigen Posten wurden innerhalb der Crew verteilt. Doch es dauerte nicht lange, bis Blackbeard und seine Besatzung havarierten.

Die Aktivitäten der Freibeuter in Zusammenarbeit mit den Bauunternehmern bei der Sozialen Wohnungsbauförderung gelangten zusehends ins Fahrwasser der Piraterie. Das erfuhr die Öffentlichkeit im Zuge der sogenannten »Antes-Affäre«. Was als Bestechungsskandal um den damaligen Charlottenburger Baustadtrat Wolfgang Antes begann, nahm nach und nach schier unglaubliche Ausmaße an. Im Verlauf ihrer Ermittlungen hatte die Staatsanwaltschaft die Wohnung des Bauunternehmers durchsucht. Beschlagnahmt wurde auch sein Taschenkalender, worin merkwürdige Kürzel zu lesen waren wie »12/82 25 Diep« oder »2/83 10 Ribi«. Als die Staatsanwaltschaft die Kontobewegungen des Bauunternehmers mit den Eintragungen in seinem Kalender verglich, stellte sie fest, dass er im Dezember 1982 25.000 D-Mark in bar abgehoben und sie Eberhard Diepgen, Blackbeards rechter Hand, in einem Umschlag überreichte hatte – ohne Quittung, versteht sich. Im Februar 1983 hatte Riebschläger, damaliger Schatzmeister der Berliner SPD, 10.000 D-Mark abgeholt. Insgesamt hat er 130.000 D-Mark von dem Bauträger erhalten, Diepgen 75.000, seine CDU rund eine halbe Million (Das sind nur die Summen, die die Staatsanwaltschaft entdeckte).[15] Doch die Spenden wurden nie offiziell registriert. Die Staatsanwaltschaft konnte nur den Verbleib der Hälfte des Geldes feststellen. Es gab viele Bauunternehmer und viele solcher Spenden, die wahrscheinlich nie zum Vorschein gekommen sind. Doch die Korruption in Berlins Politik und Verwaltung war endemisch. In der Wohnungsbaukreditanstalt, in der Riebschläger und Landowsky im Vorstand saßen, und von der das Geld an die Baulöwen verteilt wurde, bezeichneten Mitarbeiter ihren Arbeitsplatz als »das Haus der kleinen Aufmerksamkeiten«. Bei einer weiteren Durchsuchung eines Berliner Bauunternehmers entdeckten die Staatsanwälte eine »Geschenkeliste« mit den Namen von 132 Mitarbeitern der Wohnungsbaukreditanstalt. Die Korruption, die ans Licht kam – und vieles blieb unenteckt –, war atemberaubend.

Wie immer in der Frontstadt wurde die Antes-Affäre schnellstens unter den Teppich gekehrt. Landowsky und Diepgen bekamen 1987 das Bundesverdienstkreuz verliehen – obwohl ein »Bundesnebenverdienstkreuz« wohl passender gewesen wäre (Riebschläger musste bis zum Jahr 2000 auf seines warten). Die Gier-Kultur der politischen Parteien in West-Berlin hatte nichts mit politischen oder gesellschaftlichen Werten zu tun, weder konservativen noch sozialdemokratischen. Es fand ein eklatanter Missbrauch der öffentlichen Finanzen statt: die Plünderung des öffentlichen Reichtums durch eine geschlossene politische Klasse. Und Berlins Freibeuter hatten eines aus der Antes-Affäre gelernt: nie wieder eine unabhängige, fähige Staatsanwaltschaft in der Stadt zuzulassen.

Das wurde besonders augenfällig bei den Ermittlungen nach dem finanziellen Zusammenbruch der Bankgesellschaft Berlin, an der viele Politiker mitverdient hatten und in einem noch höheren Maß die Mitverantwortung trugen. Dort schien die Staatsanwaltschaft alles Mögliche unternommen zu haben, um die Schuldigen nicht ernsthaft verfolgen zu müssen. Die juristische Bilanz war, freizügig gesagt, unterwältigend. Die Kosten, die die Justizverwaltung nicht nennen will, lagen nach meinen Berechnungen bei gut über zehn Millionen Euro – vielleicht auch doppelt so hoch. Auch in ihrem Kampf gegen die endemische Korruption in Berlin seit der Antes-Affäre hat die Staatsanwaltschaft wenig vorzuweisen.

Die Empörung bei der Halbstadt-Bevölkerung über die Antes-Affäre war trotzdem groß. 1989 wurde die CDU-FDP-Koalition abgewählt und durch ein rot-grünes Bündnis ersetzt. Doch die neue Koalition hielt sich nicht lange. Bald kam die Wiedervereinigung. Es war keine Zeit mehr für kleinliches Parteigezänke. Gold lag auf den Straßen der zukünftigen Hauptstadt. Alles, was ein Politiker tun musste, um reich zu werden, war, es aufzuheben. CDU und SPD entschieden sich für eine Koalition der Vernunft. Die Beute würde für alle reichen. Die schwarz-rote Flagge wurde gehisst, der Anker gelichtet, und der wahrscheinlich größte Freibeuterzug in der jüngeren Geschichte Berlins begann.

Interessant ist die Tatsache, dass Berlin zur Zeit der Wiedervereinigung, relativ gesehen, kaum verschuldet war. Die Summe lag unter zehn Milliarden Euro, also bei rund 3.000 Euro je Einwohner, also unter dem Bundesdurchschnitt. In einem anderen Stadtstaat wie Bremen war die Pro-Kopf-Verschuldung um 150 Prozent höher. Rund 40 Prozent dieser Schulden – ein überproportional hoher Anteil – lagen beim Bund, trugen einen niedrigen Zins und hatten lange Laufzeiten. Heute ist es rund ein Prozent.

Wie hatten es Berlins Politiker geschafft, die Schulden des Landes innerhalb von knapp 16 Jahren, von 1990 bis 2006, zu versechsfachen? Die Antwort ist einfach. West-Berlin war ein ökonomisches Kunstgebilde, das nur dank massiver Zuschüsse von Seiten der Bundesregierung überlebt hatte. In Ost-Berlin existierten ebenfalls eine marode, übersubventionierte Wirtschaft und ein aufgeblähter öffentlicher Dienst. Und wie ein ausgeglichener Haushalt auszusehen hatte, davon hatten Berlins Freibeuter, die nun die Macht über die gesamte Stadt übernommen hatten, nicht die geringste Ahnung. Sie waren Spezialisten in Klientel-, nicht in freier Marktwirtschaft. Ohnehin hatten sie Wichtigeres zu tun: sich und ihre Seilschaften zu bereichern.

Die Politiker von CDU und SPD kümmerten sich nicht um einen ausgeglichenen Landeshaushalt. Das hatte sich ja auch bisher immer von selbst geregelt – besser gesagt: Die Bundesregierung hatte die Defizite bezahlt. Rund 100 Milliarden Euro an Zuschüssen hatte West-Berlin zwischen 1952 und 1990 vom Bund erhalten. Stattdessen ging es den Freibeutern nach der Wiedervereinigung um gigantomanische Projekte wie einen neuen Super-Flughafen, Sportstätten für die Olympischen Spiele, um die man sich bewerben wollte, um neue Stadtteile und hunderttausende von Wohnungen (die Bevölkerung der Stadt sollte in Millionensprüngen wachsen). Von den dadurch generierten Milliarden-Ausgaben der öffentlichen Hand würden

Millionen an Schmiergeldern abfallen. Aus dem Land Berlin sollte ein Freibeuter-Paradies werden.

Leider hatte die Bundesregierung andere Finanzpläne für Berlin. Diese sahen vor, Berlins Sonderhilfe bis 1995 vollends zu streichen. Dafür sollte die neue Hauptstadt, wie jedes andere Bundesland auch, Anspruch auf Gelder über den bundesstaatlichen Finanzausgleich haben: Nicht mehr auf 50 oder 60 Prozent des Landeshaushalts, sondern nur noch auf 20 Prozent. Zwar gab es zusätzlich noch die Solidarpaktmittel für Ost-Berlin, um den Aufbau der Infrastruktur auf West-Niveau zu ermöglichen, aber diese laufen nur bis 2020, und bis dahin mit einer degressiven Entwicklung. Gestrichen wurden zudem die massiven Wirtschaftsförderungsprogramme für West-Berlin. Von jetzt an mussten Berlins Freibeuter die Finanzen der Stadt selber gestalten und, ja: haushalten.

Die Defizite des Landeshaushaltes wuchsen exponentiell. Von 1991 bis 1996 waren die Landesfinanzen in den Händen des gefürchteten Freibeuters und CDU-Politikers Elmar Pieroth. Während Pieroth seine eigene kühne Finanzpolitik mit Lob überschüttete, überschüttete er das Land Berlin mit Schulden. In einer einzigen Legislaturperiode stiegen die Schulden der Hauptstadt um 150 Prozent auf fast 25 Milliarden Euro.[16] Für Berlins Freibeuter in CDU und SPD allerdings waren es goldene Zeiten. Als Halbtagsparlamentarier konnten sie aufgrund ihres Insiderwissens und ihrer Einflussmöglichkeiten ganz legal mit Privat-Geschäften ihre Schatztruhe füllen.

Eines der krassesten Beispiele dafür, wie so etwas funktionierte, lieferte der damalige Berliner Abgeordnete Ditmar Staffelt (SPD), heute Chef-Lobbyist bei der Rüstungsfirma EADS. Als Manager bei einer finanziell angeschlagenen Unternehmensgruppe namens »Hölter« verkaufte er 1997 zwei Müllverbrennungsanlagen an Berlins Eigenbetriebe, die BSR und die Wasserbetriebe. Eine wurde neun Monate nach dem Erwerb, nachdem sie Millionenverluste eingefahren hatte, abgerissen. Die andere, weil sie nicht einmal die Probelaufzeit bestanden hatte, wurde angeblich nie bezahlt. Angeblich. An Berlins Wasserbetriebe verkaufte Staffelt außerdem ein Unternehmen, die SHW Gruppe, dessen Leistung nicht dem Kaufpreis entsprach.[17] Im Parlament war Staffelt in der Legislaturperiode, in der die fragwürdigen »Käufe« stattfanden, auch Vorsitzender des Ausschusses für Wirtschaft und Betriebe, der die BSR und die Wasserbetriebe überwachen sollte.

Andere haben im Laufe der Jahre die aktive Politik verlassen, um sich dem »Geschäft« zu widmen, womit viel mehr zu verdienen war, besonders wenn man über politische Verbindungen verfügte wie Klaus Riebschläger oder Christian Neuling und Klaus-Hermann Wienhold (beide CDU) von dem berüchtigten Immobilienunternehmen AUBIS. Hausbank und Hauptfinanzier von AUBIS war die Berliner Hypothekenbank, wo Klaus Landowsky damals als Vorstandssprecher herrschte. Das AUBIS-Imperium, das fast ausschließlich aus Plattenbauten im Osten bestand, und von Landowskys Bank sehr großzügig finanziert wurde, brach später mit verheerenden Konsequenzen für die Bank zusammen. Die Berliner Hypothekenbank musste die Verluste tragen, die wiederum – weil die Bank zum größten Teil der Bankgesellschaft Berlin gehörte – auf die Steuerzahler zurückfielen.[18]

Mit Pieroths katastrophaler defizitärer Politik war es 1996 zu Ende. Nach den Wahlen wurde er als Finanzsenator entsorgt und zum Wirtschaftssenator gekürt, das Bruttoinlandsprodukt der Stadt stürzte gleich ab.[19] Als neue Finanzsenatorin wurde Annette Fugmann-Heesing (SPD) herangeholt. Die ehemalige Finanzministerin von Hessen, die wegen eines Finanzskandals in ihrem Ministerium den Stuhl hatte räumen müssen, war für Berlin genau die Richtige. Sie besaß eindeutig den Geist der Hauptstadtfreibeuter. Doch ihre Aufgabe war nicht einfach. Das Bruttoinlandsprodukt Berlins mit Pieroth als Navigator sank (erst 2008 erreichte es preisbereinigt wieder das Niveau von 1995). Kein Wunder. West-Berlins Wirtschaft lebte von Zuschüssen, der »Berlinförderung«, und war nicht minder abhängig von Subventionen als die Wirtschaft im Ostteil der Stadt. Hinzu kam, dass Berlins Bevölkerungszahl nicht explodierte, sondern schrumpfte. Antworten hatten die politischen Freibeuter nicht, die einzige Zahlen, die sie wahrscheinlich interessierten, waren die auf ihren Privatkonten.

Fugmann-Heesing wurde mithilfe der Berliner Medien zur eisernen Spar-Kommissarin hochstilisiert. Was sie nicht war. Zwar wuchsen unter ihr bis 1999 Berlins Schulden nur um 40 Prozent auf rund 35 Milliarden Euro, doch bediente sie sich hierfür einiger Finanztricks: 8,5 Milliarden Euro in Landesvermögen wurden veräußert, darunter wertvolle Betriebe wie die Gasag, die BEWAG und die Wasserbetriebe – weit unter Wert, will man meinen –, um das Defizit zu reduzieren. Eigentlich war es eine Pervertierung der freien Marktwirtschaft, mit der die Politik diese Schritte rechtfertigte. Der Staat hat Monopole zu niedrigen Preisen an Privat-Interessen verkauft. So haben früher die Könige für ihre Günstlinge gesorgt. Wie man bei Adam Smith lesen kann, führt das zu überhöhten Kosten für die Allgemeinheit und zum Schaden für die Volkswirtschaft. So ist es auch gekommen.

Eine weitere schädliche Maßnahme waren In-Sich-Geschäfte. Landesvermögen wurde überteuert an andere Landesbeteiligungen verkauft. Um den Kaufpreis an die Stadt zu bezahlen, nahmen diese wiederum Kredite auf, die jedoch unsichtbar blieben, weil solche Betriebe – auch wenn sie zu einhundert Prozent dem Land Berlin gehören – im Landeshaushalt nicht aufgeführt werden. Zudem hatte Fugmann-Heesing eine Finanzzeitbombe zum Ticken gebracht, die Bankgesellschaft Berlin, in der sie als wichtigste Vertreterin des Hauptanteilsinhabers, des Landes Berlin, das entscheidende Aufsichtsratsmitglied war. Zunächst fuhr die Bank Gewinne ein, doch eine Milliarden-Rechnung ließ nicht lange auf sich warten.

Als 1999 die dritte Auflage der Großen Koalition zustande kam, war die Lage hoffnungslos. Es spielte keine Rolle mehr, wer Finanzsenator war, und so nahm man Peter Kurth (CDU). Die CDU machte sich keine Sorgen. Klaus Landowsky hatte schon im Jahr 1998 die Lage zusammengefasst. Solange Berlin ein Defizit habe, »muss der Bund uns kräftig weiter unter die Arme greifen. Wenn erst Hunderte Arbeitslose auf den Treppen des Reichstags sitzen, dann wird die Republik sehen, dass die Probleme in Berlin ganz besonderer Art sind.«[20]

Doch die Bundesregierung hatte keinerlei Absicht, Berlin zu helfen. Stattdessen ging im Jahr 2001 Fugmann-Heesings Zeitbombe hoch: Die Bankgesellschaft Berlin brach zusammen. Die Bankgesellschaft war in den Jahren zuvor zum Schattenhaushalt für Berlins Filz und Korruption geworden. Dort konnten die Freibeuter von CDU und SPD ihre alten Baulöwen-Freunde mit Krediten in Milliarden-Höhe versorgen, unter anderem durch die Tochter-Bank Berlin Hyp, wo Blackbeard Landowsky das Kommando innehatte. Doch ähnlich wie die Politiker hatten die West-Berliner Baulöwen keine Ahnung, wie man in der freien

Wirtschaft agiert. Sie kannten nur garantierte Rendite durch die »Schenkungen« von Politikern und Beamten.

Viele der Immobilienprojekte, die bis zu 140 Prozent von der Bankgesellschaft finanziert wurden, gingen schief. Um einen Skandal zu vermeiden, übernahm die Bankgesellschaft die maladen Immobilien und packte sie zu überhöhten Preisen in Immobilien-Fonds, die großzügige Renditen versprachen – alles garantiert. Es war ein Vorbote der Subprime-Krise, mit dem gleichen Ergebnis. Als die Lage der Bankgesellschaft gegen Ende des Jahres 2000 kritisch wurde, sollten die Milliarden-Risiken auf eine Briefkastenfirma auf den Cayman-Inseln verlagert werden, was jedoch aufflog. Plötzlich sah sich das Land Berlin, das für die Bank bürgte, mit Bankrisiken von über 20 Milliarden Euro konfrontiert. Dieser Fall ist bis heute weder ausgestanden noch abgeschlossen. Berlin – und damit die Berliner Steuerzahler – sitzt noch immer auf den problematischen Fonds und damit auch auf den hoch verschuldeten Immobilien.

Dank der Bankgesellschafts-Rettung machte Berlins Verschuldung einen riesigen Satz nach oben. Obwohl eine Gemeinschaftshavarie von SPD und CDU – die Besatzungen beider Freibeuter-Parteien hatten gut daran verdient –, wurde geschickt sämtliche Schuld bei Klaus Landowsky abgeladen. Es formierte sich eine rot-rote Koalition. Der alte CDU-Kapitän Landowsky musste über die politische Planke gehen, und die Berliner CDU ging für zehn Jahre in die Diaspora.

Doch Rot-Rot mit ihrem neuen Finanzsenator Thilo Sarrazin brauchte fünf Jahre, um die Neuverschuldung unter Kontrolle zu bringen. Bis zum Jahr 2003 war die 50-Milliardengrenze durchbrochen. Die Behauptung Sarrazins, dass Berlin kein Einnahmenproblem, sondern ein Ausgabenproblem habe, stimmte nicht.

Es war nicht so sehr die erfolgreiche Sparpolitik des rot-roten Senats, die Berlins Neuverschuldung bremste, sondern eine seit 2005 robust wachsende Wirtschaft. Deswegen ist dieser Faktor für die Zukunft Berlins so wichtig. Wie man in Griechenland aus erster Hand beobachten kann, spart man nicht in einer Verschuldungskrise. Berlins Kreditwürdigkeit konnte nur dank der Garantien des Bundes aufrechterhalten werden. Ob sich das Wachstum im Jahr 2012 fortschreiben wird, ist unklar.

Relevant für die kurzfristige Eindämmung der Schulden war auch die erfolgreiche Erpressung der Sparkassen durch das Land Berlin, das im Jahr 2007 seine Landesbank zu dem überhöhten Preis von insgesamt 5,3 Milliarden Euro an den Sparkassenverband veräußerte.

Hätte der Verband diese Summe nicht aufgebracht, wäre Berlin bereit gewesen, seine Sparkassen einer Privatbank zu überlassen, was die Existenz des Sparkassenverbandes bedroht hätte. Die deutschen Sparkassen sind keinem Shareholder-Value unterworfen, sondern sollen nach dem Regionalprinzip ihre Kommune und deren Wirtschaft unterstützen. Dafür genießen sie ein gewisses Vertrauen in der Bevölkerung, wenn dieses auch in der Zwischenzeit etwas in Zweifel gezogen worden ist. Einer Privatbank, deren einziges Ziel die Renditemaximierung ist, das Sparkassen-»S« zu verkaufen, würde das Ende dieses Gütesiegels bedeuten und damit einen schweren Schlag für die Sparkassen, wenn nicht ihren sicheren Untergang.

Das Vorgehen des Berliner Senats war sicherlich nicht die feine Art, aber die Erpressung funktionierte und spülte viel Geld in die Landeskasse. Berlins Schulden konnten in diesem Jahr sogar leicht abgebaut werden. In der Zwischenzeit musste der Sparkassenverband 1,3 Milliarden Euro oder fast ein Viertel des überteuerten Kaufpreises abschreiben.[21]

Die schleichenden Auswirkungen der Sparmaßnahmen, wie die Einführung von Lehrmittelgeld für Schulen oder die steigenden Eintrittspreise für Schwimmbäder, sind kaum erkennbar. Gleichzeitig brechen Leistungen der öffentlichen Hand weg, Preise für andere steigen langsam, aber stetig. Berlins Wasserbetriebe haben laut Bundeskartellamt der Bevölkerung viel zu viel Geld für ihre Dienste abgenommen.

Woran sollte man sehen, dass Berlin bei den Investitionsausgaben zu den Schwächsten unter den Bundesländern zählt? Wo nimmt man fehlende Investitionen wahr – bis es zu einer Krise kommt, wie bei Berlins S-Bahn? Die Lage wird sich weiter verschlechtern, da Berlin zu den Ländern zählt, die im Zeitraum 2011 bis 2020 zu einem vollständigen Abbau des strukturellen Finanzierungsdefizits verpflichtet sind.[22] Danach folgt die Einführung der Schuldenbremse im Jahr 2020.

Auch wenn sie von einer rot-roten Koalition beschlossen wurden, waren die Sparmaßnahmen alles andere als sozial. Die Linken orientierten sich an einer – sonst von ihnen verteufelten – neo-liberalen Strategie. Ihre Politik lag – wenn man gnädig sein will – irgendwo rechts von der CDU-Arbeitnehmerfraktion. Ich glaube, so ungefähr würde eine Analyse der letzten zehn Jahre durch die Linke aussehen, hätte nicht sie selbst, sondern eine andere Partei ihre Rolle in der Koalition gespielt. Doch die Linken-Parteibonzen haben zehn fette Jahre mit Senatoren- und Staatssekretärs-Gehältern genossen und werden mit den dazugehörigen Pensionen weiter gut leben können.

Wie schätzen die Experten Berlins Finanzlage heute ein? Einer der qualifiziertesten Kenner der Berliner Finanzen ist Oliver Schruoffeneger von den Grünen, der 17 Jahre lang, zehn davon – bis Ende 2011 – als Parlamentarier im Abgeordnetenhaus, gegen das institutionalisierte Piratentum gekämpft hat.

»Berlin hat sich viele Jahrzehnte lang nicht um die Verschuldung gekümmert«, erklärt er. »In der geteilten Stadt wurden beide Stadthälften von ihren jeweiligen Staaten als Schaufenster zur jeweils anderen Seite gepäppelt.« Daraus sei eine Mentalität entsprungen, die, so Schruoffeneger, von einer ganz bestimmten Haltung geprägt sei: »Erstens: Wir sind etwas Besonderes und müssen uns um die normalen Regeln des Wettbewerbs und der Konkurrenz nicht kümmern. Zweitens: Wir müssen uns nicht um eigene Einnahmen kümmern, andere Bundesländer geben uns schon, was wir brauchen. – Und drittens: Dieser Status Quo ist bequem und behaltenswert.«

Nach der Wiedervereinigung änderte sich die Situation, konstatiert Schruoffeneger, die Mentalität blieb bestehen: »Schuld an der rapide wachsenden Verschuldung waren immer die anderen. Die Bundesregierung wegen des schnellen Abbaus der Berlin-Förderung, die alte DDR wegen der hinterlassenen maroden Infrastruktur – unter anderem. Die eigene Politik und fiskalische Verantwortung wurden dabei kaum kritisch betrachtet.« Beispielhaft hierfür seien die Olympiabewerbung unter der Großen Koalition Anfang der neunziger Jahre, die über eine halbe Milliarde Euro gekostet habe, sowie die Milliardenverluste durch völlig überdimensionierte Entwicklungsgebiete.

Dass diese Mentalität immer noch existiert, davon ist Schruoffeneger überzeugt: »Nur so ist es zu erklären, dass die dringend notwendigen Millionen zur Sanierung des ICC, das für die Stadt durchaus große Wichtigkeit hat, in der Investitionsplanung nicht abgesichert sind, aber noch unter dem rot-roten Senat Verträge von über 130 Millionen Euro über eine Entwicklungsgesellschaft für das alte Flughafengelände Tempelhof abgeschlossen wurden und jetzt über 250 Millionen Euro für den Neubau einer Bibliothek ausgegeben werden sollen.«

»Diese Praxis wurde eifrig verschleiert«, so Schruoffeneger, »da wurden dann immer wieder die hohen Ausgaben für angebliche Zukunftsinvestitionen angeführt, die doch zumindest in einigen wenigen Jahren höher lagen als die Neuverschuldung. Wenn man dann aber genauer hingesehen hat, konnte man feststellen, dass Berlin in der Regel weniger investiert hat, als es an investiven Zuschüssen vom Bund und durch den Solidarpakt Aufbau Ost bekommen hat.« »In der Addition«, resümiert der ehemalige Abgeordnete, »hat Berlin also investive Zuschüsse des Bundes missbraucht, um den laufenden Haushalt zu decken und dafür auch noch eine sehr eigenwillige Verfassungsinterpretation herangezogen. Die Lage wird absurder, wenn man bedenkt, dass die vom Bund bereitgestellten Mittel doppelt als Investitionsausgaben berechnet wurden: einmal vom Bund, um die Verfassungsmäßigkeit des Bundeshaushalts zu belegen, und dann von Berlin, um das Gleiche mit dem Landeshaushalt zu tun – und dann wurde das Geld nie zur Investition verwendet!«

Die Bundesregierung hat keinen Zweifel, dass Berlin seine Investitionsgelder missbraucht. In ihrem neuesten Bericht zur Verwendung der Aufbau-Ost-Gelder, die Berlin im Jahr 2010 bekommen hat, heißt es schlicht und ergreifend: »Berlin hat 2010 keine erhaltenen Mittel für investive Zwecke eingesetzt.«[23] Weiter stellt der Bericht in Bezug auf Berlins Art zu rechnen fest: »Diese Vorgehensweise Berlins ist nach wie vor strikt abzulehnen. Sie ist rechtlich nicht haltbar, in sich widersprüchlich und kaum mehr nachvollziehbar.«[24]

Joachim Ragnitz vom ifo-Institut, einem der führenden Wirtschaftsforschungsinstitute in Europa, ist der Ansicht, der Konflikt zwischen Bund und dem Land Berlin werde dennoch keine Konsequenzen haben: »Auch wenn Berlin eindeutig den größten Teil der ‚Aufbau Ost'-Gelder vom Bund nicht zweckentsprechend verwendet hat, gibt es keine formal-juristische Handhabe für Sanktionen wegen Fördermissbrauch, da dies vom Gesetz nicht vorgesehen ist.«[25]

Karl Brenke, Konjunkturanalyst und Experte für Berlin vom Deutschen Institut für Wirtschaftsforschung Berlin (DIW), kritisiert nicht nur dieses formale Wegschauen in Hinsicht auf Berlins Fördermissbrauch, sondern darüber hinaus eine Tendenz, die auch in Griechenland und der EU festzustellen ist: »Völlig absurd wird es dadurch, dass Berlin jedes Jahr dasselbe macht, und jedes Jahr die Kritik des Stabilitätsrates dieselbe ist. Man kopiert sogar einfach die Sätze aus der Stellungnahme des vorhergehenden Jahres in die neuen Stellungnahmen hinein. Reines Beamten-Pingpong, und nichts ändert sich. Vereinbarungen werden einfach nicht eingehalten – und das war es dann.« Dass sich Berlin eingegangenen Verpflichtungen ohne Folgen einfach entziehen könne, so Brenke, »ist vor dem Hintergrund der Griechenlandkrise, für die nun die Bundesregierung einen Staatskommissar für Griechenland fordert, schon bemerkenswert.«

Für Brenke liegt das Problem aber nicht nur in der unzureichenden Investitionstätigkeit mit Blick auf den Aufbau Ost begründet, sondern auch in der Tatsache, dass die Investitionen geringer ausfallen als die Neuverschuldung – der Berliner Haushalt somit verfassungswidrig ist. »Die Verfassungswidrigkeit des Haushaltes von 2009 hat der Landesrechnungshof in seinem Bericht vom November 2011 festgestellt. Für 2011 war laut Planungen des Senats eine Nettokreditaufnahme von 2,7 Milliarden Euro vorgesehen. Die Investitionen – einschließlich der Wohnungsbausubventionen – sollten sich indes nur auf 1,56 Milliarden belaufen«, erläutert der Ökonom. »Man hatte einfach einen verfassungswidrigen Haushalt vorgelegt.« Dass die Neuverschuldung dank der guten Konjunktur nicht so hoch ausgefallen sei wie angenommen, habe sich schlicht als vorteilhafter Umstand erwiesen. »Einfach nur Glück gehabt«, so Brenke, habe der Senat, »dass der Haushalt im Nachhinein die Vorgaben der Verfassung erfüllte.« Mit den in den Haushaltsplänen gebuchten Investitionen allerdings habe es eine besondere Bewandtnis. »Nur bei dem kleineren Teil der Buchungen«, konkretisiert er, »handelt es sich tatsächlich um ›handfeste‹ und aktuelle Investitionen wie die Sanierung von Gebäuden oder um den Kauf neuer Feuerwehrwagen.« Ein großer Teil der Ausgaben entfalle auf

Verpflichtungen, die man schon vor vielen Jahren eingegangen sei, und die »immer noch zu Lasten der Landeskasse Geld in die Tasche von Privatleuten« spülten. »Vieles von dem, was als Investitionen in den Büchern erscheint,« fasst der Experte zusammen, »sind eigentlich Subventionen«.

Man halte sich weder an die Vorgaben des Solidarpaktes II, noch an die Berliner Verfassung. Seit einigen Jahren schon, so Brenke, kritisiere der Landesrechnungshof, dass in Berlin nötige Investitionen aufgeschoben würden, man also faktisch von der Substanz lebe. Daran habe sich grundsätzlich nichts geändert, und das, »obwohl Berlin im Rahmen der wegen der weltweiten Finanzkrise aufgelegten Konjunkturpakete Mittel vom Bund erhalten hat, um über vermehrte Investitionen die Wirtschaft anzukurbeln.« Den Investitionsstau aber habe man dadurch längst nicht beseitigt. Mit gravierenden Folgen: »Unterlassene Investitionen und Substanzverzehr sind letztlich nichts anderes als die teuerste Form der Neuverschuldung«, erklärt der Konjunkturanalyst. Der einzige Vorteil bestünde darin, »dass sie in den Kassenbüchern des Finanzsenators nicht auftauchen.« Dies könne mitunter zu wahren Absurditäten führen: »Da werden mit einigem Geld Straßenschilder fest installiert, mit denen eine Tempobegrenzung eingeführt wird mit dem Hinweis auf Straßenschäden. Die Straßenschäden freilich werden dadurch nicht beseitigt – denn das wäre teurer als das Aufstellen der Schilder«.[26]

Als erstaunlich empfindet es Brenke, dass all das in der Berliner Öffentlichkeit kaum wahrgenommen und diskutiert wird. Das gelte auch für die Medien. »Man hat sich offenbar daran gewöhnt, dass es irgendwie Finanzprobleme gibt, aber schaut nicht weiter hin.« Ob und wie zusätzliche Sozialmaßnahmen eingesetzt werden könnten, scheine die weitaus bewegendere Frage zu sein. Vielleicht, so hofft er, gibt die von den süddeutschen Ländern erhobene Forderung nach einer Änderung des Länderfinanzausgleichs der Stadt endlich den Anstoß für die »längst überfällige Debatte über die Finanzlage und Mittelverwendung des Landes.«[27]

Und Berlins Zukunft? Die Zeiten ändern sich, und das Solidaritätsprinzip wird durch die neo-liberale Ideologie ausgehöhlt. Die südlichen Geber-Bundesländer (2011 flossen aus Bayern 3,66 Milliarden Euro, aus Hessen 1,8 Milliarden Euro, aus Baden-Württemberg 1,78 Milliarden Euro in den Länderfinanzausgleich) wollen das Länderfinanzausgleichssystem, in dem die reichen Bundesländer die ärmeren subventionieren, abschaffen. Berlin, als größter Empfänger dieser Mittel, ist für sie das Griechenland der Bundesrepublik. Am liebsten würden sie bei der Hauptstadt hart durchgreifen.

Und in Berlin? Vor den Abgeordnetenhaus-Wahlen 2011 war zu hören, dass die CDU alles tun würde, um Teil einer Koalition zu werden. Zehn Jahre lang hatte sie höchstens auf Bezirksebene Zugang zur Selbstbedienung am Finanztrog. Weitere fünf Jahre Verzicht hätten verheerende Konsequenzen für die Partei bedeutet. Die Parteimitglieder und die Finanziers der Partei erwarten eine Rendite. Dazu kommt ein Bürgermeister, der sich in der für ihn vielleicht letzten Legislaturperiode ein Denkmal setzen möchte. Vielleicht die »Klaus Wowereit-Gedenkbibliothek«? Ob die Steuerzahler bei der neu gebildeten rot-schwarzen Freibeuter-Crew einen wesentlichen Unterschied zur vorherigen bemerken werden, wird man sehen.

---

1 Berlins Neuverschuldung 2011 halbiert. In: rbb online am 17.1.2012, http://www.rbb-online.de/themen/dossiers/berlin_wahl_2011/wahl/hintergrund/berlins_neuverschuldung.html, 18.3. 2012.

2 rbb-Abendschau am 14. 01. 2012, 19.30 Uhr. Interview mit Ulrich Nußbaum.

3 Bund der Steuerzahler Deutschland e.V. (Hg.): Ausgabenprojektion und Reformszenarien der Beamtenversorgung in Deutschland. Studie von Tobias Benz, Christian Hagist und Bernd Raffelhüschen. Forschungszentrum Generationsverträge, November 2011.

4 E-Mail von Philip Husemann, Finanzverwaltung des Landes Berlins, vom 19. 01. 2012.

5 Senatsverwaltung für Finanzen: Haushaltsplan von Berlin für die Haushaltsjahre 2010/2011, Band 1, Anlage 5, Tabelle 1. S. 273.

6 Ebd. S. 275.

7 Fortschrittsbericht »Aufbau Ost« des Landes Berlin für das Jahr 2010. Senatsverwaltung für Finanzen. S. 7.

8 Bundesministerium der Finanzen: Stellungnahme der Bundesregierung zu den Fortschrittsberichten »Aufbau Ost« der Länder Berlin, Brandenburg, Mecklenburg-Vorpommern, Sachsen, Sachsen-Anhalt und Thüringen. Berichtsjahr 2010. S. 12 und 26.

9 Doppelkopf. In: Potsdamer Neueste Nachrichten vom 22. 11. 1995.

10 Sontheimer, Michael und Vorfelder, Jochen: Antes & Co.: Geschichten aus dem Berliner Sumpf. Berlin 1996. S. 142.

11 Rose, Mathew D.: Warten auf die Sintflut: über Cliquenwirtschaft, Selbstbedienung und die wuchernden Schulden der öffentlichen Hand – unter besonderer Berücksichtigung unserer Hauptstadt. Berlin 2004. S. 49.

[12] Ebd. S. 49f.
[13] Ders.: Berlin: Hauptstadt von Filz und Korruption. München 1997. S. 16.
[14] Der Paulus von Potsdam. In: Der Spiegel, 26/1997.
[15] Rose 1997. S. 20.
[16] Senatsverwaltung für Finanzen: Haushalt und Finanzen Berlins. Ein Überblick, Mai 2011, Folie 10.
[17] Rose 2004. S. 82ff.
[18] Jahn, Olaf und Opalka, Susanne: Tod im Milliardenspiel: der Bankenskandal und das Ende eines Kronzeugen. Berlin 2004.
[19] Senatsverwaltung für Wissenschaft, Technik und Frauen, http://www.berlin.de/imperia/md/content/sen-wirtschaft/konjunkturdaten/a_01.pdf?start&ts=1302079885&file=a_01.pdf, 27.3. 2012.
[20] Rose 2004. S. 29.
[21] Schwaldt, Norbert: Landesbank Berlin kostet Sparkassen 850 Millionen. In: Welt Online vom 1.12. 2011, http://www.welt.de/wirtschaft/article13745469/Landesbank-Berlin-kostet-Sparkassen-850-Millionen.html, 18.3. 2012.
[22] Senatsverwaltung für Finanzen: Fortschrittsbericht »Aufbau Ost« des Landes Berlin für das Jahr 2010. S. 8.
[23] Bundesministerium der Finanzen: Stellungnahme der Bundesregierung zu den Fortschrittsberichten »Aufbau Ost« der Länder Berlin, Brandenburg, Mecklenburg-Vorpommern, Sachsen, Sachsen-Anhalt und Thüringen. Berichtsjahr 2010. S. 13f.
[24] Ebd. S. 9.
[25] E-Mail von Joachim Ragnitz an Mathew D. Rose vom 27.1. 2012.
[26] E-Mail von Karl Brenke an Mathew D. Rose vom 15.2. 2012.
[27] Ebd.

WENN ICH DIE HÄLFTE VON DEM HÄTTE, WAS DIE BERLINER VON UNS HABEN, WÄRE EIN AUSGEGLICHENER HAUSHALT KEIN PROBLEM.

~

Roland Koch, ehemaliger hessischer Ministerpräsident

*Beklagte man
ehemals die Schuld der Welt,
so sieht man jetzt mit Grausen
auf die Schulden der Welt und,
wie ehemals den jüngsten Tag,
so prophezeit man jetzt (...)
den universellen Staatsbankrott.*

~

Arthur Schopenhauer

Katz
Leihhaus &
Ankauf/Verkauf -

2,53

MILLIARDEN EURO BETRUGEN DIE ZINSAUSGABEN DES LANDES BERLIN IM JAHR 2011

Das wären 25.300.000 Einhundert Euro-Scheine,
die,
aufeinander gestapelt,
einen Turm ergäben,
6 × so hoch wie der Fernsehturm oder
97 × so hoch wie das Brandenburger Tor,
hintereinander gelegt,
von Berlin bis Baku reichten,
zusammen soviel wögen wie
517 Buddy Bären oder
116.380 Portionen Currywurst (ohne Brötchen).

ORTE

VON LAVINIA MEIER-EWERT

Dick und fett thront er da, inmitten von Wohnhäusern und winzig klein wirkenden Schrebergartenlauben; ein bräunlich-grauer Pfropf, die Oberfläche von einem unregelmäßigen Netz weißer Fugenadern überzogen. Der meterhohe Betonzylinder im Winkel von Loewenhardtdamm und General-von-Pape-Straße im Bezirk Tempelhof sieht aus, als wäre er vor sehr langer Zeit einmal nahe daran gewesen zu platzen, stattdessen dann aber einfach in seiner narbigen Craquelé-Musterung erstarrt. Das wird er wohl auch für immer bleiben, denn der Schwerbelastungskörper ist unzerstörbar – und ein wahrer Geldfresser.

Deswegen ist er heute die erste Markierung auf meinem Stadtplan. Wie sieht es eigentlich aus an den Orten, von denen immer die Rede ist, wenn von den Berliner Schulden die Rede ist, oder von den nützen oder unnützen Geldflüssen des Landes? Der Schwerbelastungskörper fällt unter »unnütz«, zumindest für den Bund der Steuerzahler: ein Fall öffentlicher Geldverschwendung.[1] Auch dem Berliner Rechnungshof ist er unangenehm aufgefallen.

Was 1942 als Versuchsballon für Albert Speers gigantomanische »Germania«-Vision dienen sollte – angesichts der Ausmaße des geplanten Triumphbogens erschien es ratsam, vorher durch ein möglichst schweres Bauwerk zu prüfen, ob der sandige Berliner Boden dem Irrsinn überhaupt standhalten würde –, hat das Land Berlin im Jahr 2009, bezuschusst von der EU, für insgesamt 900.000 Euro sanieren lassen. Ursprünglich waren einmal 8.700 Euro veranschlagt gewesen, um den Betonzylinder zu sichern und eine Informationstafel aufzustellen, später, na gut, noch 150.000 Euro dazu, inklusive landschaftsgärtnerischer Gestaltung des Geländes.

Irgendwie muss das Ganze dann eskaliert sein, die Gartengestaltung belief sich am Ende auf 685.000 Euro und auch sonst wurden keine Kosten gescheut. Das steinerne Monstrum ist denkmalgeschützt und sollte »zur Imagebildung des Standortes beitragen«,[2] und so hat das Bezirksamt Tempelhof-Schöneberg zusätzlich zu Bauwerkssicherung (o. k.) und Betonsanierung (unnötig) noch einen stählernen Aussichtsturm und einen Informationspavillon für die Touristen bauen lassen. Für alles in allem sechsmal so viel Geld, wie ursprünglich geschätzt.[3]

Kein Besucher da, der das würdigen könnte, an diesem diesigen Februarvormittag. Es könnte aber auch niemand hinein, denn Turm und Schwerbelastungspilz sind abgeriegelt durch einen Metallzaun, so einen, wie es ihn in Freibädern gibt, nur mit nach innen geknickten Enden, also eigentlich eher wie auf einem Militärgelände. »Zutritt für Unbefugte verboten«, warnen Schilder hinter dem Stahltor, das selbst »mobil gesichert« ist, wie die graue Tafel der Wachfirma Securitas angibt. »Der Umstand, dass die geplante freie Zugänglichkeit des Geländes für die Öffentlichkeit [...] nicht durch entsprechende Regelungen umgesetzt wurde«, bemerkte der Rechnungshof sauer, »verschlechtert die ungünstige Ziel-Mittel-Relation weiter.«[4]

Innen, auf dem karg bewachsenen Boden vor dem Betonklotz liegt ein nicht identifizierbares, altertümlich technisch anmutendes Gerät, der Rostschicht nach zu urteilen schon sehr, sehr lange. Durch die Scheibe des vergitterten Besucher-Containers kann man auf einem Tisch ein Blatt Papier erkennen, beschwert durch zwei flache Zylinder aus Stein. Miniaturschwerbelastungskörper?

Immerhin eine der Erklärungstafeln ist so angebracht, dass sie auch der Unbefugte lesen kann: Ich befinde mich im Geschichtsquartier Südkreuz, Informationsort Schwerbelastungskörper; der Pfropf ist 18 Meter tief in den Boden hinein gepflanzt, ragt 14 Meter in die Höhe und wiegt 12.650 Tonnen (fast dreimal soviel wie alle Einwohner des Bezirks Tempelhof zusammen, rechne ich später aus). Zum Bau des Großbelastungsversuchs auf dem Gebiet der geplanten »Nord-Süd-Achse« der »Welthauptstadt Germania« wurden französische Kriegsgefangene gezwungen.

Angesichts der Tristesse »eines der wenigen sichtbaren Zeugnisse der nationalsozialistischen Planungen für Berlin« freue ich mich über die sichtbaren Zeugnisse heimeliger Sesshaftigkeit am Gartentörchen zum »Jasminpfad« rechts nebenan. Die noch kahlen Äste schmücken eine blaue und eine pinke Christbaumkugel, und an der Tür beugt sich ein kleines grünes Holzmännchen artig über eine Glocke. Ab April wird es wieder einmal in der Woche Führungen zum »Mysteriösen Erbe der Reichshauptstadt« geben. Bis dahin ist der teure Informationsort hermetisch abgeriegelt.

Auf dem Weg zurück entlang der S-Bahn Gleise begegnet mir der erste Fußgänger seit längerem, ein älterer Herr mit dunkelblauer Jogginghose und weißem Hund. Wir nicken uns zu. Ich laufe zur Haltestelle Julius-Leber-Brücke. Von der Brücke an der Dudenstraße kann man bis zum Potsdamer Platz sehen. Hier wäre die 120 Meter breite Hitler-Speer-Magistrale wohl verlaufen, eine gruselige Vorstellung.

Unterhalb des Steglitzer Kreisels ist einiges los. In den Katakomben der jahrzehntelang bekanntesten Investitionsruine der Bundesrepublik, im dämmrigen Licht des integrierten Busbahnhofs, hasten Menschen über auf dem Boden liegende Luftschlangen und Konfetti; Karneval kommt eigentlich erst noch, vielleicht ein Junggesellinnenabschied? Der Kreisel selbst steht nach einer kurzen Blütezeit als Frontstadttraum – Richtfest war 1972, zwei Jahre später meldete die Bauträgergesellschaft Insolvenz an – eher für einen nicht enden wollenden Kater. Gediehen ist der Bau auf dem Berliner Filz der späten Sechziger, in diesem Fall einer Seifenoper-Melange aus der geschäftstüchtigen Architektin Sigrid Kressmann-Zschach, genannt »die schöne Sigi«, [5] mit allerbesten Beziehungen zur Kommunalpolitik, Resultat ihrer Kurzzeit-Ehe mit dem ehemaligen Kreuzberger Bezirksbürgermeister Willy Kressmann, genannt »Texas-Willy« (wirklich!). »Die öffentliche Hand um Sigis Taille«, titelte der Spiegel im Oktober 1973, als in die »große Idee, die sich bewähren wird« (der Regierende Bürgermeister Klaus Schütz zum Richtfest) schon 180 Millionen Mark versenkt worden waren, für die das Land Berlin eine Bürgschaft von 40 Millionen hatte drangeben müssen. Irgendwann waren die Baukosten mit knapp 330 Millionen Mark fast doppelt so hoch wie ursprünglich geplant. [6] Am Ende wurde der Kreisel versteigert, 1979 ist das Bezirksamt Steglitz als zahlender Mieter ein- und im Jahr 2007 aus dem in der Zwischenzeit vom Land Berlin erworbenen Büroturm wieder ausgezogen.

Voll gestopft mit Asbest, ist er seitdem geräumt, Zukunft ungewiss. Im Sommer 2012 soll der 118 Meter hohe Bau entkernt und asbestbefreit werden – das kostet

32 Millionen Euro –, vielleicht aber auch nicht: falls ihn doch noch vorher jemand kaufen möchte. Es gibt Pläne, in denen von Fotovoltaik-Anlagen auf dem Dach, von »Event-Gastronomie« und einem »Ort der Begegnung mit der jüdischen Kultur«[7] die Rede ist, aber entschieden ist noch nichts, und so lang zahlt das Land für die Bewirtschaftung des Leerstandes weiterhin jeden Monat 87.000 Euro.[8]

Das Untergeschoss ist schon asbestfrei und wird vermietet. Rechts hinter den keuchend einfahrenden Bussen leuchtet blau »Hotel«, auf der linken Seite, im Schaufenster des Outdoor-Ausrüsters »Globetrotter«, fügen sich gelbe Plastiktupper in Bananenform zu einem Ornament. Ich umrunde den Fuß des Gebäudes, gleich nach der Ausfahrt für die Busse geht es auf die Autobahn. Der Kreisel liegt wie eine Insel im rauschenden Verkehr, diese Vernetzung mit der Stadt hat früher, als der Traum von Mobilität noch unschuldig war, einmal seine Attraktivität ausgemacht. Ich streife an den wartenden Autos vorbei, auf einem der Büroschilder steht »Single-Treff: Clubräume für Freizeit und Freundschaft«.

Auf der Rückseite liegt die Einfahrt ins Parkhaus Steglitzer Kreisel und noch ein Fenster mit Bananendosen, gegenüber ist es grün, Schilder weisen den Weg zum Schlossparktheater. Das Nebeneinander der Baustile und Epochen wird von dem Einkaufspalast »Das Schloss« (»Träumen Sie schön«) auf der anderen Seite der Kreuzung auf eine neue Ebene gehoben: Die neugotische Backsteinarchitektur des Rathauses erinnert an einen Kirchturm, mit ihren Erkern und Zinnen auch ein wenig an eine Burg. Links und rechts an die märkischen Ziegel schmiegen sich die Glasfassaden des Shopping Centers. »Das im gotischen Stil errichtete Rathaus fügt sich harmonisch in die Fassade des Einkaufszentrums«, lese ich später. Rhetorisch eine recht avancierte Redefigur: ein Hysteron-Proteron, griechisch für »Das Spätere ist das Frühere«, klassisches literarisches Beispiel: Mephisto im »Faust«: »Ihr Mann ist tot und lässt sie grüßen«.

Von hier aus ist der Steglitzer Kreisel zum ersten Mal in voller Größe zu sehen. Durch seine versetzte Anordnung – der Grundriss gleicht zwei Rücken an Rücken aneinander gelehnten großen »Ls« – wirkt der dunkelbraune Turm streng und schmal. In den leeren, dunkel verglasten Fenstern sind traurige braune Vorhänge zu erkennen. Am Fuße ist ein weißer, würfelförmig abgestufter Unterbau um das Hochhaus drapiert wie der Reifrock einer sitzenden Prinzessin. Das Hotel, dessen Hintereingang in den Busbahnhof mündet, heißt »Best Western Steglitz International«. Auch das darunter liegende Geschäftsschild »Italo Jeans & Sportswear« verströmt Sechziger-Jahre-BRD-Charme. Neben der Werbetafel der Bäckerei Wiedemann (»Gianna Panini«) wartet eine junge, fein angezogene Frau mit einem großen Blumenstrauß.

Der Steglitzer Kreisel ist ein Symbol des Berliner Filzes, das nächste Kreuzchen auf meinem Plan ist dessen ehemalige Kernzelle. Vor dem einstigen Sitz der Berliner Bankgesellschaft hat sich eine Menschentraube gebildet. Unter der Weltzeituhr am Alexanderplatz, da, wo noch manchmal montags ein paar Versprengte gereimte Forderungen nach dem Ende von Hartz IV aus einem Megaphon über den Platz wehen lassen, steht ein Zwanzigjähriger mit Akustikgitarre. Erwachsene mit Einkaufstaschen und abgekämpften Bürogesichtern und Jugendliche mit durchsichtigen Plastikbechern, in denen popbunte Bubble Tea-Kügelchen schwimmen, reihen sich von den Schaufenstern der Boutique Ann CHRISTINE bis zu den Ramschtischen mit »Wohlfeilen Büchern« und hören seiner Version der Countryschnulzballade »When you say nothing at all« zu. »VermögensanlageCenter« für private Kunden steht über ihren Köpfen auf einem Messingschild der Berliner Sparkasse.

Zu Zeiten der Berliner Bankgesellschaft rotierte auf dem Dach des Alexanderhauses das von weitem sichtbare Logo des landeseigenen Bankkonzerns, eine Mikado-Anordnung dreier primärfarbener Leuchtstäbe. Als die Holding aus Sparkasse, LBB, Berlin Hyp und Berliner Bank ihr buntes X noch allseits für ein U vormachen konnte, legte man den Fonds Alexanderhaus auf, um die Restaurierung des im Zweiten Weltkrieg beschädigten und von der DDR nur notdürftig wiederhergestellten Gebäudes zu finanzieren. Die Sanierung des Alexanderhauses, das, ebenso wie das ihm zugewandte Berolinahaus gegenüber, Ende der zwanziger Jahre des 20. Jahrhunderts nach Plänen des Architekten Peter Behrens gebaut wurde, war ein voller Erfolg. Der Fonds auch, zumindest für die Anleger. Berlin aber sitzt nach dem Zusammenbruch der Bankgesellschaft auf Mietgarantien mit einer Laufzeit von 30 Jahren, die den Anlegern laut Generalmietvertrag mit einer damaligen Bankgesellschaftstochter eine feste – und alle drei Jahre ansteigende – Summe zusichern; unabhängig davon, ob oder zu welchem Preis das Gebäude tatsächlich vermietet wird.[9]

Neben den Gitarrenjungen hat sich jetzt einer der Zuhörer positioniert, ein Mann um die Vierzig mit Schnauzer und Lederjacke, Bubble Tea-Becher in der Hand. Er will mitsingen. Der Junge zögert ein bisschen, macht ihm dann aber Platz vor dem Mikro, »aber nicht reinspucken, ja?« Die Menge lacht, unterhaltungswillig. Der Mann wartet ein paar Takte ab und stimmt in den Refrain ein. »The smile on your face lets me know that you need me.« Er hat eine ganz hohe, reine Stimme. »There's a truth in your eyes saying you'll never leave me«. Man spürt, dass alle innehalten. Die erwartete Peinlichkeit ist ausgeblieben, jetzt singen beide gemeinsam. »The touch of your hand says you'll catch me wherever I fall/You say it best, when you say nothing at all.«

Noch ist der Himmel hell hinter der Muschelkalkfassade des Alexanderhauses. Vor der Haltestelle der M6 ist ein kleiner Stand aufgebaut, an dem zwei Leute Unterschriften sammeln und Broschüren verteilen. Sie wissen eine »Alternative zum Krieg: Russisch-Amerikanische Mondkolonie«.

Von der »Landsberger Allee« an ist die Straßenbahnfahrt ein einziger pastellener Farbverlauf. Die bunte Streifen- und Würfel-Bemalung der Plattenbausiedlungen, durch die die Bahn mitten hindurch gleitet, changiert zwischen den Farbfächern Toskana und Eissalon. Rot-ocker-beige, hellblau-weiß, rot-orange-gelb, lachsfarben, mint-weiß, pistazie-weiß, hellgelb-hellgrau, hellgelb-hellrot, weiß mit blauen und roten Pixeln, es könnte immer so weitergehen. Irgendwann erscheint rechts eine gigantische, scharf blaue Ikea-Filiale, daneben ein ebenso überdimensionierter Baumarkt, dessen eine Hälfte ein stählernes Gerippe ist, das den Horizont rahmt

Die Siedlung Landsberger Tor heißt nach einem ehemaligen Durchgang in der Akzisemauer, die hier allerdings gar nicht verlief. Kein Ort zum Flanieren. Keiner der mit mir Aussteigenden verliert groß Zeit, nur ich bin unschlüssig. In den erst Ende der Neunziger errichteten Neubauten um mich herum befindet sich das Erbe des Bankenskandals, ein Teil der 39.000 Wohnungen, die die riskanten und verlustbringenden Immobilienfonds unter dem Dach der Berliner Immobilien Holding umfassen. In den Zeitungen ist fast immer von »Schrottimmobilien« die Rede. Ich komme mir auf einmal vor wie ein Katastrophentourist. Durch die rechtwinklig angelegte Anlage, an den Parkbänken in der Mitte vorbei geht es zum Kursana Seniorenzentrum, an dem alle Klingelschilder Namen tragen. Auch an den übrigen Häusern zeugen Spitzengardinen und kleine Blumentöpfchen nicht von unvermietbarem Leerstand.

In der PIN-Filiale in der kleinen Ladenzeile zum Blumberger Damm sortiert einer in grasgrünem Poloshirt einen Stapel Briefe, bei der SPD nebenan ist das Licht aus, ein Wowereit-Bild wirbt um neue Mitglieder. Niemand unterwegs um diese Zeit, durch die Scheibe von »Janny's Eis« kann man den Verkäufer beim Zubereiten eines Bechers mit roter Soße und bunten Streuseln betrachten.

Am Shopping-Center »Eastgate« endet die Tram. Von der S-Bahn-Haltstelle in der Ferne gleitet ein Strom Menschen über eine rote Brücke in das Center, ein zweiter, kleinerer ihm entgegen. Die rote Linie umrahmt den silbrigen Bau, läuft über ihm aus, parallel zur Brücke. Überall Lichter von Autos, Bussen, Straßenbahnen auf weiträumig angelegten Kreuzungen

---

1 Bund der Steuerzahler: Unnützer Schwerbelastungskörper. Aus dem Schwarzbuch 2011. Die öffentliche Verschwendung. http://schwarzbuch.steuerzahler.de/Unnuetzer-Schwerbelastungskoerper/38926c47015i1p1618/, 29.3. 2012.

2 Rechnungshof von Berlin: Jahresbericht 2011. S. 101. http://www.berlin.de/imperia/md/content/rechnungshof2/jahresbericht_2011.pdf?start&ts=1305637190&file=jahresbericht_2011.pdf, 27.3. 2012.

3 Rechnungshof von Berlin: Jahresbericht 2011. S. 101f.

4 Ebd. S. 102.

5 Der Spiegel 41/1973. http://www.spiegel.de/spiegel/print/d-41871532.html, 28.3. 2012.

6 Nowakowski, Gerd: Der Kreisel-Skandal. Der Tagesspiegel vom 30.5. 2005.

7 Zawatka-Gerlach, Ulrich: Steglitzer Kreisel. Ein Licht-Kunstwerk für 15 Jahre. Der Tagesspiegel vom 14.2. 2012, http://www.tagesspiegel.de/berlin/steglitzer-kreisel-ein-licht-kunstwerk-fuer-15-jahre/6209684.html, 28.3. 2012.

[8] Katrin Lange: Steglitzer Kreisel könnte zum Kunsthaus werden. Berliner Morgenpost vom 22.2.2012, http://www.morgenpost.de/berlin/article1910307/Steglitzer-Kreisel-koennte-zum-Kunsthaus-werden.html, 28.3.2012.

[9] Vgl. u.a. taz-Serie: Die Profiteure, Teil 1: Der Fonds Alexanderhaus. Von Uwe Rada. 16.2.2002. http://www.taz.de/1/archiv/archiv/?dig=2002/02/16/a0217, 28.3.2012.

VON JETZT AN WERDE ICH NUR SO VIEL AUSGEBEN,
WIE ICH EINNEHME.

~

Mark Twain
Quelle: Finanzplanung von Berlin 2003 bis 2007,
hg. von der Senatsverwaltung für Finanzen.

Eine Fußnote verweist auf das vollständige Zitat, welches lautet:
Von jetzt an werde ich nur so viel ausgeben, wie ich einnehme,
selbst wenn ich mir dafür Geld borgen muss.

(Die Verschuldung Berlins ist zwischen 2003 und 2007
um mehr als 7 Milliarden Euro angestiegen.)

GOLDENE KNEIPEN IN BERLIN …

- ➚ REINGOLD
- ➚ RAUSCHGOLD
- ➚ OSTGOLD
- ➚ WEISSGOLD
- ➚ 3 GOLD
- ➚ SPREEGOLD
- ➚ TAFELGOLD
- ➚ HÜFTENGOLD
- ➚ ZUM GOLDENEN HAHN

UND WENIGER GOLDENE …

- ➘ RATZEPUTZ
- ➘ CAFÉ MARX
- ➘ VOLCKSWIRTSCHAFT
- ➘ ABSETZ BAR
- ➘ SCHAUMSCHLÄGER
- ➘ KUCKKUCK
- ➘ RASTSTÄTTE GNADENBROT

✖✖✖

BERLINER KNEIPEN, IN DENEN MAN (ANGEBLICH) NOCH ANSCHREIBEN LASSEN KANN

»**VAN DOREN**« in der Blücherstraße

»**TURANDOT**« in der Bergmannstraße

»**SCHWARZSAUER**« in der Kastanienallee

»**INDEED**« in der Lychener Straße

»**SPEICHE'S**« in der Raumerstraße

»**NORDRING**« in der Greifenhagener Straße

»**CAFÉ CENTRAL**« in der Schönhauser Allee

»**KRÜGER**« in der Lychener Straße

Alle Angaben ohne Gewähr.
Genaue Konditionen bitte mit den Kneipen selbst aushandeln.

WIR VERSAUFEN UNSER OMA IHR KLEIN HÄUSCHEN

VON HANS OSTWALD

Ein Liedchen, das in den alles auf den Kopf stellenden Jahren der Inflation, besonders 1922 und 1923, viel gesungen wurde, das von allen würdigen Gästen auf Silberhochzeiten mit freudiger Inbrunst und bei der abendlichen Heimkehr von sonntäglichen Familienausflügen von groß und klein, von Vater, Mutter und Kindern mit wirklicher Lust hinausgeschmettert wurde – ein solches Lied war: »Wir versaufen unser Oma ihr klein Häuschen«, dessen erster Vers lautete:

Ich war als kleiner Junge so rund wie eine Wurscht
Und hatte, wie noch heute, stets einen Riesendurscht.
Schuld war daran mein Vater, der hat gern eins getutscht,
Und wenn ich in der Wiege am Fläschchen hab gelutscht,
Dann tutscht' er mit, und voll Gefühl sang er das schöne Lied:

Refrain:
In der Jugend tut es wohl, in der Jugend tut es wohl,
Im Alter tut es auch noch wohl, jawohl, jawohl, jawohl, jawohl!
Wir versaufen unser Oma ihr klein Häuschen, ihr klein Häuschen,
Wir versaufen unser Oma ihr klein Häuschen,
und die erste und die zweite Hypothek.

Über dieses Lied schrieb Peter Panter (Pseudonym von Kurt Tucholsky, A. R.) in der »Weltbühne«:
»Bevor wir uns an die Untersuchung machen, sei zunächst gesagt, daß das kindliche Wort ›Oma‹ so viel bedeutet wie ›Omama‹, und dieses wieder heißt ›Großmutter‹. Das Lied will also besagen: ›Wir, die Sänger, sind fest entschlossen, das Hab und Gut unsrer verehrten Großmutter, insbesondere ihre Immobilien, zu Gelde zu machen und die so gewonnene Summe in spirituösen Getränken anzulegen.‹ Wie dies – ? Das kleine Lied enthält klipp und klar die augenblickliche

volkswirtschaftliche Lage: Wir leben von der Substanz. So, wie der Rentner nicht mehr von seinen Zinsen existieren kann, sondern gezwungen ist, sein Kapital anzugreifen – so auch hier. Man beachte, mit welcher Feinheit die beiden Generationen einander gegenübergestellt sind: die alte Generation der Großmutter, die noch ein Häuschen hat, erworben von den emsig verdienten Spargroschen – und die zweite oder dritte Generation, die das Familienvermögen keck angreifen und den sauern Schweiß der Voreltern durch die Gurgel jagen! Mit welch minutiöser Sorgfalt ist die kleine Idylle ausgetauscht; diese Andeutung genügt – und wir sehen das behaglich kleinbürgerliche Leben der Großmama vor uns: freundlich sitzt die gute alte Frau im Abendsonnenschein auf ihrem Bänkchen vor ihrem Häuschen und gedenkt all ihrer jungen Enkelkinder, die froh ihre Knie umspielen ...

Das ist lange her, Großmutter sank ins Grab, und die gröhlende Korona der Enkel lohnt es ihr mit diesem Gesang: ›Wir versaufen unser Oma ihr klein Häuschen ...‹ Ist dies ein Volkslied – ? Es ist seine reinste Form. Man darf freilich nicht an früher denken. Früher sang wohl der Wanderbursch sein fröhlich Liedchen von den grünen Linden und den blauäugigen Mägdelein – weil das sein Herz bewegte. Nun, auch dieses Lied singt von dem, was unser Herz bewegt: von den Hypotheken. Hatte früher Walther von der Vogelweide sein ›Tandaradei‹ durch die Lüfte tönen lassen und den Handel den Pfeffersäcken überlassen, so ist es heute an den Kaufleuten, mit den Hypotheken. Wenn auch freilich in naiver Weise. Denn es ist dem Liedersänger entgangen, daß die Hypothek selbst ja eine Schuld ist, die man unmöglich vertrinken kann – meint er doch wahrscheinlich die für die eingetragene Hypothek als Darlehn gegebene Summe, die der Schuldner in leichtfertiger Weise verbraucht. So singt das Volk. Hier spricht die Seele deines Volkes. Hier ist es ganz. Es soll uns nicht wundernehmen, wenn nächstens in einem schlichten Volkslied das Wort ›Teuerungszulage‹ oder ›Weihnachtsgratifikation‹ vorkommt – denn dies allein ist heute echte, unverlogene Lyrik ...«

BILANZ

VON JOST LEHNE

Im Mittelalter spielten religiöse Fragen auch beim Umgang mit Schulden eine wesentliche Rolle. Der im Eingangsbereich der Berliner Marienkirche in blassen Farben erkennbare »Totentanz« – lange Zeit übermalt und erst 1860 wiederentdeckt – aus dem ausgehenden 15. Jahrhundert zeugt davon. Dieser zeigt eine spätmittelalterliche ständische Gesellschaft, die sich im Angesicht des Todes für ihr Wirken verantworten muss. Geistliche, Herrscher, Bauern, aber auch ein Kaufmann und ein Geldverleiher, hier Wucherer genannt, tanzen in einer langen Reihe mit dem Tod. Die Bilder und die dazugehörigen Texte lassen den Zwiespalt erkennen, in dem sich nicht nur so mancher Kaufmann befunden haben mag, wenn er am Ende seines Lebens sein Handeln hinterfragen musste.

TODESGESTALT

Her kopman wat gy ghvmmen nu hastych synt
[Herr Kaufmann, warum, Freund, habt ihr es so eilig?]
gy sparet noch reghenweder edder wynt
[Ihr laßt weder Regenwetter noch Wind aus,]
de market ys doch seker hier all gedan
[Der Markt ist doch sicher hier schon beendet,]
gy muthen enquantzwys met my dantzen gan
[Ihr müßt (...) mit mir tanzen gehen.]
vorueret jw nicht legget aff dy sparen
[Erschreckt euch nicht, legt ab die Sporen,]
wente sterven is jw ok an ghebaren
[Denn das Sterben ist auch euch angeboren.]

KAUFMANN

Och gude doet wu kome gy my dus hastich an
[Ach guter Tod, wie fällst du mich so hastig an.]

wol dat ik byn ghewesen eyn thur kopman
[Wohl bin ich gewesen ein vornehmer Kaufmann,]

doch is mene rekenschop noch gar unclar
[Doch ist meine Rechenschaft noch ganz unklar.]

dat klaghe ik dy criste al apenbar
[Das klage ich dir, Christus, ganz offenbar.]

wultu se nu clar maken des hefst du macht
[Willst du sie nun klar machen, dazu hast du die Macht,]

ik hebb seker nicht vele up dy dacht
[Ich habe sicher nicht viel an dich gedacht.][1]

Die ewige Hast, die rastlos Eile, der stete Zwang zu handeln – all das bot kaum Gelegenheit, an den Tod zu denken oder gar eine Lebensbilanz zu ziehen. Entsprechend überrascht zeigt sich dann auch der Kaufmann. In seinem Fall klagt der Tod allerdings keine direkte Schuld an, denn der durch Handel erwirtschaftete Gewinn galt gemeinhin als gerechter Gewinn, als justum pretium. So konnte sich zumindest der redliche Kaufmann rückhaltlos an das Gericht übergeben, das über ihn kommen mochte: Allein aufgrund seines Standes brauchte er kaum Angst vor dem Urteil zu haben.

Was das Geldgeschäft fundamental vom Warenhandel unterschied, war, dass hier nichts verkauft wurde, sondern nur verliehen und aus diesem Verleih über den erhobenen Zins ein Gewinn entstand. Aus kirchlicher Sicht war ein solcher Gewinn unehrenhaft, da er die Not eines anderen ausnutzte. Daher wurde er auch als lucrum turpe bezeichnet, als schändlicher Gewinn. Zudem galt er als mühelos erwirtschaftet, was nach kanonischer Kirchenlehre ebenfalls verwerflich war. Bereits bei Aristoteles wurde der Zins, der »Gewinn vom Geld«,[2] verurteilt. Er sei gegen das Naturrecht, etwas Unnatürliches, nichts Notwendiges, sondern diene nur zur Befriedigung einer Gier.

Jener Makel, der dem Geldverleih anhaftete, wird auch in der Darstellung des »Totentanzes« angesprochen.

TODESGESTALT

Her wukerer med jwen blawen sacke
[Herr Wucherer mit eurem blauen Sack,]
vor gelt were gy van gudeme snacke
[Für Geld wart ihr gut zu sprechen,]
gy deden den armen ein schock vor twe
[Ihr habt den Armen einen Schock für zwei gegeben,]
dar vmme muthe gy nhu liden groth we
[Darum müßt ihr nun leiden großes Weh,]
legget van jwer siden den swedeler
[Legt den Beutel von eurer Seite,]
gy muthen al mede jn dath olde her
[Ihr müßt jetzt mit in das alte Heer.]

WUCHERER

Ach war schal ik arme nhu bliuen mhan
[Ach, wo soll ich armer Mann nun bleiben,]
sint ik wuker nicht meyr ma(ch dr)iuen
[Nachdem ich keinen Wucher mehr betreiben kann?]
mine kindere scholen dath wed(der) gewen
[Meine Kinder sollen das zurückgeben,]
so mogen die med gade ewich lewen
[So mögen sie mit Gotte ewig leben,]
des helpe my ok jhesus dhu ewige goth
[Dabei hilf mir auch, Jesus, du ewiger Gott,]
wente van erden to scheydin is neyn spoth
[Denn von Erden zu scheiden ist kein Scherz.][3]

Trotz seiner moralischen Fragwürdigkeit wurde im Berlinischen Stadtbuch das Kreditgeschäft, auf das Zinsen erhoben werden, bereits zu Beginn des 14. Jahrhunderts als notwendig erachtet.[4] Der Rat der Stadt schuf deshalb schon früh gewisse Regeln, unter deren Berücksichtigung Geldhandel möglich war. Hierbei galt es vor allem, Wucher zu verhindern, weshalb eine Begrenzung des Zinssatzes festgelegt wurde. Meist galt eine Obergrenze von fünf Prozent,[5] dieser Satz wechselte jedoch je nach Zusammensetzung des Rates.[6]

Die Festlegung einer solchen Obergrenze für Kreditzinsen lag auch im Interesse des Stadtrates, da sich dieser selbst immer wieder Geld leihen musste – sowohl von seinen Bürgern als auch von adeligen Häusern außerhalb der Stadt oder von anderen Städten. Bereits für das 16. Jahrhundert sind Berlinanleihen belegt, mit denen sich die Stadt – gegen Zinsen – Beträge von Berliner Bürgern lieh, um davon kommunale Aufgaben zu finanzieren. Die Stadt galt als sicherer Schuldner, da in »unbeschränkter Solidarhaft sämtliche Bürger für Kapital und Zins einstanden«.[7] Im Grunde also musste jeder Bürger Berlins für die Schulden der Stadt geradestehen.

Ähnlich schien auch die Person des Kurfürsten eine hohe Rückzahlungssicherheit bei einer Kreditvergabe zu versprechen. Seine Kreditgeber waren größtenteils Familien des Stadtadels oder andere wohlhabende Berliner Bürger. So lieh der Berliner Bürgermeister Henning Stroband dem damaligen Markgrafen Friedrich im Jahre 1424 1.500 Florin und fünf Jahre später nochmals 1.200 Florin. Als Sicherheit hatte dieser die Grundsteuer der Stadt Strausberg angegeben. Der Kurfürst benannte also die Abgaben seiner Untertanen als Sicherheit und nicht etwa seinen eigenen Besitz.

Auch wenn der Geldverleih einen relativ leichten Gewinn versprach, barg er immer auch das Risiko, dass die Rückzahlung eines Kredites stocken oder sogar gänzlich ausbleiben konnte. Besonders schwierig war es dabei, die Zahlungen des Landadels einzufordern. Denn anders als zwischen Kaufleuten, die sich mehr oder weniger auf einer Stufe sahen und die von den gleichen Interessen geleitet waren, waren Geschäfte insbesondere mit dem höheren Adel im Allgemeinen von einem Verständnis von Herrscher und Untertan geprägt.

Eine Möglichkeit, an sein Geld zu kommen, bestand darin, das als Sicherheit gegebene Hab und Gut des Schuldners in »Kummer« zu nehmen, also zu beschlagnahmen.[8] Ging dies nicht, etwa wenn dieses bereits von einem anderen Gläubiger an sich genommen worden war, wurde die entsprechende Person selbst haftbar gemacht und in Arrest genommen oder es wurde das so genannte »Einreiten« oder »Einlagern« praktiziert. Dann musste der Schuldner so lange auf dem Anwesen des Gläubigers verbleiben, bis die Schuld abgearbeitet war.

---

1 Zitiert nach: Walther, Peter: Der Berliner Totentanz zu St. Marien. Berlin 1997. S. 72.
2 Vgl. Aristoteles: Aufzeichnungen zur Staatstheorie [sog. Politik]. Übersetzt von Walter Siegfried. Köln 1967. S. 39.
3 Zitiert nach: Walther 1997. S. 73.
4 Vgl. hierzu: Clauswitz, Paul (Hg.): Berlinisches Stadtbuch. Neue Ausgabe. Berlin 1883.
5 Vgl. Clauswitz 1883. S. 41ff.
6 Vgl. Mieck, Ilja: Berlins Aufstieg zum ersten preußischen Finanzplatz bis zur Industrialisierung. In: Pohl, Hans (Hg.): Geschichte des Finanzplatzes Berlin. Frankfurt am Main 2002. S. 6ff.
7 Aus: Rachel, Hugo/Papritz, Johannes/Wallich, Paul: Berliner Großkaufleute und Kapitalisten. Band 1: Bis zum Ende des Dreißigjährigen Krieges. Berlin 1934. S. 19.
8 Vgl. ebd. S. 15ff.

DIE HEIMKEHR

XXXVI

Mensch, verspotte nicht den Teufel,
Kurz ist ja die Lebensbahn,
Und die ewige Verdammnis
Ist kein bloßer Pöbelwahn.

Mensch, bezahle deine Schulden,
Lang ist ja die Lebensbahn,
Und du mußt noch manchmal borgen,
Wie du es so oft getan.

~

Heinrich Heine

THOMAS F.

VON SUSANNE LINZER

Jahr für Jahr führen Berliner Gerichtsvollzieher Zwangsvollstreckungen in sechsstelliger Höhe durch. Einer der Schuldner, die regelmäßig Besuch von den Vollstreckungsbeamten erhalten, ist Thomas F. (Name geändert). Auf den ersten Blick wirkt F. mit seiner stattlichen Figur und seinem spitzbübischen Lächeln wie ein Mann, der mit beiden Beinen fest auf dem Boden steht, wie jemand, den überhaupt nichts aus der Bahn werfen kann. Aus der Bahn geworfen haben ihn die Umbrüche in seinem Leben vielleicht auch nicht; der Kreis, in dem er sich bewegen kann, aber ist wesentlich enger geworden.

Thomas F., 48, der seit fünf Jahren an einer Herzschwäche leidet und deshalb nicht mehr voll arbeiten kann, lebt mit einem Schuldenberg, der gegenwärtig etwa 40.000 Euro beträgt. Den größten Anteil daran tragen die immer weiter wachsenden Unterhaltsschulden gegenüber seiner mittlerweile dreizehnjährigen Tochter. Hinzu kommen zirka 14.000 Euro Kreditschulden sowie weitere kleinere Beträge. Eigentlich wäre F. ein klassischer Fall für eine Privatinsolvenz. Doch diesen Weg will er aus verschiedenen Gründen nicht beschreiten.

Wir verabreden uns zu einem Treffen in meinem Arbeitszimmer in Prenzlauer Berg und unterhalten uns zunächst über die Schulden anderer.

Alle haben Schulden, so F. *Ich glaube, wer keine Schulden hat, der gehört nicht zur guten Gesellschaft. Deshalb gehe ich auch relativ gelassen mit meinen Schulden um. Natürlich habe ich auch Bedenken, wenn Post vom Jugendamt oder von den Rechtsanwälten von der Sparkasse kommt, aber bei mir ist ja sowieso nichts zu holen.*

Auf Antrag seiner Gläubiger hat F. eine Eidesstattliche Versicherung abgegeben. Das heißt, er hat seine Einkünfte offengelegt und das Nichtvorhandensein eines Vermögens bezeugt. Er erhält Erwerbsunfähigkeitsrente und arbeitet als Geringverdiener für die Differenz bis zur Pfändungsgrenze von 1.028 Euro in einem Berliner Kulturbetrieb. Das Angebot seines Arbeitgebers, mehr Stunden zu arbeiten, hat er schweren Herzens abgelehnt, um eine Pfändung zu vermeiden.

Die Sparkasse hat ihm schon mehrere Angebote gemacht, seine Schulden schrittweise abzubezahlen, aber entweder sind die vorgeschlagenen Raten so hoch, dass er sie auch mit einem Verdienst aus zusätzlichen Arbeitsstunden nicht zahlen könnte oder so gering – im letzten Schreiben war von monatlich 16 Euro die Rede –, dass er durch die Zahlungen nicht einmal die Zinsen tilgen würde. *Da antworte ich gar nicht drauf,* so sein lapidarer Kommentar.

Darüber hinaus hat F. Schulden bei einer Berufsgenossenschaft, die aus einer kurzen Phase der Selbstständigkeit herrühren und auch deshalb so hoch sind, weil er es damals versäumt hat, seine Mitgliedschaft zu kündigen. Die Gerichtsvollzieherin, die ihn deswegen aufsuchte, riet ihm zur Kontaktaufnahme. Auf die Frage, warum er dies nicht tue, lächelt F. verschmitzt: *Ich freue mich immer, wenn ein Brief von denen im Kasten liegt. Ich sichere schließlich Arbeitsplätze durch mein Verhalten.*

Ich stelle mir vor, wie sich ein Gerichtsvollzieher an jemandem wie F. die Zähne ausbeißt und frage mich natürlich auch, wie die Beamten generell mit säumigen Schuldnern umgehen. Und so verabrede ich mich mit dem Obergerichtsvollzieher Markus Oegel. Wir treffen uns in einem Restaurant in der Nähe seines Wohnortes im Berliner Ortsteil Rudow.

Oegel empfängt mich mit einem freundlichen Lächeln und ist sichtlich erleichtert, dass ich keine Sensationsgeschichten von ihm hören will. Er hat seine Frau mitgebracht, die ihm im Büro hilft und für Kollegen, beispielsweise bei Wohnungsöffnungen, als Zeugin fungiert. Auf die Frage, ob die wachsende Zahl der Geringverdiener in Berlin vermehrt den Erfolg von Vollstreckungen verhindere, antwortet er: *Das kommt darauf an, was Sie unter Erfolg verstehen. Wenn Sie die erfolgreiche Pfändung beweglicher Gegenstände meinen, die geht tatsächlich zurück. Erstens sind heute viele Gegenstände unpfändbar und zweitens wird durch den schnellen Wertverlust eine sinnvolle Verwertung, beispielsweise durch Versteigerung, immer schwieriger. Wenn sie aber unter erfolgreich verstehen, dass wir den Schuldner dazu bringen, seine Schulden zu begleichen, indem er etwa nach einem Gespräch mit dem Gerichtsvollzieher Ratenzahlungen leistet, dann würde ich Ihre Frage verneinen.* Für diese Aussage sprechen auch die Zahlen. Allein im Jahr 2010 haben die Berliner Gerichtsvollzieher insgesamt Gelder in Höhe von knapp 45 Millionen Euro eingezogen.

Im Laufe der Jahrhunderte hat sich die Rolle des Gerichtsvollziehers von der eines bloßen Vollstreckers – der Fronbote des Hochmittelalters etwa war nicht nur für das Eintreiben von Schulden, sondern auch für Hinrichtungen zuständig – hin zu der eines Vermittlers mit Sozialarbeiterfunktion entwickelt. Soziale Kompetenz ist deshalb eine so wichtige Voraussetzung, weil ein Gerichtsvollzieher stets die

Interessen beider Parteien im Blick haben muss: Auf der einen Seite steht die Durchsetzung der Ansprüche des Gläubigers, deren Scheitern diesen selbst in Not bringen kann, auf der anderen der Schutz des nicht selten unverschuldet in Bedrängnis geratenen Schuldners.

In Oegels Zuständigkeitsbereich in Köpenick ist der sogenannte unwillige Konsumschuldner, also jemand, der beispielsweise immer wieder Waren auf Abzahlung kauft, obwohl er weiß, dass er die Raten nicht bezahlen kann, nicht die Regel. Die Gründe dafür, dass die Menschen in eine finanzielle Schieflage geraten, liegen dagegen oft in einer Verschlechterung ihrer wirtschaftlichen Situation, beispielsweise aufgrund von Arbeitslosigkeit, oder wurzeln in privaten Schicksalen oder zwischenmenschlichen Problemen. Dies trifft auch auf Thomas F. zu und nicht selten geht es, wie bei ihm, um Unterhaltsstreitigkeiten.

Für Markus Oegel ist der Umgang mit uneinsichtigen Schuldnern nicht das vordergründige Problem. *Wir Gerichtsvollzieher sitzen oft zwischen den Stühlen.* Dass Schuldner, die in den meisten Fällen unter starkem Druck stehen, entsprechend unberechenbar reagieren, ist leicht vorstellbar. Zu wirklich gefährlichen Situationen kommt es allerdings relativ selten. Welchen Risiken die Beamten jedoch ausgesetzt sein können, zeigen Extremfälle wie jener eines Berliner Gerichtsvollziehers, der im Juni 2011 von einem Schuldner mit einer Axt angegriffen wurde, oder eine vorsätzlich herbeigeführte Gasexplosion in Köln, bei der ein Gerichtsvollzieher und ein Schlüsseldienstmitarbeiter ums Leben kamen.

In Berlin erhalten Gerichtsvollzieher auch immer wieder den Auftrag, für die Räumung von besetzten Häusern zu sorgen, was durchaus zu heiklen Situationen führen kann. Während sich die Berliner Polizisten gegen das Tragen von Namensschildern wehren, müssen Gerichtsvollzieher seit jeher ohne den Schutz der Anonymität auskommen. Durch ihren Briefverkehr mit den Schuldnern sind diesen Name und Büroadresse, die nicht selten mit der Privatadresse des Gerichtsvollziehers identisch ist, bekannt.

Aus Oegels Sicht ist aber auch der Umgang mit dem Gläubiger nicht immer unkompliziert, in vielen Fällen sogar Nerven aufreibender als die Auseinandersetzung mit dem Schuldner. Als Herr des Verfahrens kann jener es jederzeit unter- oder abbrechen, selten geht es ihm schnell genug. So kommt es oftmals vor, dass Gläubiger gegen jede Vernunft die vom Gerichtsvollzieher mit dem Schuldner vereinbarten Ratenzahlungen nach dem Motto *alles oder nichts* ablehnen, den

Schuldner zur Eidesstattlichen Versicherung zwingen, damit weiter in Bedrängnis bringen und am Ende mit leeren Händen dastehen.

Soziale Kompetenz sowie ein hohes Maß an Durchsetzungsvermögen sind unbestrittene Voraussetzungen, um die Aufgaben eines Gerichtsvollziehers bewältigen zu können. Und doch gibt es, selbst wenn man über beides verfügt, Momente, in denen einem diese Eigenschaften wenig nützen. Immer dann nämlich, wenn es darum geht, selbst emotional stark aufgeladene Situationen meistern und verarbeiten zu müssen, etwa bei Kindeswegnahmen. Oegel berichtet, wie er einmal auf Antrag einer Mutter dem von ihr getrennt lebenden Vater den kleinen Sohn ausgerechnet am Tag des Heiligabends entziehen musste. *Ich traf die beiden beim Schmücken des Weihnachtsbaumes an und musste dem Vater nun sagen, dass sie jetzt damit aufhören müssten, weil ich sein Kind mitnehmen müsse.* Oegels Frau fügt hinzu: *Damit hatte sich das Weihnachtsfest für uns erledigt, das können Sie mir glauben.*

Glücklicherweise sind solche Aufträge eher selten. In den meisten Fällen ist Oegel damit beschäftigt, Geldforderungen zu vollstrecken.

Auch wenn die Berliner Gerichtsvollzieher sich nicht vor einer Verschlechterung ihrer Auftragslage fürchten müssen, sind die Jahre, in denen eine Sechzigstundenwoche eher Regel als Ausnahme war, vorbei. Nicht zuletzt hat dazu die Einführung der Privatinsolvenz beigetragen. Eine Privatinsolvenz ermöglicht es einem Schuldner, sich bei Wahrung seines Existenzminimums innerhalb einer sechsjährigen Wohlverhaltensphase vollständig zu entschulden. Dazu gehört das Verbot, in dieser Zeit neue Schulden zu machen. Nach weiteren drei Jahren werden alle Schufa-Einträge gelöscht. Der ehemalige Schuldner ist nun wieder vollkommen geschäftstüchtig. Voraussetzung für die Eröffnung des Insolvenzverfahrens ist das Scheitern einer außergerichtlichen Einigung mit allen Gläubigern.

Für Thomas F. kommt eine Privatinsolvenz momentan nicht in Frage, weil er dann zumindest den laufenden Unterhalt für seine Tochter zahlen müsste – und das will er nach Möglichkeit vermeiden. Nach einem verlorenen Sorgerechtsstreit mit der Mutter des Kindes war ihm auch das Umgangsrecht mit seiner Tochter verweigert worden. Seit Jahren hat er weder zur Mutter noch zur Tochter Kontakt. Momentan zahlt ihr das Jugendamt einen Unterhaltsvorschuss. *Wenn der Staat mir den Umgang mit meiner Tochter verbietet, soll er auch für ihren Unterhalt sorgen,* ist seine moralisch nicht einwandfreie, jedoch nicht völlig unverständliche Begründung.

Im Augenblick halten sich das Jugendamt und die Mutter mit ihren Forderungen zurück. Die letzte Post vom Amt kam vor über einem Jahr und F. will dort niemanden auf sich aufmerksam machen. Käme eine Privatinsolvenz für ihn überhaupt in Betracht, dann erst wenn er tatsächlich gezwungen würde, Unterhalt zu zahlen oder, sollten Mutter und Jugendamt so lange Ruhe geben, mit der wirtschaftlichen Selbstständigkeit seiner Tochter.

Auch wenn er sich weigert, Unterhalt zu zahlen und recht leger mit seinen Schulden umzugehen scheint, zeigt nicht nur sein ehrenamtliches Engagement beim Aufbau einer Kiezbibliothek, dass F. kein unsozialer Mensch ist. Er sorgt trotz seines geringen Einkommens rührend für seine Eltern, die selbst verschuldet sind. Sein Vater hatte nach der Wende ein Café eröffnet und dazu einen relativ hohen Kredit aufgenommen; das Café machte zu wenig Umsatz und musste letztendlich schließen. Was blieb, waren Schulden. Die Eltern, beide Anfang siebzig, würden ihr Haus verlieren, könnten sie ihren Kredit nicht mehr bedienen. Sie beziehen eine vergleichsweise geringe Rente und versuchen, sich mit Minijobs über Wasser zu halten, gehen putzen und tragen Zeitungen aus. Weil Thomas F. weiß, dass seine Eltern einen Umzug nicht verkraften würden, schickt er, ebenso wie seine Schwester, regelmäßig Geld nach Hause.

Nicht ohne Sinn für die eigenen Widersprüche erzählt F. aus seinem Leben und spricht über die Umstände, die ihn in seine nicht gerade komfortable Situation gebracht haben. Die Brüche, die F.s Biografie seit seiner Jugend prägen, mögen dabei vielleicht nicht ausschlaggebend für das Zustandekommen seiner aktuellen Schulden sein, doch beeinflussen sie nicht unwesentlich seinen auf den ersten Blick wenig nachvollziehbaren Umgang mit ihnen.

F. wird 1963 in einer Thüringischen Kleinstadt geboren und wächst in behüteten Verhältnissen auf. Seine Mutter arbeitet in der Verwaltung einer Handelsgenossenschaft, der Vater ist Oberfähnrich bei der NVA; die Familie lebt in einer abgeschotteten Siedlung für Armeeangehörige.

Schon als Jugendlicher interessiert sich F. für gesellschaftspolitische Fragen. Seine Helden sind keine Spitzensportler oder Rockstars wie bei anderen jungen Männern seines Alters, sondern Rosa Luxemburg, Karl Liebknecht, Ernst Thälmann, Ho Chi Minh, Mahatma Gandhi und Che Guevara. Bereits als Teenager bemüht er sich um eine Mitgliedschaft in der SED. *Ich war siebzehn und wollte etwas erreichen. Ich konnte damals nicht einschätzen, was schief lief in der DDR.*

Nach der Schule beginnt F. eine Lehre im Uranbergbau bei der sowjetisch-deutschen Aktiengesellschaft Wismut in Gera. Anfangs fühlt er sich von einem behüteten Lebensraum in den nächsten versetzt. Die Wismut SDAG erscheint wie eine eigene kleine Welt mit Lehrlingswohnheim und Schule, Kantine, Schwimmbad, Turnhalle und Einkaufsmöglichkeiten. Am Anfang ist die Ausbildung leicht, die Lehrlinge erhalten vor allem theoretischen Unterricht, werden erst nach und nach und nur für wenige Stunden in die Stollen geschickt.

Während der Lehre wächst in F. der Wunsch, an der »Ingenieurschule für Bergbau und Energetik Ernst Thälmann« in Senftenberg zu studieren. Ein Studienplatz wird ihm in Aussicht gestellt. Aber dann fällt der Vater bei seinen Vorgesetzten in Ungnade – die genauen Gründe kennt F. bis heute nicht. F.' heile Welt zeigt erste Risse. Der Vater wird zunächst verhaftet und später, nach aufreibenden Kämpfen, immerhin ehrenhaft aus dem Armeedienst entlassen. Zunächst reagiert F. mit im Grunde harmlosem Protest, der von seinen Ausbildern allerdings keineswegs als harmlos wahrgenommen wird: Er lässt sich die Haare lang wachsen, geht zu Rockkonzerten, trinkt jede Menge Alkohol und legt sich mit seinen Vorgesetzten an. Nach Abschluss der Lehre muss er vom komfortablen Lehrlingswohnheim in ein sogenanntes Ledigenwohnheim umziehen und sich hier mit drei anderen Facharbeitern ein Zimmer teilen.

Die Schichtarbeit im Stollen ist hart und der versprochene Studienplatz wird ihm – vermutlich aufgrund der Entlassung seines Vaters, vielleicht aber auch wegen seiner eigenen Aufmüpfigkeit – plötzlich nicht mehr zugestanden. Desillusioniert sieht F. für sich bei der Wismut keine Perspektive mehr und kündigt.

1982 geht F. nach Suhl zum Tiefbau. Hier tut sich zunächst eine Chance auf einen Neuanfang auf. Sein Onkel, der dort Brigadier ist, schlägt vor, ihn zum Trassenbau nach Sibirien zu delegieren. Dies ist nicht als Strafmaßnahme gemeint, sondern verheißt, ganz im Gegenteil, die Möglichkeit, sich auszuzeichnen und reichlich Geld zu verdienen. F., den sicher auch das Abenteuer lockt, sagt zu. Doch eine im Grunde unbedeutende Begebenheit macht auch dieses Vorhaben zunichte. Durch Zufall gerät F. mit einem Freund in Dresden in eine Veranstaltung der Siebenten-Tags-Adventisten, die den DDR-Machthabern, wie alle Religionsgemeinschaften, verhasst sind. Durch einen weiteren Zufall wird diese Begegnung F., der inzwischen Mitglied der SED ist, zum erneuten Verhängnis. Weil ihnen die bunten Motive gefallen, bestellen die beiden bei den Organisatoren der Veranstaltung ein paar Tücher und geben, ahnungslos, was sie damit auslösen, als Lieferadresse die Wohnung von F.s Tante in Meiningen an. Damit bleibt diese Begegnung nicht unbemerkt. Wenige Tage später erscheint der empörte Parteisekretär des Tiefbau-Betriebes auf der Baustelle. In seinen Augen ist F.s Besuch bei den Adventisten ein schweres Vergehen. Nach F.s Erinnerung stellt er ihn vor die Wahl, entweder selbstständig zu kündigen oder ein Parteiverfahren in Kauf zu nehmen. Die erhoffte Delegierung nach Sibirien ist – egal, wofür er sich entscheidet – hinfällig. F., gerade zwanzig Jahre alt geworden und bereits zum zweiten Mal aus einem ohnehin unruhigen Fahrwasser katapultiert, entscheidet sich für die Kündigung und zieht in seine Heimatstadt zu seinen Eltern zurück. Trotz dieser einschneidenden Erlebnisse zieht F. seine Mitgliedschaft in der SED nicht in Zweifel. *Ich hatte ja immer noch meine großen Vorbilder und ich dachte, die haben auch viel durchgemacht, also muss ich auch mal eine Krise überstehen.*

Nach einem kurzen Intermezzo als Hilfsarbeiter in einer Fabrik entscheidet sich F. für einen auf den ersten Blick absurden Schritt: Er verpflichtet sich, trotz der Erfahrungen seines Vaters, für zehn Jahre zur Nationalen Volksarmee. *Ich glaube, ich wollte mein Behütetsein fortsetzen.*

Die Widersprüche, die seinen Lebensweg entscheidend beeinflussen, reißen nicht ab. Zwischen Verpflichtung und Einrücken liegen ein paar Monate. In dieser Zeit lernt F. bei einem Konzert eine junge Frau kennen und verliebt sich in sie. Die Milieus, aus denen beide stammen, könnten nicht weiter entfernt von einander sein: Die junge Frau kommt aus Herrnhut, dem Gründungsort der gleichnamigen Bruderschaft, ist überzeugte Christin und von F.s Entscheidung, Berufssoldat zu werden, wenig begeistert. Sie versucht, ihn zu einem Rückzieher zu bewegen. Doch dafür ist zu spät. *Da stand ich nun auch wieder zwischen den Fronten,* so F.

Im Mai 1984 rückt er ein. Er wird in Delitzsch zum Berufsunteroffizier ausgebildet und hofft, auf eine freie Stelle in Dresden versetzt zu werden. Dort wäre er nur etwa einhundert Kilometer von seiner Freundin entfernt. Das Schicksal (oder sein Vorgesetzter) meint es anders: F. wird in eine kleine Gemeinde in der mecklenburgischen Provinz versetzt. Seine Freundin, die sich mit seinem Status als Berufssoldat ohnehin nicht abfinden will, trennt sich von ihm. *Und da habe ich das erste Mal an meiner Entscheidung gezweifelt. Ich war so jung und so naiv.*

Schon nach kurzer Zeit in Mecklenburg wird ihm klar, dass er die Geborgenheit, die er sich in dieser Gemeinschaft möglicherweise erhofft hatte, niemals finden wird. Könnte man bei der NVA einfach kündigen, er würde es tun, doch zu zehn Jahren verpflichtet heißt eben zu zehn Jahren verpflichtet. So versucht er, durch die Verweigerung sinnlos erscheinender Befehle einen Rauswurf zu provozieren. Was er erreicht, sind Urlaubssperren und Arrest, ein Parteiverfahren mit Vorladung vor die berüchtigte Parteikontrollkommission der SED nach Neubrandenburg und schließlich den Ausschluss aus der Partei.

In Mecklenburg lernt, F., inzwischen Anfang zwanzig, ein junges Mädchen kennen; schon ein knappes Jahr später, im April 1986, wird der gemeinsame Sohn geboren. Die Gründung einer Familie verspricht mit Sicherheit Geborgenheit; aber die junge Beziehung hält weder dem Alltag, geschweige denn den Belastungen, die F.s Auflehnung gegen seine Vorgesetzten mit sich bringt, stand und zerbricht einen Monat nach der Geburt endgültig. F. wird zur Zahlung von Unterhalt verpflichtet und kommt dieser Pflicht auch nach. Der Kontakt zu seinem Sohn aber bricht ab.

Wieder auf sich allein zurückgeworfen, gibt F. seine revoltierende Haltung innerhalb der Armee nicht auf und steht schließlich kurz vor einer Gefängnisstrafe in Schwedt. Erst in den Wirren der Wendezeit 1989/90 gelingt ihm der Absprung. F. desertiert und fährt nach Hause zu den Eltern. Im Januar 1990 wird er endlich offiziell entlassen. Trotz seiner Erfahrungen in der DDR, trotz seiner gebrochenen Biografie, an deren Einschnitten das politische System nicht unwesentlich beteiligt war, sieht er die Wende mit nicht geringer Skepsis. *Es ist vielleicht ein bisschen schwer zu verstehen, weil ich ja so vieles erlebt habe zu DDR-Zeiten, bei der Armee und auch vorher. Aber das sind ja meine ganz persönlichen Erfahrungen. Ich versuche, die Ereignisse gesamtgesellschaftlich zu sehen und nicht nur das Persönliche in den Mittelpunkt zu stellen.* Mit den Ungerechtigkeiten der heutigen Gesellschaft, wie er sie empfindet, kann und will sich F. nicht arrangieren.

1990 geht er nach Berlin und arbeitet in verschiedenen Jobs. Er sieht sich, noch immer von den Ideen des Sozialismus überzeugt, bei verschiedenen links orientierten Parteien um. Lachend zählt er sie auf: Die »Spartakisten«, die MLPD (Marxistisch-Leninistische Partei Deutschlands), die »Kommunistische Plattform«. Er erwägt sogar eine Mitgliedschaft in der Kommunistischen Partei Kubas. Schließlich beginnt er, hauptamtlich für eine deutsch-kubanische Organisation zu arbeiten. Dadurch erfüllt sich ein lang gehegter Wunsch: F. besucht die Wahlheimat seines Helden Che Guevara. In den folgenden Jahren, auch nach seiner

Entlassung bei der Organisation, fliegt er immer wieder nach Kuba. Hier lernt er 1996 eine Kubanerin kennen und verliebt sich in sie. Fortan pendelt F. zwischen Santiago de Cuba und Berlin. Offiziell ist er in dieser Zeit arbeitslos gemeldet, inoffiziell jobbt er schwarz in einer Druckerei, um die nötigen Mittel für die Flüge und Aufenthalte auf der karibischen Insel zusammenzubekommen. Aus Berlin schickt er regelmäßig Geld nach Kuba, wo seine Freundin in relativ ärmlichen Verhältnissen lebt. Während er dort ist, baut er sogar ein kleines Haus aus und vermietet die einfachen Zimmer gelegentlich an Touristen.

1999 kommt in Santiago de Cuba die gemeinsame Tochter zur Welt. 2000 holt er Freundin und Kind das erste Mal nach Deutschland. *Ich habe bestimmt 40.000 Euro in das Leben mit der Familie investiert, für das Haus, die Geldüberweisungen nach Kuba, meine Flüge, die Reisen von Mutter und Kind nach Deutschland.*

Anfang 2003, inzwischen arbeitet F. als Buchbindereihelfer, erfährt er von seiner baldigen Entlassung. Dennoch nimmt er einen Kredit auf, fliegt nach Kuba und bereitet die zweite Reise von Frau und Kind nach Deutschland vor. Zurück in Berlin erweist sich die Beziehung jedoch bald als gescheitert. *Ich wollte immer rein nach Kuba und sie wollte raus,* beschreibt er ihren unlösbaren Konflikt.

In der Einraumwohnung, die F. nach seiner Entlassung bezogen hatte, verbringen die Drei sechs angespannte Wochen miteinander, besuchen in dieser Zeit auch F.s Eltern in Thüringen, die sich sehr über die Begegnung mit ihrem vierjährigen Enkelkind freuen. Nach einem Streit verlässt F.s Freundin, die Kontakte zu einigen Exilkubanern nutzend, mit der gemeinsamen Tochter die Wohnung und zieht zunächst in ein Frauenhaus, schließlich in eine eigene Wohnung.

F. kann die Trennung nur schwer akzeptieren. Sicher auch aufgrund seiner Erfahrungen mit dem Scheitern der ersten Familie – seinen Sohn hatte er nie wiedergesehen – möchte er nun zumindest das gemeinsame Sorgerecht für seine Tochter erwirken. Da das Kind die deutsche Staatsangehörigkeit besitzt, genießt die Mutter unbegrenztes Aufenthaltsrecht. Ein gemeinsames Sorgerecht lehnt sie ab – was 2003 noch ohne jede Begründung möglich war. F. engagiert sich im »Verein Väteraufbruch für Kinder«, verliert aber den folgenden Sorgerechtsstreit, und in dessen Verlauf sogar das Umgangsrecht mit seiner Tochter. Zu Kompromissen sind beide Elternteile nicht bereit. Vielleicht hat die Mutter, im deutschen Recht wenig bewandert, auch Angst, sie könnte ihren Aufenthaltsstatus verlieren.

F.s Vehemenz beim Streit trägt kaum zu einer Schlichtung bei. In einem weiteren Prozess zur Festsetzung des Unterhalts wird er zu monatlichen Zahlungen von 249 Euro verurteilt, ein Betrag, der sich aus einem längst nicht mehr erzielten Arbeitseinkommen ergibt. Eine Verschuldung scheint vorprogrammiert. F.s Einwand, dass er inzwischen arbeitslos sei, weist das Gericht mit der Begründung zurück, er könne sich schließlich deutschland-, ja sogar europaweit um Arbeit bewerben, um den Unterhalt aufzubringen. Resigniert gibt er schließlich auf; der Kontakt zu Freundin und Tochter bricht ab.

Den Unterhalt will er nicht zahlen, den Kredit kann er nun nicht mehr abbezahlen. Um der Arbeitslosigkeit zu entgehen, beschließt F. 2006, es mit einer selbstständigen Tätigkeit zu versuchen; zumindest beantragt er beim Arbeitsamt Überbrückungsgeld zur Aufnahme eines mobilen Gewerbes. Die Bezüge werden genehmigt und F. tritt zwangsläufig der Berufsgenossenschaft bei. Da es ihm nicht gelingt – er sich wohl auch nicht ernsthaft darum bemüht –, mit seinem Gewerbe Geld zu verdienen, glaubt er, auch keine Beiträge zahlen zu müssen. Statt sich nach Beendigung der Überbrückungsgeldzahlungen bei der Berufgenossenschaft abzumelden, ignoriert er deren Schreiben. Weitere Schulden laufen auf. Regelmäßig besuchen ihn verschiedene Gerichtsvollzieher.

Da er weder Vermögen noch pfändbare Gegenstände besitzt, wird er zur Abgabe der Eidesstattlichen Versicherung aufgefordert, welche er anstandslos leistet, und erhält einen Eintrag im Schuldnerverzeichnis. Die Besuche der Gerichtsvollzieher und ihre Schreiben nimmt F. relativ gelassen hin: *Ob ich nun 40.000 oder 60.000 Euro Schulden habe, ist mir egal. Bei mir ist ja sowieso nichts zu holen.*

2007 ereilt ihn ein weiterer Schicksalsschlag. Während einer Routineuntersuchung wird bei F. eine schwere Herzschwäche festgestellt. Er kommt sofort ins Krankenhaus und muss nach der anschließenden Operation mit einem Defibrillator leben. Nach seiner Erinnerung bescheinigt ihm das Arbeitsamt in geradezu menschenunwürdiger Weise seine wirtschaftliche Wertlosigkeit und fordert ihn auf, Erwerbsunfähigkeitsrente zu beantragen. Er erwirkt bei seiner Bank die Einrichtung eines Pfändungskontos und richtet sich mit seinen finanziellen Beschränkungen ein, so gut es eben geht.

Vielleicht ist das auch eine Art Rache an der Gesellschaft, mich in dieser Art mit den Schulden zu arrangieren, sagt F. bei unserem zweiten Treffen. *Ich glaube, dass ich mich abschotten will, weil ich das Gefühl habe, dass die Leute um mich herum nicht so denken wie ich*. Es entstünden keine linken Kräfte mehr, so F., die Menschen empfindet er als *satt*, die Jugend als *verblödet*. Er habe eine Studie gelesen, aus der hervorgehe, dass jeder Fünfte der unter Dreißigjährigen mit dem Begriff »Auschwitz« nichts mehr anfangen könne. Das alles, fasst er zusammen, führe dazu, dass er sich immer weiter zurückziehe.

Sein persönlicher Umgang mit den Schulden liegt aber sicherlich nur zum Teil in seiner Ablehnung des gesellschaftlichen Systems begründet.

So merkwürdig das klingen mag, aber die Beschränkungen, denen er sich aufgrund seiner Verschuldung auf Dauer aussetzt, geben Thomas F. auch einen gewissen Halt. Sie zwingen ihn zur Selbstkontrolle und geben seinem Leben Struktur – eine Struktur die er in der unübersichtlich gewordenen Welt zum Überleben zu brauchen meint, eine Struktur, der er durch die Umbrüche im eigenen Leben und die in der Gesellschaft verlustig geworden ist.

Ich komme klar, sagt Thomas F. am Ende unseres Gesprächs. *Es läuft eigentlich ganz gut*. Er lacht. *Na ja, nicht immer. Man hat schon seine Depri-Phasen, wenn man weiß, es wird nicht mehr viel im Leben passieren.*

Ich weiß nicht recht, was ich ihm zum Abschied wünschen soll: dass alles so bleibt, wie es ist? Dass die eingeschränkte Bewegungsfreiheit, die ihm wie eine Mauer Schutz und Sicherheit bietet, bestehen bleibt? Oder, dass sich das Jugendamt, die Mutter seiner Tochter oder sein Kind selbst bei ihm meldet und ihn zwingt aufzuräumen, vielleicht nicht nur mit seinen Schulden. Und ihm damit auch die Möglichkeit gibt, sein Leben wieder zu öffnen, damit doch noch etwas passieren kann.

DIE HÄUFIGSTEN URSACHEN FÜR PRIVATE ÜBERSCHULDUNG IN BERLIN

Arbeitslosigkeit (22,5%)

Trennung & Scheidung (11,6%)

Erkrankung (10,6%)

Niedrigeinkommen (9,6%)

Gescheiterte Selbstständigkeit (8,4%)

ACH, PÜCKLER, ICH MAG SIE EIGENTLICH GAR NICHT LEIDEN! [1]

VON CHRISTINE FRIEDRICH

»Oft konnte ich in einem Tage die Wirkungen der entgegengesetztesten Eigenschaften an ihm bemerken, bald hitzig, bald phlegmatisch, hörte ich von ihm Äußerungen des verdorbensten Charakters, und sah Züge eines edlen Herzens, Wallungen der Weisheit und der reinsten Natürlichkeit, die den Augenblick darauf der geschmacklosesten Unnatur und den Handlungen des größten Thoren Platz machten.« So urteilt Hermann Heinrich Ludwig von Pückler Muskau, geboren 1785, über sich selbst. *»Er ist daher keiner anhaltenden Unternehmung fähig, obgleich er bald diese bald jene mit der größten Leidenschaft ergreift, aber immer halb vollendet liegen lässt, um einer neuen Caprice nachzujagen.«*[2]

Pückler war gleichermaßen Genießer wie Verschwender. Er schuf poetische Gartenlandschaften, nicht nur in Muskau und Branitz bei Cottbus, reiste unermüdlich, schrieb Bücher darüber – und lebte bis zu seinem 60. Lebensjahr mit einem wachsenden Schuldenberg. »Fürst-Pückler-Eis« ist vielen ein Begriff, seine Bücher sind es nicht. Goethe schrieb über ihn: *»Warum man aber gern in seiner Nähe bleibt, sind die durchgängig sittlichen Manifestationen seiner Natur [...]. Es wirkt so angenehm erheiternd, ein wohlgesinntes, in seiner Art frommes Weltkind zu sehen, welches den Widerstreit im Menschen von Wollen und Vollbringen auf das anmutigste darstellt. Die besten Vorsätze werden im Lauf des Tages umgangen, vielleicht das Gegenteil getan.«*[3]

Der Widerstreit von Wollen und Vollbringen begleitet Pückler ein Leben lang. Er will redlich sein und entzieht sich unangenehmen Konsequenzen, möchte großzügig und mitleidig sein, ist bescheiden und stapelt hoch, bleibt dabei egozentrisch, ist hartnäckig oberflächlich. Er will Liebe, amouröse Abenteuer und die Sicherheit einer Ehe, er wünscht sich Reichtum, um sein Leben zu genießen und seine hochfliegenden Pläne zu verwirklichen, er strebt nach Ruhm, ist aber eitel in jeder denkbaren Weise. Mit *»göttlichem Leichtsinn«* ausgestattet, charakterisiert er sich selbst als *»hochmüthig durch Geburt und Erziehung, und liberal durch Nachdenken und Urtheil«.*[4]

Einige Zeitgenossen sehen es ähnlich; der Schriftsteller Karl Leberecht Immermann, für dessen Roman »Münchhausen« Pücklers Persönlichkeit Pate stand, oder auch Eugenie Marlitt, die sich für ihren trivialen Roman »Die zweite Frau« vermutlich ebenfalls von seinem Leben und Wesen inspirieren ließ; sie beschreibt einen »schöne[n] Mann; [...] verschwenderisch ausgestattet mit jenem Esprit, der in der Konversation funkelt und blendet [...]. Niemand betont seine vielen Fehler mehr als er, gleichwohl möchte er um alles nicht einen einzigen einbüßen, weil sie kavaliermäßige Unarten sind und von der oberflächlichen vornehmen Welt als originell kajoliert.«[5]

Die Oktaven meiner Seele haben einen ungeheuren Umfang

Mit großem Ernst bei der Sache, konnte Pückler sich von einem Augenblick zum nächsten einer anderen zuwenden, gab häufig seinen Launen nach und verfolgte dennoch einmal gefasste Pläne immer wieder. *»Und würde ich hundert Jahr alt, dies wird immer das Wesentliche meines Charakters bleiben, vielfach thöricht, niemals weltklug, Sklave der Stimmung, muthwillig und schwärmerisch, heute sinnlich, morgen innerlich, vor allem aber immer mit Welt und Leben spielend, das Spielwerk mit Leidenschaft verfolgend, und es eben wieder so leicht wegwerfend, um ein neues mit gleicher Hitze zu ergreifen, weinend, wenn es unversehens zerbrochen wird, und den anderen Tag über vergossene Thränen lachend.«*[6] So beschreibt er sich 59-jährig.

Vielleicht liegt hierin ein wesentliches Moment seiner Schuldengeschichte, diente ihm doch Geld zuerst als Mittel zum Zweck. Zudem waren Schulden um die Wende zum 19. Jahrhundert innerhalb der Aristokratie nichts ganz und gar Ehrenrühriges, zeitgemäß war es eher, Eigentum zu verachten. Streben nach Reichtum sei dann verwerflich, wenn es vor allem darum ginge, sinnliche Bedürfnisse zu befriedigen, lautete eine durchaus übliche aristokratische Auffassung, zumal auf diese Weise edlere Gefühle unterdrückt würden. Pückler liebte den Genuss – ganz gleich, ob es sich dabei um schöne Frauen, feine Küche, edle Tropfen, luxuriöse

Ausstattung oder aber Philosophie und Kunst in vielfältigen Formen handelte. Das Befriedigen dieser Wünsche kostete Geld. Viel Geld, das er nicht hatte und das ihm die verschuldete Standesherrschaft von Muskau auch nicht liefern konnte.

1802, nach wenig ernsthaft betriebenen Bildungsbemühungen, tritt der siebzehnjährige Pückler als Leutnant bei den sächsischen Gardes du Corps ein und macht Schulden wie ein Major. Denn er braucht eine Uniform und Pferde, will Hof halten. Bald ist er als der »tolle Pückler« bekannt, finanziert durch die elterlichen Zuwendungen, die jedoch bei weitem nicht ausreichen, zumal auch sehr kostspielige Scherze zu seinem Leben gehören: Während im winterkalten Dresden ein Hofball stattfindet, mietet er alle verfügbaren Droschken und lässt sie in die Neustadt auf der anderen Elbseite fahren. Die Gäste müssen zu Fuß nach Hause laufen und Pückler amüsiert sich königlich.

So häufen sich die Verbindlichkeiten. »In leichtsinnigem Übermuth«, schreibt seine Biografin und Freundin Ludmilla Assing, »verschwendete Hermann die Summen, die er von zu Hause erhielt, ohne Maß und ohne Überlegung, und als diese nicht mehr ausreichten, machte er Schulden auf Schulden, worin ihn seine gewissenlosen Kameraden bestärkten.« Weiter berichtet sie, dass der »arme junge Graf« in die »schlechtesten Hände« geriet und »die nichtswürdigen Wucherer seine jugendliche Harmlosigkeit [missbrauchten]«.[7] Seine späteren Ideen, erneut an Geld zu kommen, zeichnen ein anderes Bild: Als sein Vater, Erdmann von Pückler, seinen guten Freund, Kommissionsrat Hempel, nach Dresden schickt, um die angehäuften Schulden zu bezahlen, lässt der Sohn eine Reihe seiner Kameraden mit gefälschten Wechseln das Geld kassieren – so bleiben die Schulden, der Graf jedoch ist wieder flüssig.

Kein Wunder also, dass Erdmann von Pückler sich mit dem Gedanken trägt, seinen Sohn als Verschwender entmündigen zu lassen: Diese Idee verfolgt der Vater zusammen mit seiner geschiedenen Frau, der Mutter Pücklers: »Wir wünschen zu den Receß noch eine Akte hinzuzufügen, worinnen wir beide erklären, dass es unser Wille sei, unserem Sohn Hermann, wenn er fortfährt ein Verschwender zu sein, wie er es bis jetzt gewesen, die Herrschaft Muskau nicht zu geben, oder doch wenigstens mit der Einschränkung, dass er nicht frei darüber disponiren kann, [...] und so daß er keine Schulden auf die Herrschaft machen kann«.[8]

Aus der Entmündigung wird nichts, denn die Pückler-Muskaus sind »die erste Familie des Landes«,[9] die Zustimmung durch den sächsischen Kurfürsten ist da undenkbar. Doch offenbar gibt dem jungen Mann die Einigkeit der Eltern zu denken. Zudem machen ihm »die ewige Plage der mahnenden Gläubiger und noch mehr der ihm unerträgliche Kleinigkeitsgeist der damaligen sächsischen Stabsoffiziere« Dresden »vollends zuwider«.[10] Am 15. September 1804 verlässt er die Stadt und reist nach Leipzig und Wien – bezahlt mit Geld aus Wechseln, die in Muskau eingefordert werden. Der Sohn ein Verschwender, die Entmündigung gescheitert. Die Mutter macht ihm Vorwürfe, dass er nicht nach einem Amt strebe, das den Schulden der Standesherrschaft und denen des jungen Grafen Abhilfe schaffen könnte, doch Pückler antwortet lapidar: »*Obgleich meine Mutter mich für einen Pfuscher in allen Dingen hält, so ist mir doch gerade Verstand noch genug geblieben, um durch solches Lob nicht eitel zu werden. […] [D]er Weise erfüllt seine Pflicht als Mensch und dankt Gott, wenn er nicht noch die Pflichten eines Amts auf sich zu laden nöthig hat, er bescheidet sich gern des eiteln Wunsches, dem Menschengeschlecht nutzen zu wollen, weil er die Schwäche seines Wesens kennt, das die Folgen keiner Handlung, auch der besten, in seiner Gewalt hat; eine höhere Macht regiert die Weltschicksale, und wir sollten uns nur selbst zu regieren suchen.*«[11]

Selbstbewusst und ignorant zeigt Pückler, was er will, vollbracht hat der Zwanzigjährige vor allem einen nicht mehr zu übersehenden Schuldenberg. Denn seine Gläubiger verfolgen ihn und die Lage der Standesherrschaft in Muskau ist prekär. Sowohl vom Vater als auch vom Verwalter Wolff erreichen ihn Briefe über Kontributionszahlungen, vermutlich in Höhe von 140.000 Talern und die Forderungen seiner Gläubiger. Offenbar trägt darüber hinaus auch der mangelhafte Geschäftssinn des Vaters bei, der allenthalben über seine Lage lamentiert: »Gott weiß, ich habe nur für meine Kinder gelebt und gearbeitet; wenn aber der Kredit der Herrschaft nicht wieder hergestellt, und dadurch Deine Schulden getilgt und behandelt werden, kann ich nicht mehr wirken. Wo ich hinreise, muß ich unter fremden Namen reisen, sonst riskire ich, überall von Deinen wüthenden Gläubigern angefallen zu werden«.[12] Dieser Brief erreicht den Sohn Anfang 1807, im Jahr darauf beginnt der »tolle Pückler«, gerade 22 Jahre alt, seine Jugendwanderungen. Er flieht die Konsequenzen des Schuldenbergs, stattdessen reist er, reflektiert über sich und die Welt – einladend wirkt die väterliche Larmoyanz nicht.

Kurz zuvor schreibt er dem Prediger Brecius in Muskau, der ihm als *»Lehrer seiner Jugend«*[13] gilt, von seiner persönlichen Veränderung. *»Der charakterlose, dem schwankenden, von jedem Hauch bewegten Rohre gleiche Jüngling ist in einem Augenblicke zum Manne geworden. Eine heitre, nie gefühlte Ruhe erfüllt meine Brust, und mit Bedauern übersehe ich die vergangene nichtige Zeit. [...] Es liegt ein natürliches Bedürfniß in uns, ein bestimmtes Bewusstwerden unserer Pflicht, selbst zu erringen, und eher können wir unmöglich ganz ruhig werden. Drum denke jeder nach, und sinne und erwäge.«*[14] Möglich wäre, dass hinter alledem die Hoffnung steht, Fürsprecher zu finden, um den Vater milder zu stimmen.

Vor seiner Reise hatte Pückler um seine jährlichen Revenuen verhandelt. Erhielt er während seines Studiums in Leipzig noch 3.000 Taler, die ihm nicht ausreichten, so waren es nun lediglich 1.200 Gulden, etwa 800 Taler. Mit wenig Geld also und einem Pass als bürgerlicher Sekretär Hermann ausgestattet, trägt er sein Gepäck meist allein, leistet sich nur selten Reittiere oder nutzt die Dilligence, eine Postkutsche, die zahlende Fahrgäste befördert. Während der Reise durch die Schweiz, Frankreich und Italien schreibt er Tagebücher, die 1834 unter dem Titel »Jugendwanderungen« erscheinen werden. Noch heute sind sie erfrischend zu lesen. Bilderreich schildert Pückler seine Naturwahrnehmungen, die vermutlich in seine späteren Gartengestaltungen einfließen. So beschreibt er die Fahrt auf dem Fluss nach Avignon: *»[D]ie Reise [ging] viel langsamer von Statten, aber gleichsam als wollte die reizende Gegend uns einen Ersatz für das längere Verweilen anbieten, schmückte sie sich jeden Augenblick mit veränderter Schönheit. Bald thürmten sich nackte Felsen mit bemoßten Ruinen bedeckt senkrecht über uns empor; bald wieder sahen wir uns rund umher von grünen Rebenwänden wie in einer weiten Laube eingeschlossen; ein andresmal erblickte man durch Silberpappeln und Mandelbäume das entfernte Land bis an die dunklen Berge im mannigfachsten Spiel der Farben schimmern, bis kurz darauf ein kleiner Archipel von buschbedeckten Inseln neidisch jede Aussicht in die Ferne verbarg.«*[15]

Unterwegs hält Pückler innere Einkehr, sucht nach bestimmenden Werten und Zielen in seinem Leben. Heiter und ironisch schildert er, wie er mit einem Esel von einer Brücke stürzt. *»Hier hatte ich Gelegenheit mich zu überzeugen, welche Vortheile mit der Natur eines Esels verbunden sind, denn ohne im Geringsten durch den unvermutheten Zufall aus der Fassung gebracht zu werden, fing mein philosophisches Tier* *noch im Liegen an, ruhig einige Weinblätter zu verzehren, die es unter seiner Schnauze fand – ist es nicht wirklich tiefe Weisheit, welche so zu handeln lehrt, und würde man nicht leicht mehrere Bogen mit den herrlichsten Lehren anfüllen können, die sich aus dem nachahmungswürdigen Betragen meines Esels herleiten lassen?«* [16] Nur zu verständlich, dass ihm die Handlung des Esels gefällt, Pückler steckt in einer ähnlich misslichen Lage – und auch er genießt den Augenblick.

Seinen Schulden und jenen der Standesherrschaft in Muskau kann er sich jedoch auch auf der Reise nicht entziehen, immer wieder erreichen ihn entsprechende Briefe aus der Heimat. Eine Lösung muss her. Eine Konvenienzehe oder Geldheirat soll, auch auf Empfehlung des Verwalters Wolff, ihn und die Standesherrschaft sanieren. Dafür rücken moralische Überlegungen in den Hintergrund, Pragmatismus ist das Gebot der Stunde. *»Wenn die Prinzeß in Sagan noch nicht versprochen ist, so sehe ich nicht ein, warum mein Vater nicht anfragen möchte, ob er Hoffnung haben könne, daß eine Parthie mit seinem Sohne, wenn ihr seine Person gefiele, ihren Absichten entsprechen könnte. Vielleicht würde auch meine Mutter in diesen Angelegenheiten etwas für mich zu thun im Stande sein. Handeln muß man freilich, wenn etwas werden soll, und sich nicht erst lange vor einer abschlägigen Antwort fürchten, bis ein Anderer weniger Scheuer die Beute davonführt. Übrigens ist ein Korb ja auch gar nichts Schmähliches und Entehrendes, mir wenigstens würde er immer sehr gleichgültig sein.«* [17]

Die Heiratspläne verfolgt er nicht sonderlich aktiv. Pückler reist in Italien umher und erfährt in Rom von einer Erkrankung seines Vaters. Nun sollte er eilig zurückzukehren, doch nimmt er noch einige Umwege. Und verbraucht natürlich wieder sehr viel mehr Geld als die vereinbarten 1.200 Gulden. Wieder leiht er sich 600 Taler, die er sehr viel später bezahlen könnte, doch sind ihm zunächst Schulden zuwider und er bemüht sich, sie abzutragen. Trotzdem verschenkt er davon in Neapel die Hälfte, *»und es reut mich nicht, ja, ich würde es noch thun, wenn ich mich in demselben Fall befände«.* [18]

Inzwischen ist in Muskau ein Arrangement für seine übrigen Schulden gefunden worden. Er könnte zurückkehren, doch nichts liegt ihm ferner. Die Muskauer Einöde reizt ihn nicht. Lieber reist er nach Paris, will französische Lebensart genießen und sich wieder aristokratischen Annehmlichkeiten widmen. Das Geld dafür erbittet er beim fortwährend kränklichen Vater, der ihm erneut 600 Taler zukommen lässt. Drei Monate bleibt er, kehrt schließlich nach Muskau zurück. Das ländliche Dasein, die Geldsorgen und das kühle Verhältnis zum Vater lassen ihn immer wieder aufs Neue ausbrechen. In der Berliner Friedrichstraße, Ecke Unter den Linden, mietet er eine Wohnung an, verkehrt in der Aristokratie bei Hofe und führt erneut ein verschwenderisches Leben mit eigener Kutsche und livrierten Lakaien. Selbstverständlich beklagt er seine finanzielle Misere und moniert, dass er zu seinem 25. Geburtstag nur noch einen Reichstaler in der Tasche habe, dafür aber etliche noch schuldig sei. [19]

Daß wir Pflichten haben, ist der größte Beweis unserer Unvollkommenheit [20]

Am 10. Januar 1811 erreicht ihn in Berlin die Nachricht vom Tod seines Vaters. Kurz darauf tritt er dessen Rechtsnachfolge an und übernimmt am 19. Januar die Standesherrschaft. Der nunmehrige Graf von Pückler-Muskau, Baron von Groditz und Erbherr zu Branitz ist schlecht vorbereitet. Das Jurastudium in Leipzig hatte er nach nur einem Jahr aufgegeben, ebenso die militärische Karriere in Dresden, auch der Schulden wegen. Für die wirtschaftliche Situation Muskaus interessierte er sich bis dahin nur hinsichtlich seiner finanziellen Ansprüche. Als Pückler die Standesherrschaft übernimmt, liegen auf ihr etwa eine halbe Million Taler Schulden, die nach Ansicht des neuen Herrn unter anderem durch mündliche Gelöbnisse seines Vaters, sogenannte Stipolationen, zu Stande gekommen waren. Kein leichtes Erbe, aber eines, das er mitverursacht hat.

Am 29. Januar 1811 hält er, nach dem Treueeid der Muskauer Behörden, eine programmatische Rede und appelliert an alle Anwesenden: *»Es ist mir nicht niederschlagend, daß Nützliches beinahe zum Ermüden viel hier zu thun sein wird, es ist mir im Gegentheil höchst erfreulich – denn des Menschen Leben ist Arbeit; und so Großes oder Kleines, viel oder wenig hier zu tun sei, so kann es gut gethan werden. Und so sei es auch Ihnen erfreulich, […] mir beizustehen, Menschenwohl zu befördern«*. Im Anschluss wendet er sich an das Konsistorium, das auch dem Schulwesen vorsteht und verlangt von diesem, die Aufklärung nicht zu behindern und tolerant zu sein. Vom Hofgericht erwartet er Humanität, und dass Prozesse möglichst vermieden werden sollen, denn *»der beste Arzt«* sei jener, welcher *»mit gelinden Mitteln Krankheit vorbeugt«*. Dem Stadtrat trägt er freundliche Grüße an die Bürger auf und wünscht Fleiß in Gewerbe und Geschäft. Seine Rede endet mit dem Aufruf: *»Von Ihnen allen aber insgesammt fordere ich Eintracht, Willfährigkeit und Freundschaft untereinander. Denn Sie dienen alle einem Herrrn; was Jeder werth ist, soll mir werth sein. Scheelsucht und böser Leumund sei fern von Ihnen. [...] Nur die Wahrheit soll gelten, denn sie ist das Gute und das soll mir immer in Ehren sein.«*[21] Hier positioniert sich der junge Standesherr ganz im Geist der Aufklärung, zeigt zugleich seine Widersprüchlichkeit – hochmütig durch Geburt, liberal durch Nachdenken –, wohl auch ein Ergebnis der langen Jugendwanderungen.

Pückler arbeitet sich nun tatsächlich in die wirtschaftlichen und finanziellen Verhältnisse ein und muss feststellen, dass sein Vater das Erbe seiner Kinder nicht treuhänderisch, sondern als eigenes Vermögen behandelt hat. Schnell sieht er sich mit weiteren Forderungen konfrontiert, zu denen er sich verhalten muss.

All dies geschieht während der Napoleonischen Kriege. Schon vor Pücklers Übernahme der Standesherrschaft mussten hohe Kontributionszahlungen geleistet werden. Napoleon beginnt 1812 seinen Russlandfeldzug, Einquartierungen in Muskau sind nun die Folge. Im Dezember des Jahres stellt Pückler einen Generalbevollmächtigten an, übergibt die Position des Generalinspektors an seinen Jugendfreund Leopold Schefer, um sich General Wittgenstein als Freiwilliger anzudienen. Doch kehrt er, an Typhus erkrankt, schon im Mai 1813 nach Muskau zurück. Seit Anfang des Jahres ziehen französische Truppen auf dem Rückzug durch Muskau, russische Truppen folgen nach. Im Mai sollen 25.000 Mann mit 9.000 Pferden in der Stadt Quartier nehmen. Der alte westöstliche Handelsweg, an dem Muskau liegt, ist auch der Weg, den das Militär nimmt. Nahezu unbeherrschbar mutet die Zahl der Soldaten an, die Muskau innerhalb kurzer Zeit passieren und versorgt werden müssen, allein von Ende Oktober bis Anfang November des Jahres sind es 15.900 Soldaten.[22] Rund 9.500 Einwohner zählte die Standesherrschaft zwei Jahre zuvor, doch die durchziehenden Truppen schleppen den Flecktyphus ein, dem ungefähr ein Fünftel der Bevölkerung zum Opfer fällt.[23] Etwa 7.600 Menschen sollen in einem geplünderten Landstrich innerhalb von nur 14 Tagen knapp 16.000 Soldaten versorgen! Die Not in diesen Jahren ist groß.

Nach seiner Genesung nimmt Pückler als Generaladjutant des Großherzogs von Sachsen-Weimar, Karl-August, am Feldzug in den Niederlanden teil, ist zugleich Verbindungsoffizier zum Zaren und zieht 1814 mit den Alliierten in Paris ein. Er begleitet Karl-August nach London. Hier wird er zum Dandy, jagt, flirtet, spielt und sucht, wieder einmal aus Geldnot, nach einer heiratswilligen reichen Braut. Fast ein Jahr verbringt Pückler in England, zurück kommt er mit der Idee, einen Landschaftspark zu verwirklichen.[24] Im April 1815 ist er wieder zu Hause und schreibt am 1. Mai den Muskauern: »*Da ich von nun an entschlossen bin, für mein ganzes zukünftiges Leben meinen festen Wohnsitz in Muskau zu nehmen, um selbst für die Wohlfahrt meiner guten Bürger und Unterthanen mit väterlicher Obhut wachen zu können, und meine Einkünfte lieber Ihnen als fremden Menschen zufließen zu lassen, zweifle ich nicht, daß jeder Einwohner dieser Stadt es mir gerne gönnen wird, bei ernster Beschäftigung auch eine Lieblingsneigung zu befriedigen [...]. Ich meine die Anlegung eines Parkes, zu dem ich nothwendig, wenn etwas Ganzes daraus entstehen soll, den ganzen Distrikt [...] eigenthümlich besitzen muß.*« Er bietet an, sofern der Ankauf zustande komme, »*binnen sechs Jahren das Rathaus, das Köbler Tor und das Schießhaus*« auf seine Kosten für die Stadt zu bauen. Zugleich droht er mit seinem endgültigen Weggang, falls seine Wünsche nicht erfüllt würden. »*Ich überlasse es Muskaus Bewohnern, selbst zu ermessen ob es wünschenswerther für sie sei, ihre öffentlichen Gebäude, die so lange in Ruinen liegen, wieder aufgebaut, ihre Stadt durch einen herrlichen großen Garten verschönert und meine Einkünfte ihr wieder zufließen zu sehen, oder auf der anderen Seite jeden dieser Vortheile zu entbehren und mich und mein Vermögen für immer aus den Augen zu verlieren.*«[25] Der Standesherr erwartet, dass sein Wille erfüllt wird, auch wenn seine vorhandenen finanziellen Mittel seine Absichten durchkreuzen, die Schulden längst nicht getilgt sind. So klingt ein fürsorglicher Hasardeur! Der Graf glaubt, insgesamt 2.000 Morgen Land für seinen Park zu benötigen. Jahrelange Prozesse mit den Eigentümern entwickeln sich daraus. Und doch bleibt er. Vorläufig.

Schon ein Jahr später, im April 1816, scheinen sich seine Pläne zu ändern. Er reist ab und lässt Schefer und seine übrigen Offizianten wissen, dass alle Arbeiten an den Anlagen einzustellen seien, die Bediensteten zu entlassen und er selbst Muskau auf einige Jahre fernbleiben werde.

Unerwartet kehrt er jedoch bereits im Oktober zurück. Die vergangenen Monate waren der Brautschau in Berlin vorbehalten. Aufsehen zu erregen, fällt Pückler nicht schwer, zumal er über den nötigen Ideenreichtum verfügt und offen ausspricht: *»Bei mir heißt es nicht: Was werden die Leute davon sagen? sondern: Werden auch die Leute etwas davon sagen?«*[26] Aufsehen erregt er, wenn er in einer mit vier Hirschen bespannten Kutsche Unter den Linden entlang fährt, an einer Straßenecke anhält, »und sich stundenlang in das Lesen eines Buches [vertieft], ungestört um die Menge, die sich um ihn versammelt«.[27] So wird wohl auch eine Gräfin Lucie von Pappenheim in Begleitung ihrer beiden erwachsenen Töchter auf ihn aufmerksam. Pückler ist Stadtgespräch, Mutmaßungen machen die Runde, welche der Frauen er wählen wird. Keiner tippt auf die Mutter, die nimmt er.[28]

Alles wäre immerfort gut, hätten wir nur Geld![29]

Lucie ist neun Jahre älter als er selbst. Schon im November verlobt er sich mit der vermögenden Tochter des Staatskanzlers Hardenberg. Der eher geschäftsmäßige Briefwechsel aus der Verlobungszeit – die Hochzeit soll am 9. Oktober 1817 stattfinden – ist geprägt von Berichten über die Gestaltung des Muskauer Parks, den Umbau und die Ausstattung des Schlosses, den Schwierigkeiten, die Kredite zu bedienen und den damit verbundenen finanziellen Forderungen des Bräutigams. So schreibt er Lucie im Mai 1817: *»Meine Absicht ist augenblicklich von Deinem Vermögen so viel zur Bezahlung der gefährlichsten Schulden anzuwenden, daß nach der Bezahlung der bereits bestellten Dinge noch 15,000 übrig bleiben, die ich zu unserer völligen Equipirung anwenden will. Ich glaube hierin denken wir ganz gleich.«*[30]

Pückler arbeitet viel, es fällt ihm schwer, geduldig zu sein und das natürliche Wachstum der Pflanzen und damit die sichtbare Gestaltung des Parks abzuwarten. Immer wieder ist vom *»Chaos«* die Rede, zudem ist *»[d]ieses Jahr, welches sich so gut anließ, [...] von allen, die ich hier erlebt habe, das unglücklichste für die Gartenanlagen gewesen. Die ungeheuren Pflanzungen von mehr als einer Million Bäumen sind sämmtlich während der mit unaufhörlichen, austrocknenden Winden begleiteten Dürre eingegangen und vertrocknet. Auch die Rasensaaten, wozu an 400 Pfund Raygras aus allen Orten her verschrieben worden sind, werden das nächste Jahr neu gemacht werden* *müssen.«*[31] Die Beschreibungen des tatsächlichen Zustands und jene des imaginierten Parks in Muskau verweisen zugleich auf seine Vorstellungskraft und die Mühen der Umsetzung – Wollen und Vollbringen liegen weit auseinander. Hohe Schulden, Truppenbeherbergungen, Lust am Luxus und Kränklichkeit hindern ihn nicht daran, weiter am Park zu arbeiten. So bittet er seine künftige Frau allenthalben um Anschaffungen: Grassamen, Ananas aus der Hofgärtnerei in Potsdam, Papageien, Pferde, Zäune, Abgüsse von Skulpturen, zudem Odeurs, Staatslivreen, Wappenschmuck und Kutschwagen unterschiedlicher Ausstattung. Auch die Vermittlung von Orden soll die Tochter des Staatskanzlers betreiben. Bei alledem spart er nicht mit guten Ratschlägen, teilt mit, welches Verhalten er erwartet. »*Verspreche mir also, nie Dich meinen Einfällen so zu widersetzen, daß ich es merke. [...] Mißbillige frei alles was Dir nicht gefällt, nimm Dir kein Blatt vor den Mund, wie man sagt, aber gieb nichtsdestoweniger de bonne grâce und freudig nach, wenn ich es wünsche.«*[32]

Am 9. Oktober 1817 schließen Lucie und Pückler die Ehe. Die Schulden steigen. Pückler spielt um Geld, gewinnt hin und wieder, verliert öfter, und kann es doch nicht lassen. Die Ausgaben für Muskau übersteigen die Einnahmen bei weitem. So bedrängt, befürchtet er, Freiheit und Unabhängigkeit zu verlieren. Das Paar verkauft den Schmuck der Gräfin. Doch die Schulden können nicht bezahlt werden. Die Anfechtungen missachtend, sucht er gleichwohl im Spiel und in der Berliner Gesellschaft nach Ausgleich. Am 3. Mai 1820 schreibt er an seine Frau: »*Ich bin sehr melancholisch, [...] weil ich fühle, daß der Besitz von Muskau unser Unglück und die Quelle unbesiegbaren Elends ist, der Karren ist durch Dehn (Lucies Vermögensverwalter und Bankier, C. F.) und unsere Schuld zu weit in den Sumpf hineingeschoben worden, um wieder herauszukommmen und jeder Succeß, den man erreicht, nur ein Schnappen nach Luft, dem die Angst zu ertrinken gleich wieder auf dem Fuße folgt. Ich gehe dort zu Grunde, materiell oder moralisch*«.[33]

Im September hat sich die Lage nicht gebessert: »*Folge ich meinem Sinne, so mache ich es Dir nicht recht; dem Deinen gefolgt zu haben, hat uns fast an den Bettelstab gebracht; [...] Am liebsten ginge ich in den Krieg, und überließe alles Dir und seinem Schicksale!*« Offenbar sind die Schulden nicht mehr beherrschbar. Ein Teil kann über Wechsel bezahlt werden, doch wie Steuern, Hypotheken und Entschädigungen finanziert werden sollen, bleibt offen.[34]

Am 14. Oktober bessert sich die Lage, Pückler schickt Geld nach Muskau und verspricht zudem, 3.000 Taler zu bringen, die das *»Nöthige«* decken. *»Also vor der Hand wird keine Geldverlegenheit eintreten«*[35], schreibt er, doch deutlich entspannt. Im folgenden Jahr 1821 scheint es zunächst, als sei die Schuldenlast zu meistern, zumal die Pücklers damit rechnen, eine beträchtliche Entschädigung für den Verlust standesherrlicher Privilegien zu erhalten. Auf dem Wiener Kongress 1814/15 infolge der Napoleonischen Kriege waren viele Gebiete Europas neu geordnet worden. Dabei war auch ein Teil der sächsischen Oberlausitz, zu der die Standesherrschaft bis dahin gehört hatte, der preußischen Provinz Schlesien angeschlossen worden.

Die Standesherrschaft Muskau verliert damit nicht nur an Selbstständigkeit, sondern auch eine Reihe von Einnahmequellen, wird dadurch abhängig von einer übergeordneten preußischen Verwaltung. Leibeigenschaft und Fronarbeit sollen abgeschafft werden – längst fällige Veränderungen, die durch die preußischen Reformen eingeläutet werden. Die langwierig erstrittene Entschädigung hierfür beläuft sich nur auf ein Fünftel der Verluste. Für Pücklers Eitelkeit ist es von großem Wert, dass er auch die Erhebung in den Fürstenstand erreicht, allerdings lediglich als Titularfürst. Die Besitzung wird somit nicht zum Fürstentum, die Ernennung kostet trotzdem 4.000 Taler. Verbittert schreibt Pückler noch viele Jahre später: *»Niemand ist so schlecht behandelt worden, als ich. Nachdem man mir für über 200.000 Thaler an Werth Rechte und Privilegien genommen, hat man mich dafür mit 40.000 Thaler entschädigt, und statt der Ehrenrechte zwar den Fürstentitel gegeben, so wie der Kanzler todt war, mir aber auch davon wieder die offizielle Durchlaucht abgezwackt«.*[36] Vergessen hat da Pückler längst, dass die gerade erhaltene Fürstenwürde das Paar zu erheblichen Ausgaben für die neue Ausstattung veranlasst. Tagelange Feste, Kutschen, Livreen, Petschafte – alles versehen mit dem neuen Wappen – müssen bezahlt werden.

Als im November 1822 Hardenberg stirbt, rechnet das Paar damit, aus dem Erbe 100.000 Taler zu erhalten. Doch Hardenberg hinterlässt dem Staat 540.000 Taler Schulden, seine Tochter hatte er ohnehin testamentarisch enterbt.[37] Der Kanzler hatte auf ein Gehalt verzichtet und stattdessen vereinbart, dass die preußische Staatskasse für ihn aufkomme.[38]

Die Verbindlichkeiten werden immer drängender. Erst sinnt Pückler darauf, mit 12.000 Talern jährlich für Lucie, den Park und sich auszukommen, hält es im selben Atemzug jedoch für unmöglich und schreibt schließlich: *»[N]ur ein großes Glück, eine Radikalkur, die wenigstens die Hälfte aller Schulden tilgte, könnte uns feste Sicherheit geben. 500.000 Thaler Schulden und 9.000 Thaler jährliche Pensionen extra sind für Muskau eine zu unverhältnismäßige Last.«*[39] Seine Briefe an Lucie sind oft selbstmitleidig, anklagend gegen die Welt, mitunter misanthropisch, da scheint Ähnlichkeit mit dem larmoyanten Vater auf. Demgegenüber geht er hart mit sich ins Gericht, bezichtigt sich der Verschwendungssucht und ironisiert seinen Glauben an unerwartetes Glück.

Doch die finanzielle Situation des Fürstenpaares wird noch prekärer, die Dienerschaft wird entlassen, das letzte Rennpferd verkauft. *»Übrigens«*, so schreibt Pückler Anfang 1823 an seine Frau, *»ist es allerdings ein Unglück, daß wir beide geborene Verschwender sind, und dies ist der eigentliche Abgrund, nicht Muskau. In keiner einzelnen Sache ist es zu suchen, in allem zusammen. Wir haben ungeheure Summen verthan, das ist nicht zu läugnen, das zeigen unsere Sündenregister.«*[40] Lucie von Pückler-Muskau schreibt deshalb ihrem 37-jährigen Mann am 31. Oktober desselben Jahres einen folgenreichen Brief. Dieser trägt die Überschrift *»Todesurtheil der Aermsten auf Erden«* und bittet um »Trennung – und Trennung von Dir aus zärtlichster Liebe. [...] Indem ich also: Dir Deine Freiheit zurückgebe, und bestimmt erkläre, daß ich von Dir geschieden zu sein verlange, bezeuge ich Dir nochmals: daß ich Dir das höchste, das einzig wahre Glück meines Lebens verdanke. Dein geistreicher, liebenswürdiger Umgang, Dein fester männlicher und doch so sanfter Karackter, haben es mir gewährt, und noch mehr als alles, Dein tiefes, edles Gemüht, Dein gutes, weiches Herz.«[41] Im Nachsatz fügt sie hinzu, er möge über ihre künftige Lage nach »meinen Wünschen und Deinem Willen« verfahren. Kaum vorstellbar, dass dies nicht längst zuvor besprochen worden war – die Schulden drängen und wieder scheint der leichteste Weg eine reiche Heirat zu sein. Drei Jahre allerdings gehen bis zur Scheidung ins Land, die bestimmt davon sind, erneut Möglichkeiten zu finden, vorhandene und neue Löcher zu stopfen, etwa 17.000 Taler an Steuerschulden,[42] deren Zahlung Pückler – dank seiner Verbindungen – noch zu verhindern weiß.

Im Februar 1826 wendet sich Lucie schließlich an Friedrich Wilhelm III., um die Trennung zu erwirken, und schon am 25. desselben Monats verkündet sie in Muskau die Scheidung, über die Pückler wiederum am 4. März sein Conferenz-Ministerium informiert und dabei verlangt, die Fürstin sei zu behandeln wie bisher.[43] Der lang gehegte Plan des Nicht-mehr-Ehepaares, sich der Schulden zu entledigen, ist tatsächlich eine neue Heirat des Fürsten, verbunden mit dem Wunsch, späterhin zu dritt auf Muskau zu leben. Hatte die Noch-Gemahlin anfangs auf nahezu alle Ansprüche verzichtet, so nutzt sie die drei Jahre bis zur Scheidung, um die eigene Existenz doch noch zu sichern.

Die Suche nach einer geeigneten Braut nimmt Pückler gleich nach Lucies Trennungsbrief in Berlin und Hamburg auf. Erfolglos. So plant er schließlich, sich in England umzusehen. Doch diese Reise droht noch vor dem Antritt zu scheitern. Grund dafür ist der Zusammenbruch des Bankhauses Benecke, bei dem die Pücklers Kunde sind. Sie müssen Einbußen von knapp 11.000 Talern hinnehmen. Ein Teil dieses Geldes war für die Reise bestimmt gewesen. Abhilfe schafft vor allem die preußische Hauptschuldenverwaltung, insbesondere deren Präsident Christian von Rother, der auch Vorstand der königlichen Bank Preußische Seehandlung war. Zusätzlich werden Silberzeug und Juwelen verkauft.

Wieviel mehr lebt man doch auf Reisen!

Im Oktober 1826 begibt sich Pückler auf die Reise nach England, »dem Peru der reichen Erbinnen«.[44] Ludmilla Assing, die Biografin, zeichnet das Ergebnis der Brautschau: »Während zahllose Mittelmäßige heirathen [...] konnte der schöne, vornehme, liebenswürdige, ausgezeichnete, ja hinreißende Fürst Pückler, für den die Herzen der Frauen in Liebe und Anbetung überflossen, in ganz England keine Frau finden! So seltsam spielt oft das Schicksal!«[45] Doch in England gibt es bereits Pressefreiheit, seine Absichten sind schon bekannt und publiziert, noch ehe er in London ankommt. Zwei Jahre wird Pückler hier auf Brautschau sein, zwei Jahre, in denen der Dandy keine Mühen scheut, seinem Ziel nahezukommen, absolviert er doch allein in acht Monaten 1.400 Morgenvisiten. Dafür färbt er sich die Haare und gibt sich *»fashionable«*, elegant, gepflegt, geschmackvoll gekleidet: *»Früh olivgrüner*

Froccoat, grünes Halstuch oder buntes; seidene Shawlunterweste, bunte Umschlagweste darüber, grau und weiß melierte Sommerhosen, und schwarze Sporen. Gefalle ich Dir gut?«,[46] fragt er, von sich selbst begeistert, bei Lucie an.

Über Pückler wird gelästert. Er gilt als Glücksjäger und Blaubart und nach den herrschenden Vorstellungen nicht einmal als geschieden – einzig Untreue gilt den Engländern als Scheidungsgrund. Untreu war er zwar immer, das aber spielte bei der Scheidung von Lucie keine Rolle. Täglich schreibt er Lucie Briefe; darin teilt er mit ihr seine Beobachtungen, beschreibt die besuchten Gesellschaften, Ausflüge in englische Parks und Gärten, räsoniert über die englische Politik, begeistert sich für den Parlamentarismus, erzählt von Fabrikbesuchen und von technischen Neuerungen, die ihm imponieren. Kurzum, die Briefe beschreiben die Situation im Großbritannien des 19. Jahrhunderts, die entgegengesetzt zu den politischen und gesellschaftlichen Zuständen im biedermeierlichen Preußen steht. Sie sind eine unterhaltsame Melange aus subjektiven Lebenswahrnehmungen, liberalen Gesellschaftsideen, Beschreibungen von Industrie und Mechanisierung, und schließlich seiner ästhetischen Wahrnehmungen der englischen Parks, von Kunst und Lebensart.

Und sie werden tatsächlich zum Mittel, den drängendsten Schulden zu begegnen. Lucie, die mit Rahel Varnhagen befreundet ist, liest die umfangreichen Briefe Pücklers einem kleinen Kreis vor. Die Zuhörer sind begeistert und die Idee entsteht, sie zu publizieren. 1830/31 erscheinen die zweibändigen »Briefe eines Verstorbenen« anonym. Wenngleich bald schon bekannt ist, wer dahintersteckt, so ist der Titel mit Bedacht gewählt, denn im reaktionären Preußen ist ein aristokratischer Sympathisant demokratischer Ideen nicht gern gesehen. Pückler wird quasi über Nacht zum berühmten Autor, die Bücher ein überragender Erfolg. Diesen wird er nutzen, um daran anzuknüpfen.

Das drohende finanzielle Desaster freilich ist damit nicht beseitigt. »*Die Schuldenmasse ist nun, nachdem man alles, die Steuerreste und Kassenscheine, die eingezogen werden, oder vielmehr eingelöst werden mussten, mit berichtigt, durch die ungeheuren Kosten der Bepfandbriefung u.s.w. wie durch die verschiedenen Schulden aller Art des Rentamts (Behörde der kirchlichen oder landesherrlichen Finanzverwaltung, C. F.)*

[...] schon über 500,000 hinausgerathen [...], so daß der Kredit auf pupillarische (mündelsicher, C. F.) Sicherheit bereits völlig ausgeschöpft ist, und keine neue Anleihe mehr möglich«. Er fügt hinzu: *»Der Verkauf Muskau's oder eine Heirath können uns allein wahrhaft sichern«.*[47] Zu diesem Zeitpunkt hat das geschiedene Paar noch einen gemeinsamen Wohnsitz. Diesen gilt es nun aufzugeben, denn eine Braut zu finden, die sich in eine Ehe zu dritt finden würde, gilt inzwischen selbst dem Glücksjäger als unwahrscheinlich.

Ameisenpoetlein

Geld verdient Pückler in den kommenden Jahren, neben den Einnahmen aus der Standesherrschaft, mit seinen Büchern. Ab 1834 erscheinen fünf Bände »Tutti Frutti«, ein Sammelsurium aus Aphorismen, politischen Artikeln, Erzählungen, alten Aufzeichnungen und neuen Impressionen. Auch sie werden zum Publikums- und damit zum finanziellen Erfolg. Allerdings fällt Pückler zugleich in der höfischen Gunst. Feindlich reagieren vor allem Wittgenstein, Oberkammerherr des Königs, und der Kronprinz. Ausgerechnet Wittgenstein widmet Pückler deshalb eines seiner Bücher – eine Kapriole, die die Berliner amüsiert.[48] Jahre später äußert er, *»sogar ein wenig um's Geld«* geschrieben zu haben: *»Es ist mir so amüsant ironisch vorgekommen, daß ich für meine bisherigen Scharteken zwischen 30-40.000 Tlr. gezogen habe, ich und in Deutschland, wo es Schiller und Herder und Jean Paul, selbst Vulpius nie so weit gebracht haben, und Goethe erst am Ende seiner Laufbahn.«*[49]

Im Sommer 1834 erscheinen seine »Andeutungen über Landschaftsgärtnerei«, die, weil an der Ausstattung nicht gespart wird, wirtschaftlich nichts einbringen. Profitieren werden davon viele nachfolgende Generationen, bis heute erscheinen sie immer wieder. Geschrieben hat sie der Fürst schon vor der Brautschau in England, sie enthalten praktische Tipps zur Anlage eines Landschaftsparks und die visionäre Beschreibung des Muskauer Parks. Beeindruckend ist daran vor allem, dass seine Anlagen so geplant sind, dass sie erst 150 Jahre nach ihrem Entstehen, also lange nach dem Tod ihres Schöpfers, ihre volle Schönheit entfalten. Schönheit statt Schulden – das Wollen mündet ins Vollbringen, fast eineinhalb Jahrhunderte später.

Die Bücher sind beinahe seine einzige Einnahmequelle, Pückler plant eine weitere Reise, für ein neues Buch – nicht zuletzt aus rein pragmatischen Gründen. Sein Verbleiben in Preußen würde die Schulden noch vergrößern, denn die notwendige Repräsentation kostet Geld, die Gläubiger würden ihn bedrängen. Eine Reise ist tatsächlich billiger, als in Muskau zu bleiben, zumal seine Anwesenheit dort stets zu erhöhten Ausgaben für den Park führte. Doch der Aufbruch verzögert sich. Grund ist seine Erzählung »Die Flucht ins Gebirge« aus dem zweiten Band »Tutti-Frutti«. Eine Familie von Liehrs glaubt sich in der Geschichte um einen Adligen, der zum Räuber und Spieler geworden ist, wiederzuerkennen. Sie beschuldigt den anonymen Verfasser mittels einer Anzeige in der »Augsburger Allgemeinen« der »schändlichen Verleumdung« und fordert ihn zum Duell. Der Fürst ist bemüht einzulenken, Sorgen treiben ihn um, Lucie mittellos zurücklassen. Doch das Duell findet am 9. September 1834 in Paris statt – in Preußen ist dies längst verboten – und endet mit einer leichten Verletzung für den Herausforderer. Satisfaktion ist erreicht und Pückler macht sich ein knappes halbes Jahr später auf den Weg nach Afrika.[50]

Am 11. Januar 1835 sticht das Schiff in See und landet in der Nacht zum 14. Februar in Algier. Von hier aus reist der 49-jährige Pückler zu Land und zu Wasser, mal als Beduine verkleidet, mal in der Uniform eines preußischen Generals, nach Tunis und Malta. In Deutschland erscheinen unterdessen seine Bücher »Jugendwanderungen« und »Semilassos vorletzter Weltgang« in drei Bänden. Auch die folgenden Stationen der insgesamt fünfeinhalbjährigen Reise durch Europa, Afrika und Asien – unter anderem ist er in Athen gewesen, auf Melos, Paros und Naxos, in Alexandria, in Städten und Orten am Nil, in Jaffa, Jerusalem, Damaskus, Konstantinopel – bilden die Grundlage für weitere Veröffentlichungen: fünf Bände »Semilasso in Afrika«, »Der Vorläufer« folgt 1838, zwei Jahre später »Südöstlicher Bildersaal«, 1844 wird »Aus Mehmed Ali's Reich« herauskommen und schließlich 1846 sein letztes Buch »Die Rückkehr«. Obgleich als Autor geschätzt, vor allem seines feuilletonistischen Stils und der gesellschaftspolitischen Kritik wegen, ist er selbst von seinen schriftstellerischen Fähigkeiten nicht überzeugt. »*Was meine Schriftstellerei also anbetrifft, so sage ich Ihnen vorweg, mit der Wahrheitsliebe, die Sie an mir erkannt haben müssen, daß ich diese Schreiberei geradezu für nichts anschlage, daß mich der zum Theil erlangte Beifall auch nicht einen Augenblick bethört hat, und daß ich im Gegentheil, weil ich es am besten weiß, da ich den wahren Beruf zum Schreiben gar nicht habe, daß keine wahre Muse, sondern nur eine coquette und geschminkte Weltgöttin an meinen Schreibtisch tritt – eigentlich und wahrhaftig mich schäme noch mehr zu schreiben.«*[51]

Den Verdienst aus den Büchern benötigt er gleichwohl dringend und er genießt die Anerkennung dafür. Ludmilla Assing schreibt, ihm widersprechend, »[w]er ihn aber nur irgend kannte, muß überzeugt sein, daß ein Mann wie Pückler sich zu einer bloßen Schreiberei um Geld nie hergeben konnte.«[52]

In die Muskauer Sklaverei zurückzukehren widert mich an!

Die Erlebnisse in Afrika und Asien bezaubern Pückler. Das Klima ist ihm zuträglich, die Gastfreundschaft, die Architektur beeindrucken ihn, unterwegs kommt er zur Ruhe. Die Konsequenzen der Schulden trägt Lucie von Pückler-Muskau, die sich während seiner Abwesenheit um Schloss und Park und um alle wirtschaftlichen Belange kümmert. Nach Muskau zurückzukehren, reizt ihn, wie schon in seiner Jugend, nicht. In Konstantinopel erreicht den Fürsten eine Nachricht, die ihn erfreut. Graf Renard, einer der reichsten Industriellen Schlesiens, möchte Muskau für 1,3 Millionen Taler kaufen. Damit sieht Pückler sich seinem Ziel nah, frei, in Unabhängigkeit und Sicherheit zu leben, bliebe ihm doch nach Bezahlung aller Verbindlichkeiten noch eine halbe Million Taler. Er treibt die Verhandlungen voran und beabsichtigt, Lucie erst darüber in Kenntnis zu setzen, wenn nur noch Einzelheiten zu klären sind. Zum ersten Mal in seinem Leben scheint eine Zukunft ohne Schulden denkbar. Diese angenehmen Aussichten werden noch verstärkt durch Machbuba, eine abessinische Sklavin, die er für den Rest seines Lebens bei sich behalten möchte. Das vielleicht 12- oder 13-jährige Mädchen hatte er auf einem Sklavenmarkt in Kairo gekauft, kurz vor der geplanten Nilreise. Tief beeindruckt von ihrem Wesen schreibt er Lucie: *»Machbuba ist die beste Seele, die man finden kann, und mir attachirt wie eine Tochter dem Vater«*[53] und verschweigt ihr sein ästhetisches Vergnügen: *»[A]ber ihr Körper! Woher in des Himmels Namen haben diese Mädchen, die barfuß gehen und nie Handschuhe tragen, diese zarten gleich einem Bildhauermodell geformten Hände und Füße; sie, denen nie ein Schnürleib nahe kam,* *den schönsten und festesten Busen, solche Perlenzähne ohne Bürste noch Zahnpulver, und obgleich meistens nackt den brennenden Sonnenstrahlen ausgesetzt, doch eine Haut von Atlas, der keine europäische gleichkommt [...].*«[54]

Schon die ersten Briefe an Lucie, in denen Pückler ankündigt, mit Machbuba in Muskau leben zu wollen, erbittern die Fürstin. Sie schreibt vorwurfsvolle Briefe, entrüstet sich, fühlt sich verstoßen und hat Angst, in der Öffentlichkeit lächerlich gemacht oder entehrt zu werden.

Verwunderlich ist diese Reaktion nicht, zumal Pückler ihr, wenn auch ironisch, den Anlass gibt: »*[I]ch bin ein Türke, leider ein Alter, der Maitressen dieser Art braucht, welche die blindeste Folgsamkeit mit dem Attachment der Hunde verbinden [...]. Schnucke, Du bist meine Mama, mußt mir aber meine Concubinen nicht stören, wenn ich nach Muskau komme.*«[55] So schreibt er, inzwischen 52 Jahre alt, Anfang Februar 1838 aus Jerusalem.

Noch bevor Pückler Lucie selbst über den geplanten Verkauf von Muskau informieren kann, erfährt diese es von anderer Seite. Was darauf folgt, sind weitere pathetische, anklagende und auch drohende Briefe der enttäuschten Lucie. In den Jahren seiner Abwesenheit war es ihr gelungen, Muskau etwas zu stabilisieren. Der beabsichtigte Verkauf trifft sie vollkommen unerwartet. Mit Park und Schloss vertraut, glaubt die 63-jährige, auch ihre Heimat zu verlieren, Dreimal schreibt sie am 16. Juli 1839 einen Brief fast gleichen Wortlauts, den sie an unterschiedliche Adressen Pücklers sendet. Darin malt Lucie ihm die schwärzesten Bilder einer verfehlten Zukunft aus, unterstellt ihm Wahnsinn und Grausamkeit und beschwört ihn, diesen unersetzlichen Verlust zu verhindern. Der Fürst jedoch ist verärgert und nicht bereit, von seinen Plänen abzurücken. Lucie wendet sich an den König, bittet ausgerechnet Wittgenstein um Fürsprache und sucht auf jede erdenkliche Art, den Verkauf zu verhindern. So fährt sie ihrem geschiedenen Mann entgegen und erwartet ihn bei seiner Rückkehr nicht, wie verabredet, in Wien, sondern bereits in Budapest.

Zustande kommt dann zwischen beiden ein beachtlicher Vergleich. Muskau wird nicht verkauft, Machbuba darf einziehen. Doch vermerkt Pückler am 1. Januar

1840 in seinem Tagebuch: »*In die Muskauer Sklaverei zurückzukehren widert mich an. Demungeachtet habe ich in allem nachgegeben, nur meine Unabhängigkeit von neuem zu opfern, habe ich kein Motiv mehr, die Fürstin behalte Muskau, ich mich selbst – und nur im äußersten Nothfall soll sie diese Zeilen lesen.*«[56]

Kurz nachdem Pückler mit Machbuba, beide erkrankt, im September in Muskau ankommt, geht Lucie von Pückler-Muskau in die Berliner Wohnung. Sie verlangt eine Aussprache. Pückler folgt ihrem Willen und reist, selbst noch geschwächt, nach Berlin. Täglich lässt er sich über Machbubas Zustand informieren, der immer bedrohlicher wird. »Die schlaflosen Nächte von quälendem Husten begleitet, dauern noch immer fort, auch fehlen die Schmerzen im Unterleib selten; leider nehmen die gewohnten Schweiße zu, und tragen zur Schwächung der ohnedies sehr gesunkenen Kräfte nicht wenig bei«,[57] schreibt am 20. Oktober 1840 ihr Arzt, Dr. Freund. Machbuba stirbt sieben Tage später. Da ist Pückler noch bemüht, Lucie zu beschreiben, wie unerträglich ihre temperamentvollen Ausbrüche auf ihn wirken, dass er sich nur deshalb auf Reisen begeben habe, um ihnen zu entfliehen und sucht nach Lösungen, die Gemeinsamkeit zu erhalten, das Beisammensein jedoch zu verhindern. Die Nachricht von Machbubas Tod erreicht ihn erst am 31. Oktober. Pückler fährt sofort nach Muskau zurück, er macht sich Vorwürfe, trauert, ist verzweifelt. Das Verhältnis zu Lucie ist beschädigt. Nichts wird ihn mehr davon abhalten können, Muskau zu verkaufen.

Doch zunächst lenkt er sich mit der Durchsicht seiner Reisemanuskripte und der Arbeit an seinen Parkanlagen ab. Seine Popularität und sicher auch die »Andeutungen über Landschaftsgärtnerei« lassen ihn zu einem gesuchten Berater für die Gestaltung von Parks und Anlagen werden. Klein-Glienicke, Ettersburg bei Weimar, Meiningen sind einige Stationen. Darüber hinaus erhält Pückler den Auftrag, die Parkgestaltung in Potsdam-Babelsberg zu übernehmen. Daneben sucht er weiterhin intensiv nach einem Käufer für Muskau – seine Schulden betragen rund 600.000 Taler. Er verkauft schließlich 1845 an den General Graf von Nostitz und zwei Grafen von Hatzfeldt für insgesamt 1.170.000 Taler. »*Ueberhaupt bleibt bei der Masse Schulden nicht allzu viel übrig. Demohngeachtet danke ich Gott: im sechzigsten Jahr endlich dahingekommen zu sein, niemandem mehr etwas zu schulden, und genug zu besitzen, um ein freundliches Quartier, einen schmackhaften Tisch und einige Pferde haben zu können. Alles in vollkommener Freiheit und mit genug Ueberschuß, um auch Nothleidenden Hülfe gewähren zu können.«*[58]

Zum Verkauf gehört auch, dass er ein Gut Waldstein in Zahlung nehmen muss. Um Lucie zu beruhigen, seine »Mama« ist sie geblieben, schwärmt er ihr von einem neuen Leben dort vor. Doch auch daraus wird nichts, denn *»[i]n Waldstein fühlte ich mich in den April geschickt. Der romantische Kitzel, eine Besitzung zu kaufen, ohne sie vorher gesehen zu haben, und die noch romantischere Narrheit, alle Leute für ehrlich zu halten, bis man nicht von ihnen betrogen worden ist, kosten mir diesmal 100,000 Thaler.«*[59]

Ja, der Ärmste schmückt sein Strohhüttchen noch mit Blumen[60]

So zieht Pückler nach Branitz, dem Stammsitz der Pücklers, nahe Cottbus. Er hat 34 Jahre am Muskauer Park gearbeitet. An seinen ehemaligen Garteninspektor Petzold, der weiter im Muskauer Park tätig ist, schreibt er zehn Jahre später: *»Im Ganzen bin ich überzeugt, daß in den einigen dreißig, beinahe vierzig Jahren vom ersten Anfang an, gewiß nahe an eine Million darauf verwendet worden sind. Karakteristisch mag es sein, daß ich während der langen Unterhandlungen wegen des Verkaufs mit verschiedenen Käufern noch über 100,000 Thlr. auf die Anlagen und Bauten baar verwendet und im Thiergarten von fünf Stunden Umfang selbst das überständige Holz nicht schlagen ließ, um das urwaldliche Ansehen des Ganzen nicht zu stören, obgleich ich unbeschadet des Verkaufs dort große Summen hätte herausziehen können.[...] Dieses Beispiel treuer Kunstliebe wird wohl in unserer Zeit der Anbetung des goldenen Kalbes ganz vereinzelt stehen bleiben, ja von Vielen als Tollheit angesehen werden. Doch hat es mich nie gereut, und war mir vollkommen natürlich.«*[61] Pückler schreibt diesen Brief in seinem 70. Lebensjahr, acht Jahre zuvor hatte er begonnen, den Branitzer Park zu schaffen. Er stirbt am 4. Februar 1871 – schuldenfrei.

[1] Brief von Ida Hahn-Hahn an Pückler am 10. März 1845. In: Assing-Grimelli, Ludmilla (Hg.): Aus dem Nachlaß des Fürsten von Pückler-Muskau. Briefwechsel und Tagebücher des Fürsten Hermann von Pückler-Muskau. Erster Band. Briefwechsel. Hamburg 1873ff. S. 322.

[2] Assing-Grimelli 1873ff. Zweiter Band. Reisetagebücher und vermischte Aufsätze. S.61f.

[3] Goethes Rezension der ersten beiden Bände »Briefe eines Verstorbenen« von Fürst Hermann von Pückler-Muskau. Zitiert nach: Pückler-Muskau, Fürst Hermann von: Ausgewählte Werke in zwei Bänden, herausgegeben von Heinz Ohff und Ekhard Haack. Band II. Frankfurt am Main/Berlin 1985. S. 363.

[4] Assing, Ludmilla: Fürst Hermann von Pückler-Muskau. Eine Biographie. Erste Hälfte. Nachdruck der Ausgabe Hamburg 1873. Hildesheim 2004. S. 140.

[5] Marlitt, Eugenie: Die zweite Frau. Leipzig 1891. Zitat nach: http://gutenberg.spiegel.de/buch/1496/, 29.3. 2012.

[6] Brief von Pückler an Gräfin Ida Hahn-Hahn vom 25. Februar 1845. In: Assing-Grimelli 1873ff. Erster Band. S.302.

[7] Ebd. S. 32.

[8] Assing-Grimelli, Ludmilla (Hg.): Aus dem Nachlaß des Fürsten von Pückler-Muskau. Briefwechsel und Tagebücher des Fürsten Hermann von Pückler-Muskau. Vierter Band. Briefwechsel. Berlin 1874ff. S. 341.

[9] Zitat nach: Ohff, Heinz: Der grüne Fürst. München/Zürich 1993. S. 44.

[10] Assing 2004. S. 33.

[11] Assing-Grimelli 1874ff. Vierter Band. S. 344.

[12] Ebd. S. 349f.

[13] Assing 2004. Erste Hälfte. S. 62f.

[14] Ebd. S. 62.

[15] Pückler-Muskau, Hermann von: Jugendwanderungen. Aus meinen Tagebüchern; für mich und Andere. Stuttgart 1835. S. 6f.

[16] Ebd. S. 42.

[17] Assing 2004. Erste Hälfte. S. 89f.

[18] Ebd. S. 113.

[19] Ohff 1993. S. 67.

[20] Assing-Grimelli 1874ff. Neunter Band. Briefwechsel und Tagebücher. S. 159.

[21] Ebd. S. 129f.

[22] Arnim, Graf von/Boelcke, Willi A.: Muskau. Standesherrschaft zwischen Spree und Neiße. Frankfurt am Main 1992. S. 153.

[23] Vollständiges Staats-Post-und Zeitungslexikon von Sachsen, 6. Band. Verlag der Gebrüder Schumann. Zwickau 1819. S. 656 sowie Probst, Ernst: Machbuba: Die Sklavin und der Fürst. München. 2010. S. 15 sowie Ohff 1993. S. 71

[24] Ebd.

[25] Assing-Grimelli 1874ff. Neunter Band. S. 19ff.

[26] Brief an Lucie aus dem Jagdhaus vom 29. April 1817. In: Assing-Grimelli 1874ff. Neunter Band. S. 230.

[27] Assing 2004. S. 153.
[28] Ebd. S. 158.
[29] Assing-Grimelli 1874ff. Siebenter Band. Briefwechsel. S. 249.
[30] Assing-Grimelli 1874ff. Vierter Band. S. 238.
[31] Brief vom 1. Juli 1817. Ebd. S. 289.
[32] Brief vom 29. Juni 1817. Ebd. S. 285f.
[33] Assing-Grimelli 1874ff. Fünfter Band. Briefwechsel. S. 287.
[34] Ebd. S. 293.
[35] Ebd. S. 298.
[36] Brief an Rother vom 26. Januar 1834. In: Assing-Grimelli 1874ff. Siebenter Band. S. 264.
[37] Assing-Grimelli 1874ff. Fünfter Band. S. 377.
[38] Ohff 1993. S. 120.
[39] Assing-Grimelli 1874ff. Fünfter Band. S. 381–398.
[40] Ebd. S. 406.
[41] Ebd. S. 414f.
[42] Ebd. S. 429ff.
[43] von Arnim/Boelke 1992. S. 192.
[44] Assing 2004. Erste Hälfte. S. 225.
[45] Ebd. S. 226f.
[46] Ebd. S. 230.
[47] Brief an Lucie von Pückler am 14.4. 1832. In: Assing 2004. Zweite Hälfte. S. 17f.
[48] Ohff 1993. S. 175.
[49] Brief an Ida Hahn-Hahn vom 13. März 1845. In: Assing-Grimelli 1873ff. Erster Band. S. 327.
[50] Ohff 1993. S. 191ff. sowie Assing 2004. Zweite Hälfte. S. 41ff.
[51] Brief an Gräfin Ida Hahn-Hahn vom 14. März 1845. In: Assing-Grimelli 1873ff. Erster Band. S. 326.
[52] Assing-Grimelli 1873ff. Zweiter Band. S. 61.
[53] Ebd. S. 122.
[54] Ohff 1993. S. 222.
[55] Assing 2004. Zweite Hälfte. S. 118f.
[56] Assing-Grimelli 1874ff. Neunter Band. S. 117.
[57] Assing-Grimelli 1874ff. Siebenter Band. S. 21.
[58] Assing-Grimelli 1874ff. Neunter Band. S. 150.
[59] Tagebucheintrag von April 1845. Ebd. S. 153.
[60] Pückler-Muskau, Hermann Fürst von: Andeutungen über Landschaftsgärtnerei. Wiesbaden 2010. S. 8.
[61] Brief an Petzold, Garteninspektor in Muskau vom 27. März 1855. In: Assing-Grimelli 1874ff. Neunter Band. S. 12f.

DIE SIEBEN SACHEN

Wie heißen doch die sieben Sachen,
die einen Mann vom Stande machen?
Nichts lernen früh von Kindesbeinen
und alles doch zu wissen meinen,
die ganze Nacht beim Spiel durchwachen,
den ganzen Tag brav Schulden machen,
das Deutsch so schlecht als möglich sprechen,
Französisch trefflich radebrechen,
Champagner trinken obendrein
und überall hoffähig sein.
Das sind, das sind die sieben Sachen,
die einen Mann vom Stande machen.

Wie heißen doch die sieben Sachen,
die keinen Mann vom Stande machen?
Nicht sich allein auf Erden leben,
für Andre still zu wirken streben,
sich nie um Schulden mahnen lassen
und nie auf Anderer Kosten prassen,
der Knechtschaft Sprache radebrechen,
Gut Deutsch für Recht und Freiheit sprechen,
und lieber leiden Noth und Pein
als irgendwo hoffähig sein.
Das sind, das sind die sieben Sachen
die keinen Mann vom Stande machen.

~

August Heinrich
Hoffmann von Fallersleben

BERLINER WÄHRUNGEN

FAUNA

Kreten
Mopse
Flöhe
Kröten
Mäuse

ERZE, METALLE, PFLANZEN, MINERALIEN

Koks
Jold
Kies
Asche
Flocken
Kohle
Moos
Schotter
Zimt
Kirschen
Zaster

KLANGLICH

Putt, putt
Klimbim
Piepen
Pinke
Pinkepinke

INTERNATIONAL

Moneten
Peseten
Penunzen
Taler
Rubel
Zechinen

SPIELZEUG

Kneppe
Murmeln
Knete

HAUSHALT

Draht
Fusseln
Marie, dicke
Pfund
Pulver
Platten

BIBLISCH

Moses und die Propheten

EIN SCHMUCKSTÜCK

VON JAN PETER BREMER

Immer wenn ein neues Buch von mir erschienen ist, tritt irgendwann mein Atelierkollege durch den offenen Durchgang aus seinem Büro an meinen Tisch, und richtet, indem er eindringlich zu mir hinabsieht, etwa folgende Rede an mich: Man sehe mir immer an, wenn ich auf etwas stolz sei, und natürlich könne ich auf dieses neue Buch völlig zu Recht stolz sein. Ich dürfe jetzt nur nicht zu viel erwarten, denn ich wisse ja selbst, wie schnell die Freude über die Veröffentlichung dann in ihr Gegenteil umschlagen könne. Bescheidenheit, fügt er noch hinzu, sei nicht nur eine Pflicht und nicht nur der bedingende Gestus alles Künstlerischen, sondern vermutlich auch der einzige Weg in eine gerechtere Welt.

Was mir mein Atelierkollege mit diesen ungelenken, mühsam erdachten Worten eigentlich sagen will, ist, dass ich so bleiben soll wie ich bin und dass es uns beiden in diesem Atelier doch ziemlich gut geht.

Mein Atelierkollege ist bildender Künstler und Teil einer Künstlergruppe, die schon seit langer Zeit weltweit und sehr erfolgreich Kunst-am-Bau-Projekte verwirklicht. Ich fahre seit nun fünfzehn Jahren recht regelmäßig mit dem Fahrrad zum Schreiben in dieses Atelier. Zum einen schärft der halbstündige Weg die Gedanken, zum anderen fällt das Arbeiten leichter, wenn nebenan auch jemand arbeitet.

Da mein Atelierkollege fast ausschließlich am Computer sitzt, ist mein Platz im eigentlichen Werkraum. Zwischen einer Kreissäge und einer riesigen Schleifmaschine, umgeben von Eimern, Dosen, Kübeln und Kisten, steht auf zwei Böcken mein Tisch. Natürlich muss ich für diesen Ort nichts zahlen. Dafür sind mir über die Jahre doch einige Pflichten zugeteilt worden. Zum Beispiel gehört es zu meinen Pflichten, den Abwasch zu machen, die Aschenbecher auszuleeren, die Pfandflaschen zu sammeln, den Müll hinunterzubringen, etwa vier Mal im Jahr – schließlich handelt es sich um eine Männergemeinschaft – die Toilette zu reinigen, und natürlich gehört es auch zu meinen Pflichten, uns am Nachmittag einen Kaffee zu kochen. Dann sitzen wir für eine Weile beieinander und sprechen über unsere Kinder und den sonstigen Alltag. Er erzählt zum Beispiel, wie unglaublich günstig die Flüge innerhalb Kanadas seien, und ich erzähle zum Beispiel, dass ich für die Steuererklärung wieder ein paar

Lesungen eingefügt habe, die ich nie hatte, weil sonst mein Jahreseinkommen wieder so gering wäre, dass mich die Künstlersozialkasse bei einer möglichen Prüfung sogleich als Hobbyliterat rauswerfen würde.

Im Gegensatz zu mir bekommt mein Atelierkollege häufig Besuch. Es gibt Wochen, in denen Kuratoren, Geschäftsleute, Galeristen oder auch Künstlerkollegen einander die Klinke in die Hand geben und seit einigen Jahren schon ist es meinem Atelierkollegen zu einer angenehmen Gewohnheit geworden, diesen Besuch zuerst in den Werkraum zu führen. »Habe ich Ihnen eigentlich schon meinen Schriftsteller gezeigt?« Ich blicke dann kurz aus meinem Notizbuch auf und lächle dem Besuch zu. So war es auch neulich, als mein Atelierkollege plötzlich mit dieser extrem langbeinigen Kuratorin plötzlich vor meinem Tisch stand und obwohl das sonst gar nicht meine Art ist, habe ich an diesem Tag ihrem anschließenden Gespräch im Nebenraum nachgelauscht. »Wirklich ein netter, interessant aussehender Schriftsteller, den Sie da drüben sitzen haben.« »Das finde ich auch«, hat mein Atelierkollege geantwortet, »ich freue mich immer wieder über ihn. Manchmal schleiche ich mich um die Ecke, nur um ihn eine Weile zu betrachten. Wissen Sie, es liegt etwas Sinnstiftendes in dem Anblick, wie er so gebeugt dasitzt und immerzu emsig in sein Notizbuch schreibt.« »Das kann ich mir vorstellen. Aber können Sie ihm auch vertrauen. Ich meine, klaut er zum Beispiel nichts?« »Ein wenig achtgeben sollte man auf seine Sachen schon. Meine Brieftasche etwa würde ich nicht einfach herumliegen lassen, wenn er hier ist. Aber eigentlich glaube ich nicht, dass er sich wirklich an sie heranwagen würde. Natürlich stiehlt er mir etwas von meinem Teller, sobald ich ans Telefon gerufen werde. Auch Bleistifte und Kugelschreiber fehlen immer wieder. Radiergummis, Taschentücher, kleine Münzen sowieso, Feuerzeuge, mal eine Glühbirne, solche Dinge steckt er natürlich sofort ein. Wahrscheinlich schenkt er sie zu Hause seinen Kindern, überrascht damit seine Frau. Aber glauben Sie mir, den Gewinn, den dieser Mensch mir schenkt, können solche kleinen Übertretungen nicht trüben.« »Das hört sich alles nach einem wahren Schmuckstück an. Doch wie wollen Sie Ihren Schriftsteller halten, wenn er tatsächlich mal Erfolg haben sollte. Bestimmt ist er dann doch sogleich weg.«

Für einen kurzen Moment herrschte nun Stille nebenan, und im Geiste erblickte ich bereits eine gewisse Besorgnis in den Augen meines Atelierkollegen. Doch schon ertönte seine Stimme hart in den Werkraum. »Das allerdings steht bei meinem Schriftsteller nun gar nicht zu befürchten.«

DER ECHTE DICHTER

(WIE MAN SICH FRÜHER IHN DACHTE)

Ein Dichter, ein echter, der Lyrik betreibt,
Mit einer Köchin ist er beweibt,
Seine Kinder sind schmuddlig und unerzogen,
Kommt der Miethszettelmann, so wird tüchtig gelogen,
Gelogen, gemogelt, wird überhaupt viel,
»Fabulieren« ist ja Zweck und Ziel.

Und ist er gekämmt und gewaschen zu Zeiten,
So schafft das nur Verlegenheiten,
Und ist er gar ohne Wechsel und Schulden
Und empfängt er pro Zeile 'nen halben Gulden
Oder pendeln ihm Orden am Frack hin und her,
So ist er gar kein Dichter mehr,
Eines echten Dichters eigenste Welt
Ist der Himmel und – ein Zigeunerzelt.

~

THEODOR FONTANE

LEIHHAUS
LEIHHAUS
Leihhaus
Pfandkredit
Leih-
Haus
Jetzt
Hier

29 EURO UND 79 CENT ODER EINE REISE NACH JERUSALEM

VON DOROTHEA NÖLLE

▶ Akt 1

Ein Ticket bitte für eine Reise nach Jerusalem.
Musik ertönt.
Ich fange an zu rennen.

Hallo Mama, weißt du, was hier vor mir liegt? Mein Diplom!
Ach, das ist ja jetzt auch schon das zweite.
Könntest mir ruhig gratulieren.
Hast du denn schon Kohlen bestellt?
Nein, ich hab lange genug mit Kohlen geheizt. Ich werd bald kündigen und mir eine neue, ordentliche Wohnung suchen.
Musst du dir nicht erstmal einen Job suchen?
Mama, das Schreiben ist mein Job.
Das kannst du doch auch nebenbei machen.
Ein Drehbuch schreibt man aber nicht nebenbei.
Und die Altersvorsorge?
Mama, ich bin 32!

Guten Tag, Dorothea Nölle heiße ich, ich wollte mich bewerben. Hier sind meine Unterlagen, zwei Diplome, zahlreiche Schreibproben, Gutachten, Zeugnisse.
Tut uns leid, kein Bedarf.
Ich hab auch schon gearbeitet, ganz viel auch umsonst.
Ach so, umsonst ist natürlich was anderes.
So war das nicht gemeint, ich muss schon Geld verdienen. Zumindest so viel, dass ich meine Miete bezahlen kann.
Wir veranstalten bald einen Testlauf, wenn du Lust hast.
Und wie viele Autoren machen da mit?
Zehn bestimmt, die Konkurrenz ist einfach riesig.

Und der Gewinner kriegt Geld?
Nein, der Gewinner wird ausgewählt, Geld verdienen zu dürfen.

Mama, mach dir keine Sorgen, das ist ein Testlauf, gehört dazu, machen alle.
Aber du hast doch ewig studiert, was wollen die denn jetzt noch testen? Beulefilm, hab ich auch noch nie gehört. Du, und ich hab mit Papa geredet. Wir haben dich ja viele Jahre unterstützt, das muss jetzt mal aufhören. Du bist ja auch fertig mit dem Studium.
Na klar, Mama, kein Problem.

Ein Stuhl kippt um.
Wildes Gerangel geht über in

▶ **Akt 2**

Hallo Mama, ich hab den Testlauf bestanden.
Ach.
Originell und authentisch haben sie meinen Text genannt ... Jedenfalls hab ich den Job.
Und wie viel zahlen sie?
So genau steht das noch nicht fest, hängt vom Gesamtbudget ab.
Wenigstens ungefähr.
Na ja, wenn ein Sender mit im Boot ist, vielleicht 80.000 Euro.
80.000! Da musst du dir aber gut überlegen, wie du das anlegst, so viel Geld kann man ja nicht auf dem Girokonto lassen, besonders nicht in der Krise.
Mama, von den 80.000 wird der ganze Film gemacht. Davon kriege ich nur einen Teil.
Wie viel denn ungefähr?

Ist mir jetzt total unangenehm, aber ich muss doch nochmal fragen, wie viel ich genau bekomme für den Job.
Was hattest Du dir denn vorgestellt?
Na ja, was marktübliches ... so 230, am Tag?
Vergiss es, 100 können wir dir zahlen, mehr nicht. Wir sind eine kleine Firma.

Da kann ich ja gleich kellnern gehen.
Du solltest dich glücklich schätzen, dass wir dich ausgewählt haben. Und wenn das Projekt was wird, dann reden wir nochmal.

Einen Monat später.

So, hier ist sie, die erste Fassung.
Wunderbar.
Ich hab genau gezählt, 28 Tage à acht Stunden hab ich daran gearbeitet.
Wovon redest du jetzt?
Na, das Honorar, das wir besprochen hatten.
Ach so, aber von Vorschuss war keine Rede. Wir reichen jetzt erstmal deinen Text ein, und sobald der Sender zusagt, kriegste dein Geld.

Die Supermarktverkäuferin zieht meine Waren über den Scanner.
Das sind dann 29 Euro und 79 Cent.
Oh, Mist. Mein Portemonnaie ist leer. Dann zahl ich eben mit EC-Karte.
Was? Funktioniert nicht?
Storno an Kasse 1.
Aber Sie kennen mich doch, ich kauf doch immer hier ein!
Mitleidiges Kopfschütteln.
Ich zahle auch, sobald das Geld für mein Drehbuch da ist. Die Firma Beulefilm, die bürgt für mich, die glauben an mich.
Wenn Sie einen Kredit brauchen, den kriegen Sie auf der Bank.
Aber ... ich bin doch auch in Vorleistung getreten.

Hallo, ich bins.
Ach, dass du dich auch mal wieder meldest.
Ja, ich weiß, ich hatte so viel zu tun.
Deswegen kannst du ja mal den Hörer abnehmen, wenn deine Mutter anruft. Und, was macht der Film?
Ist in Arbeit. Du, kannst du mir vielleicht mit ein bisschen Geld aushelfen, muss Papa doch nicht wissen. Nur bis zum nächsten Monat.

Sie bewerben sich für die Stelle als »Schlussmacher«. Da übermitteln Sie dem ungeliebten Partner die Botschaft vom Ende der Beziehung. Sind Sie in einer Beziehung?
Nicht direkt.
Schluss zu machen kostet unsere Klienten 29 Euro und 79 Cent.
Ach.
Was?
Nichts.
Wichtig ist, dass Sie verschiedene Facetten beherrschen: Mal wünscht sich der Kunde ein eher sanftes Gespräch, mal ein unbarmherziges, mal den Tenor »Lass uns Freunde bleiben«, mal das »Lass mich in Ruhe«-Gespräch.
Kein Problem, ich bin Drehbuchautor.
Das ist ja interessant. Und da schreiben Sie für Filme?
Ja.
Hab ich dann vielleicht schon mal was von Ihnen gesehen?
Ach wissen Sie, ich bin noch ganz am Anfang.

Es hat ein bisschen gedauert, aber der Sender hat endlich reagiert: Grundsätzlich gefällt ihnen dein Konzept …
Puh, da bin ich erleichtert!
… aber um ein paar kleine Korrekturen kommst du nicht umhin. Kannst origineller, mutiger werden, weniger Fernsehen, mehr Kino.
Tut mir leid, ich hab gerade überhaupt keine Zeit, ich arbeite jetzt als Schlussmacher.
Das ist schlecht. Dann müssen wir uns einen anderen Autor suchen.
Was? Das könnt Ihr nicht machen.
Im Hintergrund setzt Musik ein, die Leute von Beulefilm schweigen.
Also gut, was muss geändert werden?

Im Briefkasten eine Nachricht von der Rentenversicherung:
Sehr geehrte Frau Nölle, Ihre Regelaltersrente würde nach Erreichen der Regelaltersgrenze am 1.4. 2046 beginnen. Ihre bislang erreichte Rentenanwartschaft entspräche nach heutigem Stand einer monatlichen Rente von 29 Euro und 79 Cent.
Ha!

Das ist ein Zehntel meiner Miete. Also könnte ich meine Wohnung im Jahr 2046 drei Tage im Monat nutzen, wobei ich Mieterhöhungen und Renovierungskosten der Einfachheit halber rauslasse, die restliche Zeit müsste ich untervermieten und bei Freunden auf der Couch verbringen. Oder ich lebe komplett bei Freunden auf der Couch und gehe lieber einmal im Monat einkaufen. Oder ich verzichte auch darauf und investiere mein Geld in ein Schlussmachgespräch ... ach was.

Hier sind die Änderungen.
Wir lesen nochmal Korrektur und schicken den Text dann raus zum Sender.
Setzt Ihr mich bitte ins CC?

Ich wollte nur nochmal nachhaken, hab jetzt gar nichts bekommen ... Ja klar, versteh ich, Ihr habt ja auch viel zu tun. Aber könnt Ihr mir das trotzdem kurz schicken, also die Fassung, die rausgegangen ist? Danke, das ist nett.

Nochmal ich. Ich hab jetzt grad das Dokument geöffnet. Ich find nur meinen Namen gar nicht mehr da drin.

Fünf Minuten später.
Bist du noch dran?
Ja.
Das tut mir leid mit deinem Namen, das hatte der Kollege so entschieden. Dachte, das sieht dann einheitlicher aus. Die vielen Namen auf dem Deckblatt können so einen Redakteur schnell mal überfordern.
Weil er es nicht gewöhnt ist, dass es Drehbuchautoren gibt? Ihr könnt doch nicht einfach mein Copyright löschen!
Jetzt beruhig dich mal, das ist doch nicht so schlimm. Wir schlagen vor, das lassen wir jetzt so, und beim nächsten Mal machen wir es dann anders.
Nee. Nee. Ihr ruft jetzt sofort beim Sender an und korrigiert das, und wenn Ihr das nicht macht, dann mach ich es.

Wieder Musik, lauter werdend im Laufe von

► Akt 3

Schlechte Nachrichten. Dein Engagement war leider umsonst, der Sender hat abgesagt, dein Text ist ihnen zu originell.
Aber Ihr habt mir doch versprochen …
Wir haben gar nichts versprochen.
Aber der Redakteur war doch so begeistert, das waren doch seine eigenen Vorschläge …
Tja, ein anderes Projekt hat ihm am Ende wohl besser gefallen.
Und jetzt?
Jetzt überarbeiten wir nochmal und reichen den Text beim nächsten Sender ein. Dafür haben wir schon zu viel dran gemacht.
Wir?
Lass uns mal einen Kaffee trinken und alles besprechen, wenn ich aus dem Urlaub zurück bin.
Ach, wohin geht's denn?
Nach Malaysia, in drei Wochen bin ich wieder da.

Im Dauerlauf, im Kreis.
Ich würde gerne mein Ticket umtauschen. Jerusalem gegen Malaysia. Geht das? Nein? Warum denn nicht?
Die Musik bricht ab.
Wildes Gerangel um die verbliebenen Stühle.
Ich zögere einen Moment, dann laufe ich weiter, an den anderen vorbei

und beauftrage einen Kollegen von der Trennungsagentur, bei Beulefilm anzurufen, um in meinem Auftrag Schluss zu machen. Die unbarmherzige Variante.

Vom geliehenen Geld meiner Mutter bestelle ich Kohlen.

AUS DER SITTENGESCHICHTE DER INFLATION

HERAUSGEGEBEN VON HANS OSTWALD

I. Während wir hier über die unerschwinglichen Preise ächzen, während vor allem das große Heer der Festbesoldeten nicht weiß, wie es Einnahmen und Ausgaben in Einklang bringen soll, sind unsere **ausländischen Besucher** teils erstaunt, teils begeistert über das billige Deutschland. Wir alle sind entsetzt, für einen Anzug weit über tausend Mark zahlen zu müssen. Wenn aber ein Holländer zu uns kommt, so bestellt er sich schnellstens mehrere Anzüge. Ein amerikanischer Bankier hat kürzlich in Baden-Baden seinen Ohren nicht getraut, als ihm eine der schönsten Villen für fünfviertel Millionen Mark angeboten wurde. Dieses herrliche Besitztum kostete ihn lumpige 40.000 Dollar.

Der katastrophale Rückgang der deutschen Reichsmark hat zur Folge, dass der Amerikaner für einen Dollar nicht mehr 4.20, sondern 30 Mark, der Holländer anstelle von 168 gar 1.200 Mark erhält. Das ist leicht begreiflich und fast selbstverständlich. Merkwürdig und für manchen wohl überraschend ist nur der Umstand, dass diese **Valuta-Katastrophe** sich nicht entsprechend in den Preisen ausdrückt. Man weiß doch, daß die Hauptfolge der Markentwertung die außerordentliche Verteuerung aller Auslandsbezüge ist, daß in dem Augenblick, wo uns der Dollar das sieben- oder achtfache des Friedenstandes kostet, wir auch das Sieben- oder Achtfache für Käufe im Ausland bezahlen müssen. Man sollte also denken, dass die Bewegung der ausländischen Valuten mit unseren heimischen Preisen parallel läuft. Das aber ist nun nicht der Fall, oder sagen wir ganz vorsichtig: einstweilen nicht der Fall, sondern die **Preiskurve steigt** auf sehr vielen Gebieten auch nicht annähernd so steil an wie die Kurve der Auslandsdevisen. Die Erklärung liegt zunächst darin, daß eine ganze Reihe von Stoffen gar nicht aus dem Ausland bezogen, sondern im Inland erzeugt werden: Kohle, ein großer Teil unserer Nahrungsmittel – Getreide! –, aber auch Eisen und hundert andere Dinge. Soeben ist in vielen Teilen Deutschlands der Preis für ein Laib Brot von 0,90 auf 1,20 Mark erhöht worden. Bei freier Wirtschaft würde er 5 – 6 Mark kosten; denn wir zahlen hier für die Tonne Weizen ungefähr 600 Mark, während sie auf dem Weltmarkt sich etwa auf 4.000 Mark berechnet.

11. Da ich 22karätiges Goldblech, 16karätiges und 20karätiges Goldlot für die Anfertigung von Kronen- und Brückenarbeiten brauchte, schickte ich mein Fräulein mit 15 Billionen Papiermark, damals gleich 100 Goldmark, zur Deutschen Gold- und Silberscheideanstalt. Ich erwartete für diese hundert Goldmark einige 30 g Goldblech und Goldlote obigen Karats zu bekommen. Denn vor dem Kriege war der Preis des Goldes, gerechnet an einem Zwanzigmarkstück, das 8 g wog, pro Gramm 2,50 Mark. Das Gewicht von 100 Mark oder fünf Zwanzigmarkstücken war also 40 g. Statt dessen bekam mein Fräulein nur sage und schreibe 6 (!) g wovon allein 4 g nur 16karätiges Goldlot war, und nur je 1 g 20karätiges Goldlot und 22karätiges Goldblech.

Auf meine telefonische Anfrage bei der Deutschen Gold- und Silberscheideanstalt wurde mir gesagt, dass sie für 100 Goldmark heutiger Währung, sei es in Gold-Schatzanweisungen, sei es in Dollar-Schatzweisungen nirgendwo 30 g Gold kaufen könnte. Der Wert der Goldmark sei so gering, daß sie mir nur jene 6 g dafür liefern könnten. Wenn ich ihnen aber 25 amerikanische Dollar, gleich 100 Goldmark Vorkriegswährung, gebracht hätte, dann hätten sie mir einige 30 g Gold dafür liefern können. Diese Auskunft war für mich ein harter Schlag; denn ich habe seit Einführung des wertbeständigen Geldes, auf dem steht »ein Dollar gleich 4,20 Mark« – 8 Dollar gleich 33,60 Goldmark für eine aus 22karätigem Goldblech hergestellte Goldkrone gefordert und Goldschatzscheine oder die entsprechende Papiermark-Summe dafür erhalten, stets in dem Glauben, daß der Dollar der Schatzscheine gleich dem amerikanischen Dollar in Deutschland gehandelt und bewertet werden sollte. Diese, als Honorar für eine Goldkrone erhaltenen 8 Dollar oder 33,60 Goldmark repräsentieren aber jetzt noch nicht einmal den Goldwert für das in der Goldkrone enthaltene 22karätige Goldblech.

Eine Goldkrone, angefertigt in meinem Laboratorium, wiegt im allgemeinen ungefähr 2 1/2 g. Ein Gramm 22karätiges Goldblech kostet bei der Deutschen Gold- und Silberscheideanstalt 2.900 Milliarden Mark, 2 1/2 g also 7.250 Mark gleich 43,33 Goldmark gleich 11 1/2 Dollar bei einem Kurs von 1 Goldmark gleich 150 Milliarden. Also nicht allein, daß meine Arbeit und die meiner Techniker durch das Honorar nicht bezahlt sind, habe ich auch noch ein Drittel des Goldes zugesetzt.

III. In dem kleinen Extraspeisesaal des Hotels gibt es einen Tisch, der ist nicht wie andere Tische. Zwischen den Blumen in der Vase steckt dort ein Fähnchen mit Streifen und Sternen. Eine Schüssel prangt voll des weißesten, weizesten, in Schnitten hochgetürmten Brotes. Unter einer Glasglocke schimmert das Goldgelb edler Butter. Hier nie zuvor gesehene Büchsen und Dosen, rund und eckig, köstlich bunt etikettiert, müssen Schmackhaftes bergen. Aus Tiegeln und Flaschen atmet Duft von Speisen, Würzen und Essenzen.

Die Eingeborenen an den Tischen ringsum betrachten das kulinarische Stilleben mit Ehrfurcht.

Hier mahlzeiten die Sieger, die Amerikaner. Heil ihnen! Ihrem Griff in den Krieg danken wir den Frieden (wenn auch einen mit vierzehn wunden Punkten), Dollarpakete, Demokratie, Ausspeisung. We are loving America.

Darum blinzeln die Eingeborenen in Ehrfurcht nach dem Tisch mit den geheimnisvollen Büchsen, Dosen, Tiegeln, Bratensoßen.

Zwei Sieger im weißen Sommerkleid betreten den Saal. Sie sind jung, hübsch, straff. Sie haben keinen Blick für die Eingeborenen. Wir Runzelreichen sehen mit scheuem Neid diese glatten Antlitze, von keiner Falte der Demut, der Entbehrung zerkniffen. Kellner, halbgebeugt, mit der rückwärts geschwungenen Serviette wie mit einem treuen Schwänzchen Hingabe und Gehorsam wedelnd, empfangen den Auftrag, enteilen. Der Hoteldirektor, dreiviertelgebeugt, das Antlitz fett von zerlassener Ergebenheit, bietet Gruß:

Eine blonde Dame, wienerisch, nimmt am Tisch Platz, Beutestück der Sieger? Briseis dieser Achillesse?

Dann tritt auf: ein Jüngling in Marinetracht. Vermutlich des Tisches Chef. Er sitzt grußlos nieder, greift einen vorbereiteten Teller mit Eierklar und schlägt, den Suppenlöffel als Schläger, das Eiweiß zu dickem Schaum.

Warum er das tut, warum er das hier tut, warum er persönlich das tut – wer vermag in fremde Psyche zu blicken?

Der Amerikaner schlägt Eierschaum. Zehn, zwanzig Minuten lang. Laut klappert der Löffel an den Teller. Das Zimmer bebt vom Lärm. Und bleich ducken sich die Eingeborenen. Es ist ihnen, als dröhne Schall der Siegtrommel über ihren Häuptern.

Schlagen die amerikanischen Gentlemen daheim auch selbst ihren Eierschaum im gästegefüllten Hotelspeisesaal, Löffel an Teller klirrend? Das muss hinreißende Musik sein, erlösend von Nervenspannung wie Sousa-Rhythmen.

Dem nächsten amerikanischen Herrn, der an den Tisch tritt, folgt, mit Kraft herangezerrt, ein Dobermann. Ein ausgezeichnet verwegenes und kühnes Tier. Noch nicht von der servilen europäischen Kultur beleckt, für sein Teil alles beleckend. Der Amerikaner hat eine Peitsche mit: Aug' in Aug' des Widerspenstigen gesenkt, beginnt die Dressur. Der Hund tobt aus klaffendem Rachen, die Peitsche saust nieder, der Hund gibt nicht nach, Sessel stürzen, der Ofenschirm fällt, Kellner und Eingeborene flüchten, der Hoteldirektor, weiß wie seine Tischtücher im Frieden, beschwört die Panik mit der Versicherung, das mit dem Dobermann wiederhole sich Tag für Tag, es sei noch nie ein ernstes Unglück geschehen, und in Amerika dressiere jeder seinen Hund im gästegefüllten Speisesaal.

Und warum auch sollten die Sieger – nicht ihret-, unserethalben da – in eroberter Stadt der heimischen Sitten, Speisen, Gebräuche entraten?

Der Hund brüllt, die Peitsche saust, der Jüngling in Marinetracht schlägt klirrend Schaum. Das blonde Beutestück lernt vom Nachbarn den ›Yankee-Doodle‹. Man soupiert gemütlich ...

BÖRSENCAFÉ

Das Café braust von Stimmen,
Es summt und saust und schwirrt,
Zigarren rötlich glimmen,
Geschirr und Silber klirrt.

Weißlichter durch den Schleier
Der Tabakwolken sprühn –
Fortunas heiße Freier
Von wilder Wollust glühn.

Plötzlich die Atmosphäre
Zerschneidet scharf und fahl
Langsam die gelbe Mähre
Des Börsenfürsten Baal.

Vom Bluthund Not begleitet,
Umkrallt vom Vampir Qual,
Gott Mammon golden reitet
Gigantisch durch den Saal.

Des starren Blicks Gewalten,
Sie heischen stummen Zoll,
Der Knechte Hände falten
Sich betend andachtsvoll.

~

Karl Henckell

[SONG VOM ZUSAMMENHANG ZWISCHEN HUNGER UND GESCHÄFT]

Wie sich die Preise auf dem Markt gestalten
– verstehen Sie: es handelt sich um Vieh! –
ist nicht bestimmt in Gottes Rat.
Da hat
durchaus der Mensch die Hand im Spiel –
und er ist schwach,
doch eisern im Kalkül.
Der Mensch hat Hunger.
Alles ist Geschäft.

Die Herden, die auf grünen Wiesen weiden –
– Sie raten schon: ich schlachte sie en gros! –
da hat Natur nur als Verwertung Sinn.
Ich bin
kein Freund von falscher Schwärmerei,
hier gilt Profit –
was fällt denn ab dabei?
Der Mensch hat Hunger.
Alles ist Geschäft.

Sie essen gern sich satt – Sie müssen essen! –
denn das Bedürfnis ist rudimentär,
Der Mensch ist erst mal leerer Bauch.
Wenn auch
der Trieb nach Höhrem ihn beseelt –
der Preis dafür?
er wird von mir gestellt.
Der Mensch hat Hunger.
Alles ist Geschäft.

~

Georg Kaiser

LEERSTELLEN IM STADTBILD

EIN GESPRÄCH MIT CHRISTOPH KREUTZMÜLLER ÜBER DIE SCHULDEN UND DIE SCHULD DES NATIONALSOZIALISMUS

VON LAVINIA MEIER-EWERT

Die Treppenstufen der U-Bahn-Station zum Hausvogteiplatz, wo Christoph Kreutzmüller sein Büro hat, tragen Inschriften mit den Namen der jüdischen Geschäftsleute, die hier, im ehemaligen Zentrum der Berliner Modebranche, ihr Unternehmen hatten. Leon, Bernhard – Hausvogteiplatz Nr. 3–4 bis 1938; Lesser, Ludwig – Hausvogteiplatz Nr. 11 bis 1938; dazwischen eine leere Stufe, alle Namen kennt man nicht mehr. Die Jahreszahlen verweisen auf die letzten Einträge im Amtlichen Berliner Adressbuch. Danach wurden die jüdischen Inhaber verdrängt, vertrieben und gezwungen, ihre Unternehmen weit unter Wert zu verkaufen. 4.000 der im Viertel arbeitenden jüdischen Schneider und Näherinnen, der Hutmacher, Verkäufer und Angestellten wurden in Konzentrationslagern ermordet.

Fangen wir mit den Schulden an. In was für einer finanziellen Situation befand sich Berlin in den zwanziger Jahren, nachdem mit der Eingemeindung im Zuge des Groß-Berlin-Gesetzes die Metropole in ihrem heutigen Ausmaß entstanden war?

Die Kinderkrankheit Berlins, nämlich dass die Stadt im Grunde erst 1920 entstanden ist, hatte eine angespannte finanzielle Lage zur Folge: Um die im Zuge der Einigung notwendig gewordenen Strukturmaßnahmen durchführen zu können, musste die Stadt ganz besonders viele Schulden aufnehmen. Groß-Berlin war ein zersplittertes Gebilde von acht Städten, 59 Gemeinden und 27 Gutsbezirken, das galt es, in einen Rahmen zu bringen. Auch der Wohnungsbau wurde sehr ernst genommen und erfolgreich betrieben, wie man ja heute noch sehen kann, und auf dem Gebiet der Verkehrspolitik hatte die Stadt für die Gründung der Berliner

Verkehrsbetriebe 1928 – das war ja ein Riesenunterfangen – enorme Kredite aufgenommen. Zu Recht, würde ich sagen, denn es war eine herausragende Leistung, die Stadt in dem Sinne zu vereinigen. Unterkapitalisiert wie alle Gemeinden – und weil sie gewissermaßen vom höheren Brett gesprungen war –, geriet die Stadt Berlin ab 1929 jedoch in besonders große Schwierigkeiten.

Ende 1929 lag der Schuldenstand in Berlin bei über einer Milliarde Reichsmark, die schwebende Schuld bei über 400 Millionen. Wo hat man diese Anleihen aufgenommen? Welche Folgen hatte angesichts des immensen Anleihevolumens die im Jahr 1929 einsetzende Weltwirtschaftskrise?

Es gab sowohl inländische Schuldverschreibungen als auch ausländische. Nach dem New Yorker Börsencrash 1929 kam es zu einem massiven Geldabzug auch durch ausländische Anleger, so dass die deutsche Regierung im Spätsommer 1931 einen Transferstopp verhängte, ein Devisenmoratorium, in dessen Folge diese Schulden eingefroren wurden und der Schuldendienst ausgesetzt.

Wie machte sich der ausländische Kapitalabzug im Wirtschaftsleben Berlins bemerkbar? War die Krise im Stadtbild zu erkennen?

Ja, mit einer gewissen Verzögerung. Die Wirtschaftskrise lief 1929 auf, die Finanzkrise gipfelte dann 1931. Ein Teil der Berliner Großbanken kollabierte. Die Berliner Börse – seinerzeit war Berlin die Leitbörse Deutschlands – musste für fünf Monate schließen. Auch die vom Export stark abhängigen Berliner Unternehmen, ebenso die ganze Vergnügungsindustrie, hatten atemberaubende Einbrüche zu verkraften. Und ab 1931 fiel die Stadt auch noch als Auftragsgeber aus. Viele Maßnahmen, die angedacht waren, gerade im sozialen Wohnungsbau, wurden nicht weitergeführt und U-Bahnstrecken nicht mehr zu Ende gebaut, Beschäftigte in städtischen Betrieben wurden entlassen.

Inwiefern führten der wirtschaftliche Einbruch, die damit einhergehende hohe Arbeitslosigkeit – im Februar 1929 sind 450.000 Menschen in Berlin ohne Beschäftigung – und die Angst der Bevölkerung vor Inflation zu innenpolitischen Konsequenzen? Bei den Berliner Stadtverordnetenwahlen im November 1929 zog

erstmals die Nationalsozialistische Deutsche Arbeiterpartei (NSDAP) mit 13 Abgeordneten ins Stadtparlament ein.

Diese zunehmende Radikalisierung infolge der Krise ist das eine. Darüber hinaus gab es über die gesamten zwanziger Jahre viele Skandale, in die politische Kader verstrickt waren. Diese Skandale wirkten sich ganz massiv auf die politische Lage aus und wurden immer wieder als Angriffspunkt für antisemitische Anfeindungen genutzt. Gerade beim Sklarek-Skandal, der 1929 höchste Wellen schlug, ist es äußerst bemerkenswert, dass der langjährige Bürgermeister Gustav Böß in seiner Folge zurücktreten musste – obwohl seine Verfehlungen allenfalls marginal waren.

Worum ging es in diesem Skandal?

Die Brüder Sklarek hatten Verträge mit dem städtischen Beschaffungsamt geschlossen, nach denen die Stadt übervorteilt wurde. Das kam 1929 ans Licht, ebenso wie die Tatsache, dass die Sklareks geschmiert hatten, um diese Verträge durchzubringen. Unter anderem hatten sie über ihr Textilhandelsunternehmen der Ehefrau von Herrn Böß einen Pelzmantel zu einem sehr geringen Preis angedient. Seine Frau hat den Mantel angenommen und auch getragen – und wegen dieses Pelzmantels ist Böß im Prinzip letztlich zurückgetreten, wegen schlechten Krisenmanagements und aufgrund von fehlender Unterstützung.

Angesichts dieser Skandale, die die lokalen Politiker diskreditierten, verloren die Bürger das Vertrauen in die Politik. Und zeitgleich traf eben die Wucht der Krise die Stadt und schwemmte vieles fort. Das ermöglichte den Nationalsozialisten, neben der Deutschen Nationalen Volkspartei, die in Berlin extrem stark war, richtig Fuß zu fassen. Beides zusammen, denke ich, die Wirtschaftskrise und diese vielen Skandälchen, wuchsen sich zu einer großen Gefahr aus, zu einem politischen Unglück.

Wie haben sich die Nationalsozialisten diese Gemengelage zunutze gemacht?

Die Propaganda der Nationalsozialisten, vor allem die Berliner NSDAP-Zeitung »Der Angriff«, hob total auf diese Skandale ab: Das System sei total verlottert.

»Wir bringen das wieder in Ordnung«, wurde gebetsmühlenartig hinzugefügt und eine saubere Politik versprochen. Das wurde wirklich massiv ausgebeutet, bis in die vierziger Jahre betont Joseph Goebbels, der Gauleiter von Berlin, immer wieder: »Damit haben wir gebrochen.« Was übrigens überhaupt nicht stimmt! Die Vetternwirtschaft der Nationalsozialisten ist ja legendär.

Ausgehend von dieser Propaganda der Gau-Zeitung »Der Angriff«, konkret: von der Person des Chefredakteurs Julius Lippert, dessen Rolle Sie erforscht haben, kann man vielleicht den Übergang nachvollziehen von dieser Säuberungsrhetorik hin zum Einsetzen einer tatsächlichen politisch-rassistischen Säuberung. Lippert wird 1933 zum »Staatskommissar zur besonderen Verwendung« in Berlin ernannt, 1936 zum Stadtpräsidenten der Reichshauptstadt. Als Aufsichthabender der Berliner Stadtverwaltung hat er sich, wie Sie zeigen, aktiv an der Verfolgung der Juden und der Vernichtung der jüdischen Gewerbetätigkeit beteiligt.

Ja, so funktionierte es dann; beziehungsweise so wurde es begründet. Es begann mit dem Eingreifen Hermann Görings in seiner Funktion als kommissarischer Innenminister Preußens in die Zentralverwaltung der Stadt Berlin. Mit Ausnahme des Oberbürgermeisters entließ Göring sämtliche Mitglieder des Magistrats und ernannte Lippert zum Staatskommissar für die Stadt Berlin. Es sollte wieder »preußischer Geist, preußische Sparsamkeit« herrschen. Wenn man sich Görings weitere Karriere vor Augen führt, ruft das natürlich bitteres Hohnlachen hervor. Lippert handelte im Grunde genauso – prätendierte Sparsamkeit und residierte dann in einem Schlösschen an der Glienicker Brücke.

Wie vollzog sich die Entwicklung von dieser als wirtschaftlich und innenpolitisch notwendig propagierten »Säuberung« hin zur rassistischen Verfolgung und zur beginnenden Enteignung jüdischer Unternehmer im Einzelnen?

Dieser Prozess verlief auf mehreren Ebenen. Um auf der personellen Ebene in der Stadtverwaltung zu verbleiben, könnte man es festmachen am Reichsgesetz zur Wiederherstellung des Berufsbeamtentums, das am 7. April 1933 erlassen wurde. Darin wurde das Ideal des lauteren, sparsamen Beamten proklamiert; ausgeklammert wurden jene, die rassistischen Kriterien nicht genügten, und ausgeklammert wurden die politischen Gegner. Dieses Idealbild wurde definiert und benutzt, um jüdische und politisch unliebsame Beamte zu verfolgen – was übrigens Lippert in Berlin schon vor dem Erlass dieses Gesetzes getan hat. Gleich nach seiner Ernennung posaunte er im »Angriff« heraus, nun mit der dringend notwendigen Säuberung der Stadtverwaltung zu beginnen: mit der Reduzierung der Beamtenschaft, um Ausgaben einzusparen.

Dann wurde eine weitere Stelle eingeschaltet: Das Berliner Beschaffungsamt überprüfte ab März 1933 die Lieferbeziehungen der Stadt. Auf Anweisung Lipperts wurden alle Lieferanten, die man für jüdisch hielt, herausgenommen, so dass jüdische Gewerbebetriebe nicht mehr an die Stadt Berlin liefern konnten. Dieser direkte Boykott setzte in Berlin schon sehr früh ein – der offizielle Boykott begann bekanntlich erst am 1. April –, und war sehr durchgreifend. Die Ausgrenzungsmechanismen wurden zunehmend verfeinert. Alle Lieferanten der Stadt bekamen innerhalb der folgenden Monate einen detaillierten Fragebogen zugesandt, in dem abgefragt wurde, ob die Großeltern jüdisch seien. Anfangs war man wohl noch nach jüdisch klingenden Namen gegangen. Soweit ich das sehe, war der Boykott spätestens Anfang 1934 allerorten in Berlin umgesetzt worden. Was ich aber bemerkenswert finde: Zu dieser Zeit protestierten die jüdischen Unternehmen noch und beriefen sich dabei auf das Prinzip der Gewerbefreiheit, das nicht ausgesetzt worden und in der Verfassung garantiert war. Die Juden nahmen die Ausgrenzung also nicht so einfach hin.

Wie verfuhr man mit Betrieben, die in jüdischer Hand waren, aber auch nichtjüdische Mitarbeiter hatten, wie hat man es wirtschaftlich gerechtfertigt, die zu boykottieren?

Diese vernünftige Frage stellte man sich ja nie. Das Problem gab es natürlich, denn es war und ist ja wirtschaftlich gesehen völliger Blödsinn, eine bestimmte Gruppe von Menschen anhand rassistischer Kriterien aus dem komplexen Wirtschaftskreislauf herausdrängen zu wollen. Allerdings handelte es sich in Berlin zum überwiegenden Teil um kleine und mittlere Unternehmen mit wenigen Mitarbeitern. Von den rund 50.000 als jüdisch betrachteten Unternehmen, die es 1933 wohl gab, hatte das überwältigende Gros ein oder zwei Mitarbeiter, die oft zur Familie gehörten. Die wirtschaftliche Existenz dieser Familien wurde zerstört, ohne nach dem volkswirtschaftlichen Schaden und den menschlichen Tragödien zu fragen.

Und bei den großen Unternehmen wurde sehr rasch Druck ausgeübt. Bei dem Maschinenbau-Unternehmen »Orenstein & Koppel AG«, das als jüdisch galt, wurden die jüdischen Anteilseigner zurückgedrängt. Das gleiche geschah bei den Wertheims oder beim Warenhaus Hermann Tietz. In diesen Fällen wurden die Angestellten als Argument dafür gebraucht, die Unternehmen in den Besitz von Nicht-Juden zu überführen. Weil Berlin Reichshauptstadt war, gab es hier so etwas wie ein Besuchsprogramm. Und diese Delegationen wurden ab 1937/38 immer zu Wertheim geschickt, wo ihnen die Mitarbeiter dann erzählen sollten, dass es ihnen viel besser gehe, seitdem die jüdischen Eigentümer weg seien.

Wie wirkt die Verfolgungspolitik des Reiches in die Stadt hinein? Und vor allem: Wie verhielt sich die Berliner Bevölkerung zu den Boykotten und der Verdrängung der jüdischen Unternehmer?

Es gab den Ausschluss durch die Stadt, aber auch Aktionen der Partei, private Boykotte, Beschmierungen, Gewalt; zunächst jedoch keine Maßnahmen auf Reichsebene. Das änderte sich 1937, als Hermann Göring Reichswirtschaftsminister wurde. Jetzt wurde zum ersten Mal definiert, was überhaupt ein jüdisches Unternehmen sei, das war ja vorher nur intern passiert. Dann wurden diese jüdischen Unternehmen registriert – diese Liste war übrigens in Berlin im November 1938 noch nicht fertig, weil es hier noch so viele Unternehmen gab. Damit wurde die Erfassung im November 1938 vom Pogrom gleichsam überlagert.

… Die durch das NS-Regime organisierten und gelenkten gewalttätigen Aktionen gegen die jüdische Bevölkerung im November 1938, während derer tausende von Wohnungen und Geschäften sowie jüdische Friedhöfe zerstört und hunderte Menschen in den Tod getrieben wurden.

In Berlin war der Pogrom besonders stark, sehr viele, besonders jüngere Menschen plünderten. Bis dahin waren die jüdischen Unternehmen in dieser Stadt noch relativ geschützt gewesen; Großstadt schützte sowieso, und die Unternehmen konnten sich auch untereinander stützen. Es gab also noch relativ viele Unternehmen zu diesem Zeitpunkt; das wiederum führte dazu, dass die Aktionen hier so gewalttätig waren. Dies zeigen die Protokolle in den Polizeiakten deutlich. Der Pogrom fing am 9. November an, genauer: in der Nacht von Mittwoch auf Donnerstag. Am Donnerstagmittag, dem 10. November, wurden hier am Hausvogteiplatz die Konfektionshäuser geplündert, Wäscheballen wurden aus den Läden geworfen und von der Straße geholt. Am Freitag ging es weiter, erst am Samstag konnte die Polizei dem allmählich Einhalt gebieten – währenddessen fand in der Leipziger Straße im Gebäude des heutigen Finanzministeriums eine Konferenz unter Leitung Hermann Görings statt, auf der bereits über die Folgen des Pogroms diskutiert wurde. Ich denke, der Pogrom war wirklich ein Auslöser: Davor hat die Bevölkerung von Berlin sich eher noch neutral verhalten, hat noch in den jüdischen Geschäften eingekauft – das haben die Nationalsozialisten immer beklagt. Jetzt aber hatten jene das Sagen, die sich massiv bereichert hatten.

Wie wurde damit umgegangen? Ist die Polizei eingeschritten, gab es Festnahmen? Es wurde ja offiziell nicht gern gesehen, dass man sich persönlich bereichert, auf eigene Faust und an der Reichskasse vorbei, oder?

Die Polizei ist verstärkt ausgefahren und hat ein paar Plünderer auch erwischt. Aber andererseits war sie eben gleichzeitig vollauf damit beschäftigt, die Juden einzufangen, die dann ins KZ verschleppt wurden, nach Sachsenhausen. Sie verfügten gewissermaßen gar nicht über die notwendige Manpower, die Gestapo ebensowenig. So wurden nur wenige Plünderer gefangen gesetzt; relativ häufig übrigens Frauen am sozialen Rand. Sie wurden teilweise sogar in Verfahren verurteilt. Ich habe im Landesarchiv zwei oder drei Fälle nachgelesen von Frauen, die sich nachts noch einen Pelzkragen eingesteckt haben. Das Gros der geplünderten Waren aber, etwa die Stoffballen, ging, denke ich, in die Berliner Haushalte hinein und war eine der Quellen, von der der Schwarzmarkt lange lebte. Denn ab 1939 begann der Schwarzmarkt in Berlin zu funktionieren; hauptsächlich, weil immer stärker reglementiert wurde und eigentlich gar kein Markt mehr vorhanden war. Woher kam denn die Ware? Sie wurde natürlich allerorten gestohlen, in ganz Europa, aber eben auch in Berlin.

Die Ausplünderung der jüdischen Bürger Berlins geschah im Ineinandergreifen mehrerer Verfolgungsprozesse und ihrer jeweiligen Dynamiken: den Maßnahmen der städtischen Verwaltung, Aktionen der Berliner Partei-Organisationen, Ausschreitungen seitens der Berliner Bevölkerung und auch der Politik der Reichsregierung. Welche Instrumente hat man sich auf dieser Ebene einfallen lassen, um jüdisches Vermögen zu enteignen?

Für den Entzug des Vermögens von Juden hat sich der Staat der unterschiedlichsten Maßnahmen bedient. Ein Beispiel ist die Erhebung der Reichsfluchtsteuer. Diese Steuer war bereits 1931 eingeführt worden, um zu verhindern, dass beim Wegzug von Menschen ins Ausland ihr Vermögen aus Deutschland abgezogen wurde.

... Bei einem Vermögen, das 200.000 Reichsmark überstieg, oder bei einem Jahreseinkommen von über 20.000 Reichsmark wurden 25 Prozent Reichsfluchtsteuer erhoben.

Nur unter bestimmten Umständen gestattete der Fiskus Menschen, die aus Deutschland wegzogen, ihr gesamtes Vermögen zu transferieren. Zum Beispiel, wenn es volkswirtschaftlich bedeutsam schien, dass sie ihren Wohnsitz wechselten. Diese Besteuerung war sehr restriktiv, aber zunächst rein monetär gedacht, nicht rassistisch.

Ab 1933 jedoch wurde sie dann eindeutig rassistisch aufgeladen. Für eine Weile wurde durchaus noch ein wenig abgewogen: In den Akten ist nachzulesen, dass es beispielsweise bei Großbanken, die ihre Direktoren ins Ausland versetzten – was die Banken anfangs auch deshalb taten, weil sie nicht wussten, wie lange die Nationalsozialisten an der Macht sein würden –, Ausnahmen gab und so auch zuweilen Juden ihr Vermögen ohne Abzüge transferieren konnten.

Die Besteuerung wurde aber zunehmend restriktiv gehandhabt. Ab 1934 wurden die Grenzen gesenkt, die Flüchtlinge durften immer weniger Geld mit ins Ausland nehmen. 1939 lag der Erlös, den die Emigranten ins Ausland mitnehmen konnten, bei weniger als vier Prozent ihres Vermögens im Reich.

... Die Vermögensgrenze wurde auf 50.000 Reichsmark herabgesetzt.

Die Erhebung dieser Reichsfluchtsteuer wurde von Berlin aus gesteuert und das Finanzamt Moabit-West zur zentralen Behörde dieser fiskalischen Ausplünderung.

Darüber hinaus bestand seit der Reichstagsbrandverordnung offiziell die Möglichkeit, das Vermögen von »Reichsfeinden« einzuziehen. Man erklärte also Personen zu Reichsfeinden, und ihr Vermögen fiel der Staatskasse zu. Diese Regelung wurde später, bei der Deportation von Juden, nochmals bedeutsam.

In welche Kasse flossen diese Gelder? Profitierte der Berliner Finanzhaushalt von den in Berlin entzogenen Vermögen?

Soweit ich sehe, hatten diese Maßnahmen keinen direkten Einfluss auf die Haushaltslöcher der Stadt Berlin. Es ist aber bemerkenswert, dass das Finanzministerium das einzige preußische Ministerium ist, das bis 1945 eigenständig geblieben ist.

... Die übrigen Landesministerien und nahezu alle Behörden wurden im Zuge der Gleichschaltung seit 1934 mit den entsprechenden Institutionen des Reiches zusammengelegt.

Beim Entzug von Vermögen, gerade bei »Reichsfeinden«, kam es zum Teil zu Auseinandersetzungen, welcher Kasse das Geld zugeschlagen werden sollte, der preußischen oder der Reichskasse. Obwohl man ja eigentlich denken würde, es fließt ohnehin alles in dasselbe Loch, oder vielmehr: in dasselbe Geschütz, in dem es dann verpulvert wird. Aber das ist eben Haushaltslogik.

Die Stadt Berlin hat meines Erachtens wenig von diesem enteigneten Vermögen gehabt. Wovon sie aber profitierte, war, dass durch die Flucht und Vertreibung der jüdischen Bevölkerung Wohnraum und Baugrund frei wurde, weil sehr viele Juden hier natürlich Haus und Grund hatten. Nach der Vertreibung stand dieser Grund als Verfügungsmasse teils der Stadt Berlin zur Verfügung, teils wurde er auch, das hat Susanne Willems nachgewiesen, für Albert Speers Wohnungsmarktpolitik genutzt. In Schöneberg wurden Häuser abgerissen, um Raum zu schaffen für die gigantische Nord-Süd-Achse.

... die für die »Welthauptstadt Germania« geplante, 40 Kilometer lange Prachtstraße zwischen Moabit und Tempelhof.

Den Mietern dieser abgerissenen Wohnungen wurden dann die freigewordenen Wohnungen von Juden zugewiesen. Auch für andere Bauprojekte, etwa Straßenbegradigungen, machte sich die Stadt die frei werdenden Häuser und Grundstücke zunutze. Das wurde auch durchaus aktiv betrieben, da ist keine Zurückhaltung zu bemerken.

Wie lief es im umgekehrten Fall, wenn es nicht um die Verwaltung des eingezogenen Vermögens, sondern um die der Schulden des Enteigneten ging. Wie wurde mit den Außenständen enteigneter jüdischer Gewerbebetriebe verfahren?

In den Unternehmen wurden Treuhänder eingesetzt, die versucht haben, diese Schulden beizutreiben. Das ist einer der Gründe, warum sich die Vernichtung der jüdischen Gewerbetätigkeit teilweise bis nach 1945 hinzog. Ein Beispiel ist das Bankhaus »Mendelssohn & Co.«.

... Das aktive Geschäft sowie die nicht-jüdischen Mitarbeiter dieses jüdischen Privatbankhauses wurden von der Deutschen Bank AG übernommen.

Aber Schulden und Außenstände des Bankhauses waren nicht so einfach zu liquidieren, deswegen gab es »Mendelssohn & Co.« in Liquidation auch 1945 noch. Bei einem so großen, bedeutsamen und weit verstrickten Haus ist die Liquidation – im Kontext der Verfolgung und Ermordung der Juden ja ein grässlich doppelbödiges Wort – natürlich schwierig; beim Schneider X, den der Parteigenosse Y fertiggemacht hat, war es im Zweifelsfalle einfacher. Wenn der Schulden hatte, nutzte der eingesetzte Treuhänder die Einkünfte aus der Auflösung des Inventars zum Ausgleich. Aber die Kreditrahmen sind ja zu dieser Zeit schon sehr gering gewesen, weil die Banken diese spätestens seit 1936/37 für jüdische Unternehmen senkten.

... 1938 erging eine Empfehlung des Reichswirtschaftsministers an die Sparkassen, Juden keine Kredite mehr zu gewähren.

Das mit den Geschäftsschulden jüdischer Unternehmen, das ist wirklich eine spannende Frage: Wie deren besondere »Anfälligkeit«, kaputt zu gehen – richtig ist: kaputt gemacht zu werden! – eingepreist wurde in das Kreditgebaren der Banken. Ganz bestimmt auch der Berliner Sparkasse, die ja bis heute nicht untersucht worden ist, obwohl sie 1943 eine Bilanzsumme von drei Milliarden Reichsmark und damit im Prinzip den Geschäftsumfang einer Großbank hatte.

Woran liegt das?

Zum einen daran, dass viele Akten gründlich vernichtet worden sind, es wäre also viel Arbeit, eine Gegenüberlieferung zu erschließen. Und dann natürlich auch am mangelnden Interesse der Sparkasse beziehungsweise der Landesbank Berlin und der Berliner Politik. Die Sparkasse Bielefeld beispielsweise hat ihre Vergangenheit erforschen lassen, das ist hochinteressant. Hier liegt also gewissermaßen noch eine politische Bringschuld der Berliner Sparkasse: zu ergründen, was damals passiert ist.

Wie machte man sich Schulden noch zunutze, beispielsweise bei der Konstruktion von Steuerschulden durch die Finanzämter, mittels derer man dann Verfolgung und Enteignung rechtfertigte? Mir hat sich vor allem die Enteignung der Berliner Brauerei Engelhardt eingeprägt, deren Eigentümer Ignatz Nacher man zuerst mit einer Verleumdungskampagne wegen einer angeblichen Schmiergeldzahlung zu Leibe rückte, die in Wirklichkeit ein Beitrag an die Armenkasse war. Nachdem er zur Zahlung einer »Sühneleistung« in Höhe von 2,5 Millionen Reichsmark an Julius Lippert gezwungen worden war, verklagte man ihn, er habe mit eben dieser Zahlung den Aktionären der Brauerei geschadet – woraufhin er verhaftet und schließlich zu einer erneuten Zahlung verurteilt wurde: einer Geldstrafe von 10.000 Reichsmark für das Begleichen der »Sühneleistung«. Und nachdem man es dann endlich geschafft hatte und er aus seinem Unternehmen gedrängt worden war, zahlte man ihn aus – mit bestenfalls zehn Prozent des tatsächlichen Gegenwertes –, und genau diese Summe wurde dann für seine Auswanderung in die Schweiz festgesetzt. Daran sieht man, wie perfide dieses in sich geschlossene System funktionierte.

Ja, dass Schulden – tatsächliche oder konstruierte – zum Anlass genommen werden, Eigentümer aus ihren Unternehmen zu drängen und zu enteignen, ist in mehreren Fällen nachweisbar, da ist Engelhardt tatsächlich ein klassischer

Fall. Auch konstruierte Steuerschulden dienten des Öfteren als Vehikel, jüdische Unternehmer und Gewerbetreibende zu enteignen. Und auch die hohe Komplexität der Abwicklungsvorgänge beim Transfer von Geldern ins Ausland – hierzu schreiben die Behörden selbst, dass das kaum jemand machen konnte, ohne dass ihm irgendwann einmal ein Fehler unterlief – führte bei jüdischen Unternehmen im Zweifelsfall zu einer Strafzahlung, während es bei nichtjüdischen eher toleriert wurde. Auch die Paragraphenvielfalt, dieser Dschungel von Verordnungen, der sich ständig änderte, wurde zur Vernichtung der jüdischen Gewerbetätigkeit genutzt.

Konnten Schulden, andersherum, jüdischen Unternehmen auch zugute kommen, etwa indem ausländische Schulden sie vor Enteignung bewahrten?

Die Schulden der Unternehmen im Ausland waren ja blockiert. Was Unternehmen aber zugute kam, waren Guthaben im Ausland. Eine Strategie, die jüdische Gewerbebetriebe aktiv und mit Erfolg verfolgten, war, dass sie exportierten und dann sagten: »Ihr könnt uns zwar kaputtmachen, aber dann verdient ihr soundso viele Pfund, Dollar oder Gulden im Jahr weniger – und ihr braucht doch die Devisen.«

Eine andere Möglichkeit, ein Guthaben im Ausland aufzubauen, das im Fall einer gelingenden Flucht eine große Unterstützung gewesen wäre, war das Gewähren langer Zahlungsziele. Hat das bei Berliner Gewerbebetrieben funktioniert?

Diese Frage führt in den Zahlungsdschungel, auf den ich mich bezogen habe, das ist eben genau so eine Grauzone. Konnte das Unternehmen die Außenstände denn wirklich eintreiben? Die Devisenstellen bejahten das natürlich immer. Aber wenn der Geschäftspartner, der ausländische Schuldner pleite war, musste ja abgeschrieben werden. Hierzu findet man in den Akten, die sehr dick sind, lange Briefwechsel.

... Die Devisenstellen besaßen extra eine »Überwachungsabteilung«.

In den Akten der Devisenstelle im Brandenburgischen Landeshauptarchiv kann man nachvollziehen, wie genau diese Stellen geprüft haben. Teils hieß es bei einem Zahlungsziel von zwei, drei Wochen: »Das geht doch nicht!« – und das führte zu einem internen Vermerk: »Verdacht auf Flucht«, und oft auch zu einem Devisenstrafverfahren.

Ab 1941 wurden Juden systematisch deportiert und ermordet. Was geschah mit ihrem Besitz, mit ihrer ganz konkreten Habe, mit ihrem Hausrat, ihrer Kleidung?

Diejenigen, die zur Deportation bestimmt waren, mussten eine Vermögenserklärung abgeben: eine sechzehnseitige Erklärung, auf der alles abgefragt wurde, vom Zustand der Wohnung über das Mobiliar, das war sehr detailliert, es ging wirklich bis zu den Kohlen im Keller. Nach der Deportation wurde das hierauf vermerkte Eigentum beschlagnahmt und öffentlich versteigert.

Diese Versteigerungen fanden auch in Berlin statt? Wusste die Bevölkerung, wo der zu versteigernde Besitz herkam?

Ja, diese Versteigerungen gab es in Berlin. Im »Völkischen Beobachter« oder im »Angriff« wurde annonciert, dass Besitz aus so genannten »Judenhäusern« zu versteigern war. Versteigert wurde also die Habe von Menschen, die deportiert worden waren. Die Menschen wussten ganz genau, dass Deportationen laufen und was sie bedeuten, vielleicht noch nicht am Anfang, im Oktober 1941, aber mit Sicherheit im Laufe des Jahres 1942. Das kann man in Akten und Äußerungen der Zeit förmlich greifen und in Tagebüchern nachlesen.

Es waren ja auch so viele Menschen ganz praktisch involviert. Wenn man sich das einmal vor Augen führt, wer alles an der so genannten »Aktion 3«, an der Verwertung des enteigneten jüdischen Vermögens, beteiligt war: vom Hausmeister über den Schlosser, die Ableser der Gas- und Wasserzähler in den Wohnungen, Bankangestellte, Spediteure, Gerichtsvollzieher – allein wie viele Berufsgruppen damit zu tun hatten!

Der Judenmord war ein arbeitsteiliger Prozess. Und klar ist doch auch, dass niemand den Tisch seines jüdischen Nachbarn erwerben würde, wenn er erwartet, dass der zurückkommt.

Diese Erwerbungen wurden ganz genau protokolliert. Ich erinnere mich an Listen aus anderen Städten, penibel geführt von Gerichtsvollziehern, die diese Versteigerungen organisiert haben: »5 Kissenbezüge: Fassbender, 12 RM«. Gibt es solche Unterlagen auch für Berlin, anhand derer man noch ganz genau nachvollziehen kann, wer wann was gekauft hat?

Ja, solche Listen gibt es auch für Berlin. Die Versteigerung der Habe von Herrn Lomnitz, der mit dem allerersten Deportationszug nach Litzmannstadt deportiert wurde, ist säuberlich dokumentiert (siehe Seite 171–173).

Floss der Erlös aus diesen Versteigerungen in die Kasse der Stadt Berlin?

Nein, das Geld, in diesem Fall übrigens 193,50 Reichsmark, ging in den Staatshaushalt. Was in Berlin blieb, waren die Versteigerungsgebühr für den Beamten und die Habseligkeiten der Deportierten und Ermordeten. Das Städtische Leihamt aber hatte die Schmuck- und Silbergegenstände, die die Juden im Januar 1939 zwangsweise abliefern mussten, mit großen Abschlägen angekauft und dabei Gewinn gemacht.

Was geschah mit den Wohnungen der Deportierten?

Über die wurde verfügt. Denn Wohnraum war knapp. Oft kamen Parteimitglieder in diese Wohnungen, teilweise so genannte Kriegshelden, die sich nach vorn drängen konnten.

Es war ja durchaus so, dass es zahlreiche Interessenten gab, sowohl für die Wohnungen als auch für die enteigneten Einrichtungsgegenstände. Es wurden ja richtige Bewerbungsbriefe geschrieben an die Stadtverwaltungen, in denen sich Leute für diese Habseligkeiten regelrecht empfehlen, ihr Anrecht herausstellen. Auch vorher schon, für 1939, schreiben Sie, Lippert selbst sei in Hinblick auf den Verlauf der »Arisierung« überrascht gewesen vom »Ausmaß der Gier«, die ihm entgegengeschlagen sei.

Ja, auch wenn dieser Ausspruch sich noch auf die Vernichtung der jüdischen Gewerbebetriebe bezog. Doch ich denke, ein ganz ähnlicher Eindruck ergibt sich bei den Deportationen und den Versteigerungen. In einer Gesellschaft, in der die Ressourcen knapp werden, drängen sich die Gierigen nach vorne. Götz Aly und Michael Sontheimer sprechen in ihrer Studie über den jüdischen Kondomfabrikanten Julius Fromm davon, dass etwa 80.000 Berliner an der Versteigerung der Habseligkeiten ihrer jüdischen Nachbarn teilgenommen hatten. Diese Zahl ist schwer zu überprüfen, zeigt aber wohl in eine richtige Richtung.

Was geschah nach dem Krieg mit dieser Schuld und – bezogen auf die Enteignungen – mit diesen angehäuften Schulden? Wie wurde versucht, den Menschen, die zurückkehrten, ihr Eigentum wieder zurückzugeben?

In West-Berlin zog sich die Rückerstattung bis in die siebziger Jahre. In Ost-Berlin hat sie erst 1990 eingesetzt. Ich persönlich kenne betroffene Familien, die nach 1990 einen Antrag gestellt haben, der heute noch nicht abgeschlossen ist.

Nimmt man sichtbare Spuren dessen, was geschehen ist, heute in Berlin noch wahr?

Ja, diese offenen Rückerstattungsverfahren sind im Stadtbild ganz konkret zu sehen. Viele der innerstädtischen Grundstücke, die heute nicht bebaut sind, auf denen seltsame Baulücken klaffen – ausgenommen der Mauerstreifen –, sind Grundstücke, die gerade erst – oder noch nicht – rückübertragen worden sind. Dieser langsame Verlauf des Rückübertragungsprozesses hängt natürlich auch, ich betone: auch, mit der Schwierigkeit zusammen, nach so langer Zeit noch zu rekonstruieren, wer der Eigentümer ist. Man kann zwar im Grundbuch nachlesen, wem es damals gehört hat, aber dessen oder deren Kinder und Kindeskinder zu identifizieren, ist eben recht schwierig, zumal diese Kinder in der Regel in unterschiedliche Länder ausgewandert sind, wenn sie nicht ermordet wurden. Teilweise handelt es sich um Erbengemeinschaften von über 50 Beteiligten, die sich da zusammenfinden müssen, – und die vorher vielleicht noch nie voneinander gehört haben. Aber natürlich trug zu der langen Dauer der Verfahren auch deren große Zahl und der teils vielleicht nicht übermäßige Eifer, vielleicht aber auch einfach eine Überforderung der Beamten bei. Und das führte dazu, dass es heute noch immer solche Grundstücke gibt, bei denen man sieht: Hier ist – im wahrsten Sinne des Wortes – noch etwas offen.

Wo zum Beispiel?

Eine der großen Baulücken ist natürlich die an der Leipziger Straße, wo früher das Kaufhaus Wertheim gestanden hat. Da ist es ja ganz offenbar, dass dort am Leipziger Platz etwas fehlt. Dass diese Lücke so lange nicht bebaut werden konnte, hängt eben nicht nur damit zusammen, dass sich dort verschiedene Investoren die Zähne ausgebissen haben und dass darunter eine U-Bahn-Trasse verläuft, sondern auch damit, dass es erst einen langwierigen und teils auch peinlichen Rückerstattungsprozess gegeben hat, der Jahre dauerte, obwohl es sich hier um ein »Filetgrundstück« handelt, bei dem es sicherlich auch im Interesse der Politik gelegen hat, zu einer schnellen Einigung zu kommen.

Wie war es bei den kleinen und mittleren Gewerbebetrieben? Kennen Sie Beispiele von Unternehmern, die nach dem Krieg zurückgekehrt sind und nun den berechtigten Anspruch gestellt haben, ihr Geschäft zurückzuerhalten? Wie ist es denen ergangen?

Diese Fälle gibt es, aber sie sind relativ selten. Ich erinnere mich an Karl Kutschera, dem die Konditorei »Café Wien« und das Weinrestaurant »Zigeunerkeller« am Kurfürstendamm 26 gehörten. Der wurde 1937 nach einer »Stürmer«-Kampagne gezwungen zu verkaufen. 1943 nach Theresienstadt deportiert, überlebte er und kam zurück. Es gelang ihm offenbar relativ schnell, seine Ansprüche durchzusetzen und den Betrieb weiterzuführen. Kutschera starb in den fünfziger Jahren, seine Frau aber führte die Geschäfte bis in die siebziger Jahre weiter. Ein anderes Beispiel ist der jüdische Teppichhändler Nissim Zacouto. Der wollte gern zurückkehren, doch kämpfte er so lange gegen die Mühlen der Bürokratie, die seine Geschichte unter den sprichwörtlichen Teppich kehrten, dass er irgendwann des Wartens müde war und sich entschied, nicht zurück an den Kurfürstendamm zu kehren. In einem Brief an Adenauer schrieb Zacouto einmal, diejenigen, die seine Teppiche geklaut hätten, hätten natürlich Zeit, denn die hätten das Geld und könnten das Verfahren hinziehen. Er aber habe seine Teppiche nicht mehr und das Geld nicht, er könne nicht so lange warten. So bat er Adenauer um politischen Beistand – der ihm übrigens nicht gewährt wurde.

Abgesehen von den Mühlen der Rückerstattung wollten viele Unternehmen, selbst wenn sie unversehrt den Judenmord überlebt hatten, nicht zurück nach Berlin. Auch, weil sich natürlich die Frage gestellt hat: Was wollte man 1948/49 in Berlin? Die Stadt wurde gerade blockiert. Alle Verkehrsströme, Handelswege, die durch die Stadt geflossen waren, waren abgeschnitten.

Lag dieser zähe Verlauf auch an einer personellen Kontinuität, daran, dass in den Ämtern dieselben Personen für die Rückerstattungen zuständig waren wie vorher für die Enteignungen?

Tendenziell schon, auf der Ebene der Wiedergutmachungsämter, glaube ich – ganz vorsichtig formuliert –, ist das nicht so. Aber das ist noch nicht erforscht, das untersucht derzeit Eva Balz, die an der Ruhr-Universität Bochum eine Dissertation zur frühen Rückerstattung verfasst. Die Amerikaner achteten sehr darauf. Nichtsdestotrotz zeigten sich die Alliierten so unzufrieden mit diesem Rückerstattungsprozess, dass sie 1953, und das ist wirklich bemerkenswert und fand zu einem sehr frühen Zeitpunkt statt, in Berlin ein Oberstes Rückerstattungsgericht etablierten. Dieses internationale Gericht wurde mit Alliierten und Deutschen besetzt, als Gegeninstanz, um die Fehlurteile der Berliner Instanzen auszubügeln. Im übrigen Deutschland begründeten die Alliierten eine entsprechende Institution deutlich später.

Wie war es im Ostteil der Stadt? Gab es in der DDR keine Rückerstattungen?

Nein, die gab es nicht. Es ging alles ins Volksvermögen ein, wurde zu volkseigenen Betrieben erklärt; die Menschen wurden kalt enteignet. Das führte dann eben dazu, dass in Ost-Berlin die Rückerstattungen erst begannen, als die Unternehmen in der Regel nicht mehr bestanden. Die Unternehmen werden also eigentlich gar nicht mehr rückerstattet, sondern nur noch entschädigt.

Letztlich tat die Bundesrepublik Deutschland deutlich mehr, und sei es, um politischen Kredit zu bekommen. Das Londoner Schuldenabkommen und das

Luxemburger Abkommen dienten Anfang der 1950er Jahre eigentlich dazu, den Auslandskredit, den man verspielt hatte, zu retten oder zumindest wieder etwas aufzubauen. Gleichsam ein Bonitätsgewinn durch Schuldanerkenntnis.

Der Historiker Dr. Christoph Kreutzmüller, geboren 1968, ist ein profilierter Kenner der Geschichte Berlins im Nationalsozialismus. Die erste Gesamtdarstellung der Stadt und ihrer Gesellschaft im Nationalsozialismus, von ihm und Michael Wildt herausgegeben, wird Ende des Jahres 2012 im Siedler Verlag veröffentlicht. Für seine ebenfalls 2012 erscheinende Studie zur Vernichtung der jüdischen Gewerbetätigkeit in Berlin zwischen 1930 und 1945 (Metropol Verlag) konnte Kreutzmüller, der als Wissenschaftlicher Mitarbeiter an der Humboldt-Universität zu Berlin lehrt, rund 8.000 jüdische Unternehmen in Berlin ermitteln sowie Grunddaten zu ihrem Sitz, ihrer Branche und ihrem Schicksal rekonstruieren. Die aus dieser Studie hervorgegangene Ausstellung »Verraten und Verkauft. Jüdische Unternehmen in Berlin 1933–1945«, kuratiert von ihm und Kaspar Nürnberg, wurde sehr erfolgreich dreimal in Berlin sowie, unter dem Titel »Final Sale«, 2011 in New York gezeigt und wird im Oktober 2012 in Jerusalem präsentiert werden. Die von Christoph Kreutzmüller und Björn Weigel erarbeitete Miniatur zu Nissim Zacouto wurde 2011 auch in türkischer Sprache verlegt.

Protokoll der Versteigerung der Habe von Herrn Lomnitz:
Walter Lomnitz war Gesellschafter der Wattefabrik »L. Tockan«. Nachdem er als Transportarbeiter zur Zwangsarbeit für »Siemens Schuckert« verpflichtet worden war – für einen Stundenlohn von 0,77 RM –, wurde er am 18. Oktober 1942 in das Ghetto Litzmannstadt deportiert, mit dem allerersten Deportationszug. Nachdem das Registergericht keinen Kontakt mehr zu ihm aufnehmen konnte, wurde die Firma von Amts wegen gelöscht. Am 11. Mai 1942 brachte man Walter Lomnitz in das Vernichtungslager Kulmhof, wo er ermordet wurde. (Vgl. Kreutzmüller: Ausverkauf, Manuskript, S. 323)

Die Habe von Herrn Lomnitz wurde bereits ein Jahr vor seiner Deportation nach Litzmannstadt, am 25. Oktober 1941, unter den Nachbarn versteigert. Die Versteigerung war zuvor im »Völkischen Beobachter« bekannt gegeben worden. Das beim Finanzamt Moabit-West eingegangene Protokoll von Obergerichtsvollzieher Mechtel verzeichnet einen Erlös von 212,85 RM. Zu dem Punkt »Von den Parteien waren anwesend: a) Schuldner, b) Gläubiger« ist auf der zweiten Seite des Formulars handschriftlich vermerkt: »Niemand!«

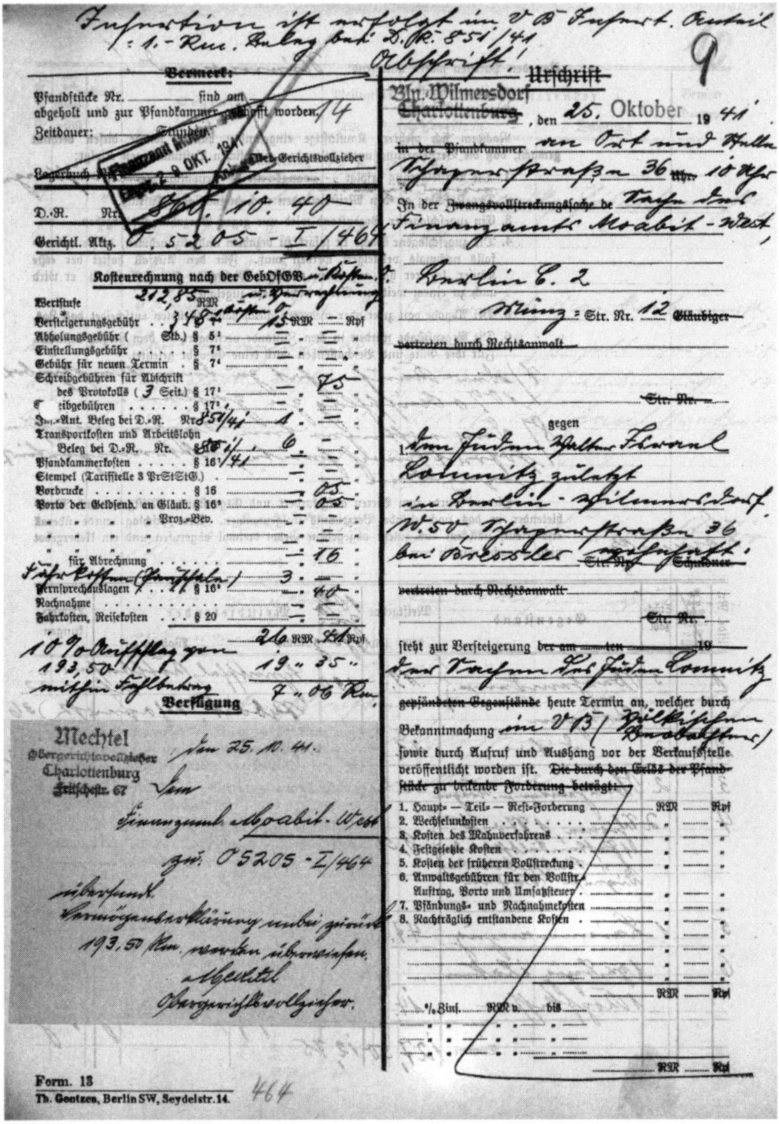

Abschrift!

9

Vermerk:

Pfandstücke Nr. ______ sind am ______ abgeholt und zur Pfandkammer geschafft worden. 14

Zeitdauer: ______ Stunden

Der Gerichtsvollzieher

Lagerbuch Nr.

D.-R. Nr. 860. 10. 40

Gerichtl. Aktz. O 5205 – I/464

Finanzamt Moabit-West, Eing. 29. OKT. 1941

Kostenrechnung nach der GebOfGB.

Wertstufe	212,85 RM		
Versteigerungsgebühr	§ 5	15 RM	– Rpf
Abholungsgebühr (Std.)	§ 5	–	–
Einstellungsgebühr	§ 7	–	–
Gebühr für neuen Termin	§ 7	–	–
Schreibgebühren für Abschrift des Protokolls (3 Seit.)	§ 17	–	75
Schreibgebühren	§ 17	–	–
Ins.-Ant. Beleg bei D.-R. Nr. 851/41		1	–
Transportkosten und Arbeitslohn Beleg bei D.-R. Nr. 863/41		6	–
Pfandkammerkosten	§ 16	–	–
Stempel (Tarifstelle 3 PrStStG.)		–	–
Vordrucke	§ 16	–	05
Porto der Geldsend. an Gläub.	§ 16	–	05
Porto an Proz.-Bev.		–	–
für Abrechnung		–	16
		3	–
Fernsprechauslagen	§ 16	–	40
Nachnahme		–	–
Fahrkosten, Reisekosten	§ 20	–	–
		26 RM	41 Rpf

10 % Aufschlag von 193,50 — 19 „ 35

mithin Fehlbetrag — 7 „ 06 Rm.

Verfügung

Mechtel
Obergerichtsvollzieher
Charlottenburg
Fritschestr. 67

den 25. 10. 41.

Dem Finanzamt Moabit-West zu: O 5205 – I/464 übersandt. Vermögenserklärung anbei. 193,50 Rm. werden überwiesen.

Mechtel
Obergerichtsvollzieher.

Form. 13
Th. Gontzen, Berlin SW, Seydelstr. 14.

464

Urschrift

Bln.-Wilmersdorf ~~Charlottenburg~~, den 25. Oktober 1941

an Ort und Stelle Schopenstraße 36 um 10 Uhr

In der Zwangsvollstreckungssache des Finanzamts Moabit-West, Berlin C. 2, Münz-Str. Nr. 12 ~~Gläubiger~~

~~vertreten durch Rechtsanwalt~~

Str. Nr.

gegen

1. den Juden Walter ... Lomnitz zuletzt in Berlin-Wilmersdorf W. 50, Schopenstraße 36 bei Brössler wohnhaft. ~~Str. Nr. Schuldner~~

~~vertreten durch Rechtsanwalt~~

Str. Nr.

steht zur Versteigerung ~~der am ten~~ 19 der Sachen des Juden Lomnitz ~~gepfändeten Gegenstände~~ heute Termin an, welcher durch Bekanntmachung im VB (Völkischen Beobachter) sowie durch Aufruf und Aushang vor der Verkaufsstelle veröffentlicht worden ist. ~~Die durch den Erlös der Pfandstücke zu deckende Forderung beträgt:~~

	RM	Rpf
1. Haupt- — Teil- — Rest-Forderung		
2. Wechselunkosten		
3. Kosten des Mahnverfahrens		
4. Festgesetzte Kosten		
5. Kosten der früheren Vollstreckung		
6. Anwaltsgebühren für den Vollstr.-Auftrag, Porto und Umsatzsteuer		
7. Pfändungs- und Nachnahmekosten		
8. Nachträglich entstandene Kosten		
	RM	Rpf
% Zins. RM v. bis		
	RM	Rpf

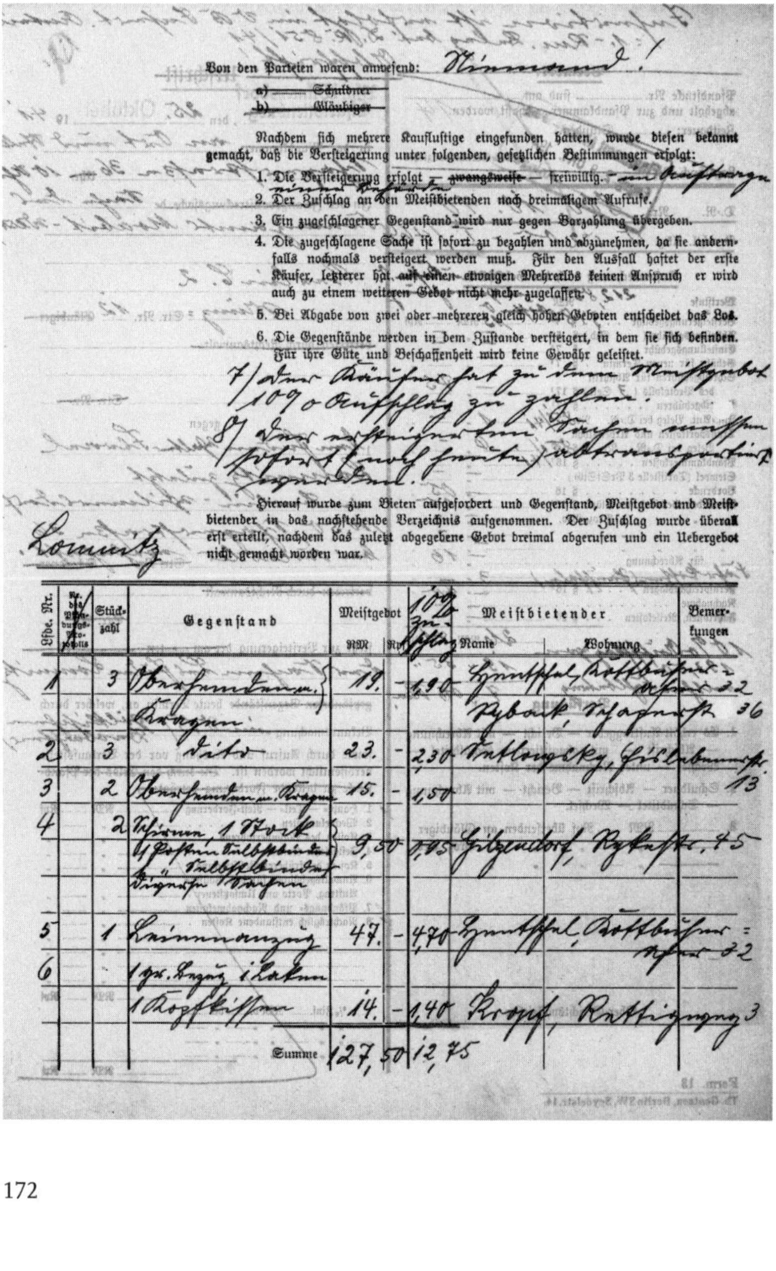

Von den Parteien waren anwesend: Niemand!

~~a) Schuldner~~

~~b) Gläubiger~~

Nachdem sich mehrere Kauflustige eingefunden hatten, wurde diesen bekannt gemacht, daß die Versteigerung unter folgenden, gesetzlichen Bestimmungen erfolgt:

1. Die Versteigerung erfolgt — ~~zwangsweise~~ — freiwillig. — im Auftrage [illegible]
2. Der Zuschlag an den Meistbietenden nach dreimaligem Aufrufe.
3. Ein zugeschlagener Gegenstand wird nur gegen Barzahlung übergeben.
4. Die zugeschlagene Sache ist sofort zu bezahlen und abzunehmen, da sie andernfalls nochmals versteigert werden muß. Für den Ausfall haftet der erste Käufer, letzterer hat ~~auf einen etwaigen Mehrerlös keinen Anspruch~~ er wird auch zu einem weiteren Gebot nicht mehr zugelassen.
5. Bei Abgabe von zwei oder mehreren gleich hohen Geboten entscheidet das Los.
6. Die Gegenstände werden in dem Zustande versteigert, in dem sie sich befinden. Für ihre Güte und Beschaffenheit wird keine Gewähr geleistet.

7/ Der Käufer hat zu dem Meistgebot 10% Aufschlag zu zahlen.

8/ Die ersteigerten Sachen müssen sofort (noch heute) abtransportiert werden.

Hierauf wurde zum Bieten aufgefordert und Gegenstand, Meistgebot und Meistbietender in das nachstehende Verzeichnis aufgenommen. Der Zuschlag wurde überall erst erteilt, nachdem das zuletzt abgegebene Gebot dreimal abgerufen und ein Uebergebot nicht gemacht worden war.

Lomnitz

Lfde. Nr.	Nr. des Pfändungs-Protokolls	Stückzahl	Gegenstand	Meistgebot RM	Rpf	10% Zuschlag	Meistbietender Name	Wohnung	Bemerkungen
1		3	Oberhemden m. Kragen	19.	–	1,90	[illegible]	Kottbuser Straße 22	
							Rybark	[illegible] 36	
2		3	dito	23.	–	2,30	[illegible]	[illegible] 13	
3		2	Oberhemden m. Kragen	15.	–	1,50			
4		2	Schürzen, 1 Rock, 1 Posten [illegible], [illegible], eigene Waren	9,50		0,95	[illegible]	[illegible] 45	
5		1	Herrenanzug	47.	–	4,70	[illegible]	Kottbuser Straße 22	
6			1 gr. Bezug i. Laken, 1 Kopfkissen	14.	–	1,40	Kropf	[illegible] 3	
			Summe	127,	50	12,75			

10

Lfde. Nr.	Nr. des Pfändungs-Protokolls	Stückzahl	Gegenstand	Meistgebot RM	Rpf	10 % Zuschlag	Meistbietender Name	Wohnung	Bemerkungen
			Uebertrag	127	50	12,75			
7		1	Bademantel	8	–	0,80	Tellowitz	Hildegardstr. 13	
8		4	Oberhemden	17.	–	1,70	" "	" "	"
9		4	Oberhemden, 2 Kissen						
			6 Taschentücher	8.	–	0,80	Frobitz	Markobrunnerstr. 18	
10		1	blaue Leinenjacke	25.	–	2,50	Hörning	Hagelbergerstr. 28	
11		1	Rohrplattenkoffer	7.	–	0,70	Tellowitz	Hildegardstr. 13	
12		1	Ruhebett	1.	–	0,10	Schindel	Paulsstraße 10	
				193,	50	19,35		11,57	

= 212,85 Rm. Zweihundertundzwölf 85/100 Reichsmark.

Die versteigerten Sachen wurden übergeben.

V. d. u.

Unterschriften sind nicht zu erlangen.

Geschlossen

gez. Mechtel

Obergerichtsvollzieher.

AN EINE WÜRDIGE PRIVATPERSON

Gibt einst der Leichenstein von dem, was du gewesen,
Dem Enkel, der dich schätzt, so viel er braucht, zu lesen,
So sei die Summe dies: »Er lebte schlecht und recht,
Ohn' Amt und Gnadengeld, und niemand Herr noch Knecht.«

~

Gotthold Ephraim Lessing

DAS ENDE DES DREIFACHEN WEHS

VON LOTHAR VOSSMEYER

Misswirtschaft, Verschwendung, Korruption – das sind nicht gerade Kennzeichen des landläufigen Preußenbildes. Und doch war das erste Jahrzehnt der Hohenzollern-Monarchie dadurch geprägt. Nicht König Friedrich I. trug dafür in den Augen der Untertanen die Hauptverantwortung, sondern das »Drei-Grafen-Kabinett«. Als es vor etwas mehr als 300 Jahren, im Dezember 1710, stürzte, atmete Brandenburg-Preußen auf. Es war das korrupteste Ausbeutungsregime, das es je unter den Hohenzollern gegeben hat.

Die leidgeprüften Untertanen nannten das Regime der drei Grafen mit bitterer Ironie »Das dreifache W(eh)« – nach dem Anfangsbuchstaben ihrer Namen: Wartenberg, Wittgenstein und Wartensleben. Hauptakteur war Premierminister Wartenberg, der aus der Wetterau stammte und im Hunsrück im Dienst einer Fürstenwitwe gestanden hatte, die für ihre zahlreichen Liebschaften bekannt war. Nach ihrem Tod trieb Macht- und Geldgier den eleganten Höfling nach Berlin. Hier intrigierte er ebenso skrupellos wie erfolgreich gegen die Mächtigen am kurfürstlichen Hof und gewann ein lukratives Amt nach dem andern. Die kluge Kurfürstin Sophie Charlotte durchschaute ihn frühzeitig und nannte ihn einen »Windbeutel«, eine »Bestie«. Kurfürst Friedrich aber hielt diese Einschätzung für falsch.

Schon bei der ersten Begegnung fand Friedrich großen Gefallen an dem wendigen, unterhaltsamen Mann, der von geschmeidiger, zierlicher Gestalt, aber nicht größer als er selbst war. In seiner Gegenwart fühlte er die eigene Benachteiligung nicht – nicht den Buckel, der ihm bei den Berlinern trotz der überlangen Perücke, die ihn verdecken sollte, den Spitznamen »der schiefe Fritz« eintrug. Wartenberg schmeichelte Friedrich auf höchst subtile Weise, nahm ihm das lästige Regieren ab und hielt alles Bedrückende, Besorgniserregende von ihm fern. Wie kein anderer ging er auf seine Freude an höfischer Prachtentfaltung und seinen Wunsch ein, es dem »Sonnenkönig« Ludwig XIV. gleichzutun.

Seit langem träumte Kurfürst Friedrich vom Glanz der Königskrone. Auch politisch sprach einiges dafür. Der sächsische Kurfürst August der Starke war König von Polen geworden, und die welfischen Verwandten in Hannover hatten Aussicht auf den englischen Königsthron. Wer bloß Kurfürst war, galt immer weniger, musste womöglich bald nach der Pfeife königlicher Nachbarn tanzen. Aber Friedrichs Minister fanden die Kosten zu hoch und den Nutzen zu gering. Hartnäckig legten sie sich quer. Als Wartenberg sie beiseite gefegt hatte, wurde der Griff nach der Königskrone endlich möglich. Er fragte nicht nach den Kosten, ließ Bestechungsgelder fließen, alle Widerstände am Kaiserhof in Wien wegräumen und Krönungsfeierlichkeiten vorbereiten, die an Üppigkeit die kühnsten Träume des prachtliebenden Hohenzollern übertrafen.

Noch vor dem Aufbruch nach Königsberg, dem Krönungsort, zeigte Friedrich seinem Favoriten seine Dankbarkeit, indem er ihm ein ganz persönliches Geschenk überreichte. Er gab ihm ein kleines Herz aus ostpreußischem Bernstein mit der Versicherung seiner tiefen Zuneigung und beständigen Treue. Bei dem bombastischen Zeremoniell am Krönungstage, dem 18. Januar 1701, durfte Wartenberg dem König den von Gold und Diamanten blitzenden Krönungsornat anlegen, ihm kniend die edelsteinfunkelnde Krone zur Selbstkrönung reichen und beim feierlichen Zug in die Kirche die Schleppe des hermelinbesetzten Purpurmantels tragen. Als erster nach den Prinzen erhielt er zudem den eben gestifteten höchsten preußischen Orden, den Schwarzen Adlerorden.

Die Krönung war das teuerste Ereignis, das es jemals in der brandenburg-preußischen Geschichte gegeben hat. Das Doppelte der jährlichen Einnahmen ging drauf. Wartenberg hatte nicht nur das Geld beschaffen lassen, sondern zugleich seinem Herrn vorgegaukelt, dass der Hof reich genug sei, um sich dergleichen leisten zu können. Und Friedrich I. gab sich gerne dieser Illusion hin. Den Krönungsfeierlichkeiten folgte in Berlin die Präsentation monarchischer Würde im Stil des französischen »Sonnenkönigs«, der an den meisten Fürstenhöfen Europas zum Vorbild geworden war. Berlin wurde als Residenzstadt ausgebaut, das Schloss erweitert, die Arbeiten am Zeughaus vorangetrieben und der Kranz der Hohenzollern-Schlösser rund um Berlin vergrößert und verschönert. Wartenberg ließ dem König in Holland eine Prunkjacht für Spree und Havel zimmern, sorgte für Festlichkeiten aller Art und den Ankauf kostbarer Juwelen, beschaffte üppige Geschenke für fremde Gesandte und eigene Favoriten, engagierte immer mehr Personal für den luxuriösen Hofstaat und vermittelte dem König eine Mätresse en titre – seine eigene Ehefrau Katharina, eine ebenso ehrgeizige wie leichtlebige Schöne. Friedrich zeigte sich täglich mit ihr in der Hoföffentlichkeit und überhäufte sie mit Geschenken. Das Geld für all das schaffte Wittgenstein herbei, das zweite »W«.

Den Reichsgrafen August von Wittgenstein hatte Wartenberg vom kurpfälzischen Hof übernommen, als er – bis über beide Ohren verschuldet – vor seinen Gläubigern Rettung suchte. Schnell zweigte Wittgenstein aus den Staatseinnahmen so viel für sich selbst ab, dass er nicht nur seine Schulden los war, sondern steinreich wurde. Wartenberg deckte das, hielt ihn in bedingungsloser Abhängigkeit und benutzte ihn als phantasievollen Geldbeschaffer für die rasant steigenden Hofausgaben. Wittgenstein erhöhte die alten Steuern und ließ sich viele neue einfallen: Kutschensteuer, Kaffeesteuer, Teesteuer, Schokoladensteuer, Perückensteuer, Hutsteuer, Stiefelsteuer, Strumpfsteuer, Stempelsteuer, Jungfernsteuer, Kopfsteuer. Auch aus der Kriegskasse wurden Gelder für die Hofausgaben beigesteuert, obwohl Brandenburg-Preußen in den europäischen Krieg um die spanische Erbfolge verwickelt war. Hierfür war der aus Westfalen stammende Alexander von Wartensleben, das dritte »W«, zuständig, der Wartenberg sehr ergeben war. Denn der hatte ihn, als er eine neue militärische Anstellung suchte, nach Preußen geholt, ihn gegen den Widerstand einheimischer Generäle zum Generalfeldmarschall, Geheimen Kriegsrat und Gouverneur von Berlin gemacht und ihn in den Reichsgrafenstand erheben lassen. Aber auch Wartenslebens Beiträge zu den Hofkosten verhinderten nicht, dass der Geldbedarf schließlich die Einnahmen weit überstieg. Wittgenstein sah sich gezwungen, bei in- und ausländischen Bankiers für den Staat Schulden in schwindelerregender Höhe aufzunehmen, und Wartenberg zögerte nicht mit der Gegenzeichnung. Doch dann drohte dem Dreigestirn plötzlich der Zusammenbruch seiner Macht – durch eine Katastrophe.

Eine Pestwelle stürzte Ostpreußen, dessen Steuerlast sich in wenigen Jahren mehr als verdoppelt hatte und das infolge von Missernten bereits unter einer schweren Hungersnot litt, in furchtbares Elend. Ganze Dörfer standen menschenleer, da mehr als ein Drittel der Bevölkerung gestorben war. Herzzerreißende Hilferufe erreichten Berlin, das aber die Not nicht linderte, sondern durch gnadenlosen Steuerdruck noch vergrößerte. Denn Wartenberg hielt am Vorrang der Ausgaben für den Hofstaat vor allen anderen Ausgaben fest. Völlig verarmte, hungernde Bauern flehten die Steuereinnehmer an, sie zu verschonen. Doch ihre Peiniger standen unter dem Druck des »Drei-Grafen-Kabinetts«, das den Staatsbankrott und die Ungnade des Königs befürchten musste. Am Ende waren es nicht mehr als 40 Prozent des Steueraufkommens der Vorjahre, was sich aus dem geschundenen Ostpreußen herauspressen ließ. Das war umso bedrohlicher, als mit der Ausbreitung der Hunger- und Pestkatastrophe auch die Domäneneinkünfte in Pommern, der Ucker- und Neumark zurückgingen.

Eine oppositionelle Hofpartei um den Kronprinzen Friedrich Wilhelm, den späteren »Soldatenkönig«, der sich in Königs Wusterhausen eine kleine spartanische Gegenwelt mit gesunder Wirtschaft aufgebaut hatte, sah die Chance des Umsturzes kommen. Denn Wittgenstein bemühte sich immer verzweifelter, den Hals aus der Schlinge zu ziehen. Er erhob Zwangsbeiträge zu einer Feuerversicherung, deren Kasse er zweckentfremdete, und erhöhte kräftig den Salzpreis. Er versuchte, in Holland weitere Kredite zu bekommen. Vergeblich. Auch die Berliner Bankiers winkten ab. Schließlich setzte er gar auf einen Magier, der bei Zossen einem Teufel seinen Schatz abgewinnen wollte, und auf einen anderen, der in den Havelbergen nach Goldadern grub. Nichts half.

Sogar der König schöpfte trotz Wartenbergs unermüdlicher Beschönigungsversuche Verdacht und gab der Forderung der oppositionellen Hofpartei, eine Untersuchungskommission einzusetzen, nach. Was sie zu Tage förderte, übertraf die schlimmsten Befürchtungen. Nirgendwo fand sich eine ordnungsgemäße Buchführung über Einnahmen und Ausgaben. Die Staatseinkünfte waren viel zu hoch, die Kosten der Hofhaltung viel zu niedrig beziffert, die Höhe der Staatsverschuldung war vernebelt, und ganz unzulänglich waren jahrelang die Kontrollen gewesen. In manchen Registraturen fand man haarsträubende Verhältnisse: Rechnungen, als Altpapier verwendet, achtlos verstreute Schreiben, von Mäusen zerfressen. Zahllos waren die Beweise für Wittgensteins und Wartenbergs Misswirtschaft, für Korruption und schamlose Bereicherung.

Wittgenstein sah seinen einzigen Ausweg in der Flucht über die Landesgrenze. Er schaffte große Beträge seines zusammengerafften Vermögens ins Ausland, ließ einen Packwagen mit reichlich barem Geld vorausfahren, verrichtete aber an den Weihnachtstagen 1710 noch seinen üblichen Dienst als Oberhofmarschall an der Hoftafel. Als er am dritten Feiertag in seine Wohnung zurückkehrte, erwartete ihn statt des Fluchtwagens ein königlicher Soldatentrupp, der ihn verhaftete. Neben der Kutsche, die ihn zur Festung in Spandau brachte, liefen wütende Berliner her und schrien: »An den Galgen mit dem Dieb!« Spannender als das, was mit ihm und Wartensleben (der in preußischen Diensten bleiben durfte) geschah, fand man am Hof das weitere Schicksal Wartenbergs, des Hauptverantwortlichen für alle Misswirtschaft.

Wartenberg hatte für seine vielfältigen Funktionen exorbitante Einkünfte bezogen – besonders als Premierminister, Oberkammerherr, Generalpostmeister und Oberstallmeister – und sich darüber hinaus am Staatsvermögen bereichert. Er war aber auch so dreist gewesen, sich bei Dienstantritt einen Freibrief geben zu lassen, in dem der König ihm versprach, dass er ihn niemals für seine Amtsführung zur Rechenschaft ziehen werde. So wurde er nicht bestraft, während Wittgenstein immerhin eine Geldbuße entrichten musste, bevor er freikam. Der Kronprinz fürchtete sogar, dass der König nicht einmal die Kraft habe, seinen Günstling, in den er vernarrt war, zu entlassen. Aber Friedrich rang sich dazu am Silvestertag 1710 durch, versprach dem Entlassenen jedoch eine stattliche Pension. Als Wartenberg ihm kurz darauf Schloss Monbijou zurückschenkte, revanchierte er sich, indem er ihm zwei Karossen mit Gespannen vermachte und ihn seiner beharrlichen Gnade versicherte. In einer tränenreichen Abschiedsaudienz zog er einen höchst wertvollen Ring vom Finger und überreichte ihn seinem langjährigen Favoriten. Wartenberg, der als kleiner Adliger nach Berlin gekommen war, verließ die Stadt als Reichsgraf und mehrfacher Millionär. Aus der Menge, die ihn und seine Frau wegfahren sah, hörte man den empörten Ruf: »Da kommt der alte Mann mit seiner Hure! Und es geschieht ihm nichts!« Wartenberg aber wusste den Schmerz des Königs über das Ende der glücklichen Jahre mit seinem Favoriten auch noch aus dem Exil in Frankfurt am Main aufzurühren. Er schickte ihm das ostpreußische Bernsteinherz, das er einst als Zeichen der königlichen Treue erhalten hatte, zerbrochen zurück.

Von seiner Mätresse, der Ehefrau Wartenbergs, trennte sich König Friedrich wesentlich leichter. Allzu lästig waren ihm ihre Extravaganzen geworden, ihre beständigen Rangordnungskämpfe mit den Damen der Königsfamilie. Auch hatte er erfahren, dass sie Staatsgeheimnisse in die Betten ausländischer Diplomaten trug. Sie übersiedelte mit ihrem Ehemann nach Frankfurt und führte nach dessen Tod ein äußerst freizügiges Leben in Paris.

Verwendete Literatur

Clark, Christopher: Preußen. Aufstieg und Niedergang. 1600–1947. München 2006.
Engelmann, Bernt: Preußen. München 1980.
Frey, Linda und Marsha: Friedrich I. Preußens erster König: Graz/Wien/Köln 1984.
Hinrichs, Carl: Friedrich Wilhelm I. König von Preußen. Jugend und Aufstieg. Hamburg 1943 (2. Aufl.).
Hintze, Otto: Die Hohenzollern und ihr Werk 1415–1915. Berlin 1987. (Nachdr. d. Ausg. Berlin 1915).
Isaacsohn, Siegfried: Wartenberg, Johann Kasimir Kolbe Graf von. In: Allgemeine Deutsche Biographie 16 (1882). S. 463–466 [Onlinefassung]
Kroll, Frank-Lothar (Hg.): Preußens Herrscher. München 2009 (2. Aufl.).
Loewe, Victor: Wittgenstein, Augustus Reichsgraf zu. In: Allgemeine Deutsche Biographie 43 (1898). S. 616–619 [Onlinefassung]
Mittenzwei, Ingrid/Herzfeld, Erika: Brandenburg-Preußen 1648–1789. Berlin 1990 (3. Aufl.).
Neugebauer, Wolfgang: Die Hohenzollern. Band 1. Stuttgart 1996.
Ohff, Heinz: Preußens Könige. München 2003 (5. Aufl.).
Poten, Bernhard von: Wartensleben, Leopold Alexander Graf von. In: Allgemeine Deutsche Biographie 41 (1896). S. 197–199 [Onlinefassung]
Venohr, Wolfgang: Der Soldatenkönig. Berlin 1988.

DIE SELTSAMEN WEGE DER MEHRWERTSTEUERSÄTZE

7 % *(Auswahl)*	19 % *(Auswahl)*	0 % *(Auswahl)*
Milch	Sojamilch	Muttermilch
Basilikum, Majoran Rosmarin, Salbei, Kamille	Würzmischungen	
Krabben, Garnelen	Langusten, Austern Hummer, Schnecken	
Frühkartoffeln	Süßkartoffeln	
Trüffel		
Rennpferde Maultiere, Maulesel	Esel	Zoologische Gärten
	Babywindeln	Briefmarken
Bücher	Hörbücher	Volkshochschulkurse
Fahrkarten Nahverkehr	Fahrkarten Fernverkehr (ICE)	
Skilift		Internationale Luftfahrtbeförderung
Taxi	Fahrräder	
Kaffee, Leitungswasser	Bier, Mineralwasser	
Rollstuhl	Treppenlift	
Zuckerrüben	Algen, Tang Zuckerrohr	
Schokolade		
	Wertpapiere	
Hotelübernachtungen	Ferienwohnungsmieten	Wohnungs- und Grundstücksmieten

MIT UND OHNE GELD
SPEISEN UND TRINKEN

Gekrönte Häupter

~

Arme Ritter

~

Gold und Silber

~

Hungerturm

~

Prinzessinnenkartoffeln

~

Goldbroiler

~

Spekulantenjauche

WNSHOP
Leihhaus
Juwelier
Leopold

PRINZ LOUIS FERDINAND

Sechs Fuß hoch aufgeschossen,
Ein Kriegsgott anzuschaun,
Der Liebling der Genossen,
Der Abgott schöner Fraun,
Blauäugig, blond, verwegen,
Und in der jungen Hand
Den alten Preußendegen –
Prinz Louis Ferdinand.

Die Generalitäten
Kopfschütteln früh und spät,
Sie räuspern sich und treten
Vor Seine Majestät,
Sie sprechen: »Nicht zu dulden
Ist dieser Lebenslauf,
Die Mädchen und die Schulden
Zehren den Prinzen auf.«
(...)

~

THEODOR FONTANE

BERLINER HAUSHALTSMASSNAHMEN, DIE ES ERMÖGLICHEN, DEN SCHULDENBERG ZU ERHÖHEN

❶
Eigenbetriebe gründen
und diese Schulden machen lassen

❷
Netto statt brutto rechnen

❸
Rückgriff auf Kredite für das vergangene Jahr

❹
Vorgriff auf Kredite für das kommende Jahr

❺
Baudarlehen

❻
Deckungskredit erhöhen

❼
Behaupten, ein Kredit diene »zur Abwehr einer Störung
des wirtschaftlichen Gleichgewichts«

❽
Konjunkturprogramme

❾
Liegenschaftsfonds gründen und landeseigene
Immobilien verschleudern

❿
Sonderfinanzierungen

onal food
491 60 92
Autopfandleihhaus
B MY 7119

WIE BANKROTT WAR DIE DDR WIRKLICH?

VON BERT HOPPE

Der Sozialismus hätte so schön sein können, wären da nicht diese Spielverderber gewesen. Dass der Klassenfeind immer wieder den Untergang der DDR prophezeite, konnte Erich Honecker kaum überraschen, aber von den eigenen Genossen durfte man doch ein bisschen Zuversicht verlangen! Dementsprechend verschnupft reagierte der Staats- und Parteichef, als sein Ministerpräsident Willi Stoph im Juni 1982 im Politbüro erklärte, die sozialen Wohltaten der DDR seien nicht mehr zu finanzieren, und als Konsequenz »einschneidende Maßnahmen« in der Sozial- und Wirtschaftspolitik verlangte. Honecker war da anderer Meinung: »Die Worte über einschneidende Maßnahmen wollen wir hier nie wieder hören.« Man tat ihm den Gefallen. Das Politbüro der SED diskutierte erstmals Ende Oktober 1989 offen über die desolaten Staatsfinanzen der DDR – wenige Wochen, nachdem Honecker abgesetzt worden war. Die resolute Realitätsverweigerung des Parteichefs war konsequent, schließlich gründete seine gesamte Politik darauf, die Bevölkerung mit sozialen Wohltaten des Regimes zu beglücken und auf diese Weise ruhig zu stellen.

»Es ist der Konsum, Dummkopf!«, mag Honecker gedacht haben, als er seinen Mentor und Vorgänger Walter Ulbricht im April 1971 von der Macht verdrängte. Dieser hatte nämlich verlangt, die Menschen in der DDR müssten für den »wissenschaftlich-technischen Fortschritt« Opfer bringen. Honecker dagegen hatte aus dem Aufstand vom Juni 1953 und der Fluchtbewegung vor dem Mauerbau im August 1961 die Lehre gezogen, dass das ostdeutsche Regime sich die Loyalität seiner Untertanen erkaufen musste – koste es, was es wolle. In gewisser Weise war Honecker mit dieser Politik durchaus erfolgreich: Der Rückblick auf den kommoden Alltag in der DDR fiele heute weit weniger nostalgisch aus, wenn der VIII. SED-Parteitag im Sommer 1971 nicht die »Einheit der Sozial- und Wirtschaftspolitik« ausgerufen hätte – womit faktisch das Gegenteil dessen gemeint war, was diese Formulierung ausdrückte: die Sozialausgaben wurden vom Wirtschaftswachstum entkoppelt.

Honecker öffnete vor den Delegierten das Füllhorn. Das durchschnittliche Realeinkommen sollte binnen dreier Jahre um mindestens 21 Prozent wachsen, es sollten mehr Wohnungen gebaut, die 40-Stunden-Woche für Mütter eingeführt und die Renten deutlich erhöht werden. Jahr für Jahr wurden weitere Subventionen aufgesattelt. Von Anfang an war absehbar, dass die ostdeutsche Regierung diese Wohltaten nur mit Hilfe westlicher Kredite finanzieren konnte. Honecker störte das nicht. »Wir haben nicht die Absicht, die Schulden der DDR in zwei Jahren zurückzuzahlen«, konterte er einen entsprechenden Einwand des Planungschefs Gerhard Schürer. Schulden anzuhäufen, hatte in Honeckers Augen sogar einen gewissen Reiz: Ihn faszinierte der Gedanke, den Klassenfeind mit dessen eigenem Geld zu besiegen. Der Parteichef wiegte sich zudem in der Sicherheit, dass die DDR-Wirtschaft binnen weniger Jahre mit der Westkonkurrenz gleichziehen könne.

In der Realität wollte sich der technische Fortschritt jedoch nicht einstellen. Der Versuch, eigene Mikrochips zu produzieren, verschlang in den 1980er-Jahren Unsummen, ohne ein konkurrenzfähiges Produkt hervorzubringen. »Während auf dem internationalen Markt die Mikrochips schon säckeweise verkauft wurden«, so urteilte Politbüromitglied Günter Schabowski im Rückblick, »haben wir die Dinger noch zu astronomischen Preisen produziert«. Die in der DDR entwickelten 256 KB-Chips wurden pro Stück mit 517 Mark subventioniert und waren dennoch bereits veraltet, als ihre Massenfertigung begann. Als die ostdeutschen Planer einen eigenen Walkman entwickelten, kostete der Import der Teile aus Japan, die man nicht selbst herstellen konnte, den Staat mehr als die Einfuhr eines ganzen Gerätes. Dennoch mussten Jugendliche noch 399 Mark für dieses selbstentwickelte Stück Unterhaltungselektronik bezahlen. Auch das Projekt, gemeinsam mit VW einen Motor für den Wartburg zu produzieren, endete in einem finanziellen Desaster: zehn Milliarden wurden verpulvert, um einen Mittelklassewagen zu produzieren, der in der einfachsten Ausstattung 32.000 Mark kostete. Als das Auto 1988 auf der Leipziger Messe vorgestellt wurde, bewarfen es empörte Bürger mit faulen Eiern.

Konsumversprechen und fehlende Investitionen in die eigene Wirtschaft hatten das DDR-Regime schon zu Beginn der 1970er-Jahre in einen Teufelskreis der Verschuldung geführt: Je weiter die ostdeutsche Wirtschaft zurückblieb, desto stärker wurde die Importabhängigkeit und desto höher wuchsen die Schulden im

»Nichtsozialistischen Wirtschaftsraum«. Wie hoch die Verschuldung tatsächlich war, behielt die Führung allerdings für sich. Entsprechende Berechnungen wurden auf Anweisung Honeckers seit 1973 als »Vertrauliche Verschlusssache«, dann als »Geheime Verschlusssache«, schließlich als »Geheime Kommandosache« verbucht, die nicht einmal allen Politbüromitgliedern zugänglich war. Im Herbst 1989 beliefen sich die Schulden der DDR im Westen auf 38 Milliarden Westmark.

Zwar gab es durchaus Ansätze, aus diesem Teufelskreis auszubrechen. So wurden im Frühjahr 1975 die Chefs der Akademie für sozialistische Wirtschaftsführung und der Akademie für Gesellschaftswissenschaften beauftragt, die Folgen der Sozialpolitik zu bewerten und Vorschläge abzugeben. Als aber die Wissenschaftler vorschlugen, die Preise zu flexibilisieren und bei den Löhnen das Leistungsprinzip einzuführen, ernteten sie bei ihren Gesprächspartnern aus dem Politbüro Empörung. Die Stimmung bei dem Treffen dürfte wenig herzlich gewesen sein. Bezeichnenderweise ließ Honecker den Wissenschaftlern ausrichten: »Es passiert euch nichts.«

Der Parteichef blendete die Schuldenproblematik für sich selbst aus, indem er sich vom Leiter des Bereiches »Kommerzielle Koordinierung«, Alexander Schalck-Golodkowski, im Jahr 1974 ein »Generalsekretärskonto« einrichten ließ, auf dem mindestens 100 Millionen Westmark »zur ständigen freien Verfügung flüssig gehalten werden« mussten, und das von den Gewinnen der Auslandsfirmen sowie durch den Häftlingsfreikauf aufgefüllt wurde. Mit diesem Konto konnte Honecker nun immer die Situation retten, wenn delikate Versorgungsengpässe auftraten und beispielsweise zu Weihnachten Apfelsinen gekauft werden mussten oder es an Damenslips fehlte.

Letztlich war dieses Geld jedoch nur ein Tropfen auf den heißen Stein, da die DDR nicht einmal genug Devisen erwirtschaftete, um die Zinsen für die Westkredite zu bezahlen. Um die jeweils fällige Rückzahlungsrate aufbringen zu können, wurde alles zu Geld gemacht, was kurzfristige Liquidität versprach. Manchmal schickte Schalck seine Agenten mit Koffern voller DDR-Mark nach West-Berlin, um sie dort in harte Devisen umzutauschen. Vor dem Grenzübertritt mussten sie ihre Uhren abgleichen, um auf die Minute genau in die Wechselstube einzurücken, damit sich deren Inhaber nicht gegenseitig verständigten und die Wechselkurse erhöhten.

Vor diesem Hintergrund war die ostdeutsche Führung nicht mehr wählerisch, wie sie zusätzliche Devisen erwirtschaften konnte. 1982/83 profitierte die DDR kräftig vom ersten Golfkrieg, indem sie Schützenwaffen, gepanzerte Fahrzeuge und Munition in die Konfliktregion lieferte – und zwar an beide Kriegsparteien gleichzeitig. Der Eifer der Waffenexporteure ging so weit, dass 1982 der gesamte NVA-Jahresbedarf an M 34-Munition in Höhe von 32 Millionen Schuss verschachert wurde. Die Lieferung wurde als »Planüberfüllung« abgerechnet, das Verteidigungsministerium erhielt als Ausgleich für seine Kooperation einen Teil der Devisen. Diese dreiste Planmanipulation war ebenso wie Willi Stophs Vorstoß im gleichen Jahr ein Verzweiflungsakt, denn 1982 wäre das Pyramidenspiel des SED-Politbüros beinahe kollabiert. Polen und Rumänien war es seinerzeit nicht mehr gelungen, ihre Kreditzinsen im Westen zu bedienen und hatten damit einen Kreditboykott westlicher Banken gegen den Ostblock ausgelöst.

Es gehört zu den besonderen Ironien der Geschichte, dass ausgerechnet der bayerische Ministerpräsident Franz-Josef Strauß die DDR vor dem finanziellen Zusammenbruch bewahrte, indem er der ostdeutschen Führung zwei Milliardenkredite vermittelte, die deren Kreditwürdigkeit wiederherstellten. Im Gegenzug wurden die Selbstschuss-Anlagen an der innerdeutschen Grenze demontiert und die Familienzusammenführungen erleichtert. Es waren derartige Zugeständnisse an den Klassenfeind, die so manchem linientreuen Funktionär schwere Bauchschmerzen bereiteten: Die Souveränität, die die DDR mit dem Grundlagenvertrag von 1970 gewonnen hatte, schien sie schrittweise durch die steigende Verschuldung im Westen zu verlieren. Erich Mielke hatte sich schon 1980 im engen Kreis beklagt, dass Honecker gegenüber der Regierung in Bonn »öffentlich provokativ auftritt, während er gegenüber der BRD für sein öffentliches Verhalten Entschuldigungen abgibt«. Der Stasi-Chef war sich sicher: »EH verschaukelt uns und die sowjetischen Freunde«.

Das Leben auf Pump endete im Herbst 1989. Die DDR stand erneut vor der Zahlungsunfähigkeit und im Politbüro diskutierte man am 31. Oktober die verbliebenen Alternativen. Es waren ihrer nicht viele. Im Falle des Staatsbankrotts, so viel war klar, hätte sich das Land dem Internationalen Währungsfonds unterwerfen müssen, da von der Sowjetunion keine Hilfe zu erwarten war. Die Aussichten waren düster. »Allein ein Stoppen der Verschuldung«, so führten Schürer und Schalck-Golodkowski im Politbüro aus, »würde im Jahre 1990 eine Senkung des Lebensstandards um 25 bis 30 Prozent erfordern und die DDR unregierbar machen.«

Die einzige andere Idee, die ihnen einfiel, um aus diesem Schlamassel herauszukommen, hätte auch von Honecker kommen können: Schürer schlug vor, die Bundesregierung um neue Kredite zu ersuchen – und ihr anzubieten, die Mauer als Gegenleistung mittelfristig abzubauen. Allerdings sei Eile geboten, denn wenn die Forderung nach dem Mauerfall »erst von der Straße oder gar aus den Betrieben gestellt werde, wäre diese Möglichkeit einer Initiative von uns wieder aus der Hand genommen«. Der 9. November durchkreuzte zwar diese kühnen Pläne, er ersparte der ostdeutschen Führung letztlich aber auch den Offenbarungseid.

KAUFE
PFAND -
SCHEINE
BSR
Service-Center
Tel. 7592-4900
www.BSR.de

HERTHA UND IHRE SCHULDEN

VON ANDREAS RESCH

Im Sommer 1965, zwei Jahre nach Einführung der Fußball-Bundesliga, musste Hertha BSC Berlin in die damalige Regionalliga zwangsabsteigen, obwohl sich der Club auf sportlichem Wege – wenn auch nur denkbar knapp – für eine weitere Saison in Deutschlands höchster Spielklasse qualifiziert hatte. Was war geschehen? Der Verein hatte Spielern so genannte »Handgelder« gezahlt, was den Statuten des DFB widersprach, die Fußballern zu dieser Zeit lediglich Amateurstatus zugestanden. Während Spieler in anderen Ländern, in England beispielsweise oder in Italien, schon längst das große Geld verdienen durften, sollte Fußball in Deutschland ein reiner Amateursport bleiben.

Aus heutiger Sicht erscheint das naiv, auch deutsche Fußballvereine sind mittlerweile global operierende Wirtschaftsunternehmen mit Vorstand und Aufsichtsrat. Allerdings vergisst man dabei mitunter, dass der Großteil dieser Fußballclubs bis heute geprägt ist von archaischen Strukturen bei der Auswahl seines Führungspersonals. Noch immer folgen viele Clubs dem alten Credo des Profifußballs: Nur, wer selbst einmal Spieler von herausragendem Niveau gewesen sei, sei auch dazu berufen, eine wichtige Funktion im Management eines Fußballvereins zu übernehmen.

Bei Hertha BSC ist das nicht anders: Der vormalige Manager Dieter Hoeneß war einst wuchtiger Stürmer bei Bayern München und dem VFB Stuttgart, der derzeitige, Michael Preetz, stürmte in den Neunzigern für Hertha und wurde dort zum erfolgreichsten Torjäger in der Vereinsgeschichte. Weder Hoeneß noch Preetz haben – wie im übrigen die meisten ihrer Bundesliga-Kollegen – ein Wirtschaftsstudium absolviert, beide haben sich ihren Job mehr oder weniger learning by doing angeeignet. Angesichts der Tatsache, dass sich Hertha mit einem Umsatzerlös von knapp 79 Millionen Euro [1] in der Spielzeit 2009/10 wirtschaftlich durchaus auf dem Niveau eines mittelständischen Unternehmens bewegt und dem Hertha-Manager, der gemeinsam mit dem Finanzvorstand – seit 2001 heißt dieser Ingo

Schiller – Geschäftsführer der Hertha BSC Verwaltung GmbH ist, eine zentrale Rolle in Bezug auf das ökonomische Agieren des Vereins zukommt, ist das, gelinde gesagt, bemerkenswert.

Als im Sommer 2006 bekannt wurde, dass Hertha zum Stichtag 30. Juni mit 48,9 Millionen Euro verschuldet sei [2] – bald darauf sollten die Schulden sogar auf 55 Millionen ansteigen [3] –, herrschte allenthalben große Aufregung. Wie, um alles in der Welt, hatte das nur geschehen können? Doch Manager Hoeneß wiegelte ab: Kein Grund zur Besorgnis, die Marke Hertha sei um ein Vielfaches mehr wert, einhundert bis einhundertfünfzig Millionen – mindestens. [4] Wie er auf diese Zahlen gekommen ist, bleibt bis heute ein Rätsel. Doch der sportliche Erfolg schien ihm ja irgendwie auch recht zu geben: Schließlich landete die Hertha, in den achtziger und neunziger Jahren in die Niederungen der 2. Liga und für zwei Jahre sogar in den Amateurbereich abgetaucht, unter Hoeneß zu Saisonschluss regelmäßig im oberen Drittel der Tabelle. Mehrmals qualifizierte man sich für die internationalen Wettbewerbe, 1998/99 gar für die Champions League.

Keine Frage: Hertha war auf dem besten Wege, zur etablierten Marke in der Bundesliga zu werden. Sicherlich, Bayern, Schalke, Hamburg oder Bremen waren dem Verein in dieser Beziehung weit voraus, doch hatten diese Clubs mit ihren über Jahrzehnte gewachsenen Strukturen eben auch einen klaren Wettbewerbsvorteil. Dennoch stand außer Frage, dass es Dieter Hoeneß gelungen war, aus der provinziellen Westberliner Schrulle einen repräsentativen Gesamtberliner Hauptstadtclub zu machen, der nicht mehr in einem ausgestorbenen Olympiastadion gegen Meppen oder Ulm kickte, sondern vor Sechzigtausend gegen Bayern oder Milan.

Der anvisierte Durchmarsch zum Erfolg allerdings endete beinahe im Ruin: ein Grund war der für die anstehende Fußball-WM 2006 notwendig gewordene Stadionumbau, der zu Umsatzeinbußen von angeblich 15 Millionen Euro [5] führte (aufgrund der eher mediokren Olympiastadion-Auslastung zu dieser Zeit eine allerdings recht großzügig bemessene Zahl). Ein weiterer, weitaus bedeutenderer Auslöser war die Kirch-Krise, in deren Folge die TV-Einnahmen sämtlicher Bundesliga-Clubs rapide in den Keller gingen. Da Hertha gleichzeitig damit beschäftigt war, infrastrukturelle Mängel aus Jahrzehnten der Misswirtschaft zu beheben, war der Verein von nun an gezwungen, über Jahre hinweg einen finanziellen Balanceakt am Rande der Zahlungsunfähigkeit zu vollführen. Der einzige Weg, dabei liquide zu bleiben, schien darin zu liegen, immer weitere Schulden anzuhäufen.

Tatsächlich ist es so, dass Schulden im Profifußball nicht per se schlecht sein müssen. Während in einem traditionell operierenden Unternehmen vor allem der ökonomische Erfolg entscheidet, spielt im Fußball der sportliche eine mindestens ebenso wichtige Rolle. Ein sportlich erfolgreicher Verein verdient mehr über Werbung und Sponsoring, die Zuschauereinnahmen steigen, ebenso die Fernsehgelder und durch eine Teilnahme an internationalen Wettbewerben, vor allem natürlich an der Champions League, können zusätzliche Einnahmen von bis zu fünfzig Millionen Euro jährlich generiert werden.

Der sportliche Erfolg jedoch kann aus den unterschiedlichsten Gründen ausbleiben und nur wenige Vereine – in Deutschland einzig Bayern München – sind derart dominant, dass sie diesen dauerhaft einplanen können. Das ist das große Dilemma im Profi-Vereinsfußball: Man muss permanent investieren, um wettbewerbsfähig zu bleiben. Investiert man und erreicht die Champions League, so hat man die Ausgaben meist refinanziert. Verpasst man jedoch dieses Ziel – egal wie knapp –, lässt sich ein ambitioniert zusammengestellter Kader auf Dauer nicht mehr bezahlen und ein Verein ist gezwungen, wertvolle Spieler abzugeben. Insofern steht jeder Club permanent vor der Frage, wie viel Risiko er eingehen kann und will. Bei zu wenig Risiko droht ein guter Verein im Mittelmaß zu versacken, ein mittelmäßiger gerät möglicherweise in Abstiegsnot. Bei zu viel Risiko droht der finanzielle Kollaps.

Dadurch entsteht ein gefährlicher Kreislauf: Ein Verein ist ehrgeizig, er investiert in neue Spieler, wird erfolgreicher, der Marktwert der Spieler steigt, diese fordern höhere Gehälter. Will der Club sie bezahlen, muss er ständig den Personaletat aufstocken. So erklärt sich auch, warum selbst solide wirtschaftende Vereine wie Werder Bremen trotz langjähriger regelmäßiger Teilnahme an der Champions League praktisch keine Rücklagen bilden können. Bei der weit weniger soliden Hertha war es lange Zeit ähnlich: Ein hoher Anteil der zur Verfügung stehenden Finanzmittel wurde in die Gehälter der Spieler gesteckt.

Auch daran ist grundsätzlich nichts verkehrt. Der große Fehler, den Hoeneß und Finanzvorstand Ingo Schiller begingen, lag darin, die Schulden des Vereins, als sie ein bedrohliches Ausmaß angenommen hatten, stets nur umzulagern, ihre Tilgung durch ständig neue Kredite und dubiose Umschichtungsmodelle in die Zukunft zu verlagern und so den ohnehin schon engen finanziellen Spielraum durch Zinszahlungen und Einnahmeausfälle noch weiter einzuschränken. Hoeneß, Schiller und Konsorten schien es ab einem gewissen Zeitpunkt nur noch darum zu gehen, liquide zu bleiben und die Dinge – egal, wie – irgendwie am Laufen zu halten.

Da wurde mit der Hertha BSC Rechte GmbH & Co. KG eine Tochtergesellschaft gegründet, in die prognostizierte Einnahmen aus der Vermietung von Businesslogen und VIP-Plätzen in Höhe von knapp 28 Millionen Euro als Sacheinlagen eingebracht wurden.[6] Obwohl doch kurz zuvor für ebendiese Logen und Plätze noch ein Sale and Lease-Back-Geschäft[7] mit der AGV Vermarktungsrechte Vermietungsgesellschaft eingefädelt worden war.[8] Aufgrund dieses Geschäfts hatte der Verein zwar auf einen Schlag Einnahmen in Höhe von 15 Millionen Euro verbuchen können, doch war er fortan gezwungen, bis 2010 pro Saison vier Millionen Euro an Leasingraten zu bezahlen. Da wurden Vermarktungs-Deals mit der Gesellschaft Sportfive ausgehandelt und Verträge mit Sponsoren und Ausrüstern geschlossen,[9] die zwar kurzfristig viel Cash in die Kassen spülten, mittelfristig jedoch zu einem rapiden Einnahmenschwund führen sollten,[10] weshalb sie in den darauf folgenden Jahren durch ähnliche Geschäfte refinanziert werden mussten – ein Teufelskreis. Allein der Sportfive-Deal führte Jahr für Jahr zu Einnahmenverlusten von 20 Prozent bei den Geldern aus der TV-Vermarktung in Bundesliga und Europapokal.[11] Ungeachtet der Realität sprach Hoeneß ungerührt von einem »soliden und gesunden Weg«,[12] auf dem sich die Hertha befinde. Weiterhin war er darum bemüht, das weitgehend planlose Herumgewurschtel in einen sinnstiftenden Kontext einzuordnen.

Denn man darf nicht vergessen: Unter der Kirch-Krise hatten alle Bundesliga-Vereine zu leiden, und es gibt genügend Beispiele dafür, wie es Clubs gelingen kann, einen Stadionum- oder -neubau weitgehend oder vollständig aus eigener Tasche zu finanzieren und dennoch wettbewerbsfähig zu bleiben. Hertha wurden die 242 Millionen Euro für den Umbau des Olympiastadions von der inzwischen insolvent gegangenen Walter Bau in den Jahren 2000 bis 2004 praktisch komplett fremdfinanziert: 196 Millionen Euro hatte der Bund übernommen, für die restlichen 46 Millionen hatte Walter Bau einen Kredit aufgenommen,[13] für den das Land Berlin gebürgt hatte.[14] Insofern spielen, trotz ihrer immensen Höhe, die explodierenden Kosten für den Stadionumbau nur eine untergeordnete Rolle. Zudem übernahm das Land Berlin nach der Walter Bau-Pleite sogar noch die Hertha-Anteile an der verlustreichen Betreiber-Gesellschaft des Olympiastadions, an der Walter Bau beteiligt gewesen war,[15] sodass der Club zulasten des Steuerzahlers von einem Teil der drückenden Finanzlast befreit wurde.

Im letzten Moment findet sich immer ein Ausweg, da ist die Hertha ganz in den Gepflogenheiten des alten West-Berlin verwurzelt: Schon Mitte der achtziger Jahre stellte der Senat kurzerhand das Geld für den Erwerb einer Villa in der Reichsstraße als Geschäftsstelle für den Verein zur Verfügung. Und Eberhard Diepgen ließ es sich knapp ein Jahrzehnt später nicht nehmen, in seiner Funktion als Regierender Bürgermeister in einem Brief an den damaligen DFB-Präsidenten Egidius Braun daran zu erinnern, welch großen Schaden ein Lizenzentzug nicht nur der Hertha, nein, ganz Berlin zufügen würde.

Ein im Zusammenhang mit dem Profifußball in den letzten Jahren beinahe schon inflationär verwendeter Ausdruck ist der der Spielphilosophie. *Spielphilosphie,* das suggeriert, man gehe nach einem Konzept, nach einer Idee vor, was auf dem Platz geschehe, folge einem großen, allumfassenden Plan. Nur wenige Fußballclubs allerdings besitzen auch so etwas wie eine Finanzphilosophie, nach der man wirtschaften würde. Rühmliche Ausnahme auf europäischer Ebene ist der FC Arsenal aus London, der Spiel- und Vereinsphilosophie aufeinander abgestimmt hat: Die vereinseigene Akademie bildet Spieler aus, die später jenen technisch versierten, temporeichen Offensivfußball des elsässischen Trainers Arsène Wenger umsetzen, für den der Verein berühmt ist. Der ebenfalls für seine Spielphilosophie hochgelobte FC Barcelona indes ist übrigens hoch verschuldet.

In Deutschland waren lange Zeit vor allem der FC Bayern mit seiner Maxime des intelligenten Wirtschaftens und Rücklagen-Bildens und der SC Freiburg mit seinem Nachwuchskonzept für eine Vereinsphilosophie bekannt. Inzwischen haben Clubs wie Mainz und Dortmund nachgezogen, Stuttgart feierte mit einem ähnlichen Modell vor einigen Jahren große Erfolge. Auch Hertha wollte in Zeiten des finanziellen Niedergangs verstärkt auf Talente aus dem eigenen Nachwuchs setzen. Die Infrastruktur war durch ein neues Trainingszentrum durchaus gegeben.

Wie, fragt man sich, konnte es dann dazu kommen, dass der Club innerhalb kürzester Zeit sein wertvollstes Kapital, nämlich die hoch talentierten Spieler aus dem eigenen Nachwuchs, verkaufte? Chinedu Ede, Ashkan Dejagah, Malik Fathi, die Halbbrüder Jérôme und Kevin Prince Boateng. Sicherlich: Bei letzterem dürfte seine nicht ganz leichte Sozialisierbarkeit eine nicht unerhebliche Rolle gespielt haben. Und: Dejagahs Vertrag war ausgelaufen und der Verein konnte mit einem Angebot des finanzkräftigeren VFL Wolfsburg nicht ganz mithalten. Doch zumindest anhand der Verkäufe von Ede, Fathi und Jérôme Boateng, inzwischen etablierter Nationalspieler und bei Bayern München unter Vertrag, zeigt sich, welch absurde Folgen es haben kann, wenn lang- und kurzfristige Planungen nicht aufeinander abgestimmt werden. Denn wozu all die Millioneninvestitionen in ein Trainingszentrum, wenn die Spieler, die darin ausgebildet werden, im Anschluss ablösefrei weiterziehen können oder weit unter Wert verkauft werden?

Der Grundstein für den endgültigen sportlichen Niedergang Herthas wurde jedoch erst später, zum Abschluss der doch eigentlich höchst erfolgreichen Saison 2008/09, gelegt. In dieser Spielzeit hatte der Verein Tabellenplatz vier erreicht, den Qualifikationsplatz für die Champions League jedoch denkbar knapp verpasst. Dadurch fehlte das nötige Geld, um den vom FC Liverpool ausgeliehenen ukrainischen Stürmer Andrej Woronin dauerhaft verpflichten zu können. Als die TSG 1899 Hoffenheim in der Transferperiode auch noch Abwehrchef Josip Simunic wegkaufte und sich der Verein mit Sturm-Diva Marco Pantelic nicht auf eine Vertragsverlängerung einigen konnte, fiel das ganze Team wie ein Kartenhaus in sich zusammen. Die folgende Saison beschloss Hertha auf Tabellenplatz 18, die Mannschaft stieg ab, nachdem sie nach einem Sieg im ersten Saisonspiel sechzehn Heimspiele in Folge nicht hatte gewinnen können.

Einen sofortigen Wiederaufstieg später ist es schwierig, eine realistische Prognose über die Zukunft von Hertha BSC Berlin abzugeben. Auf sportlicher Ebene scheint das inzwischen interimsweise von Otto Rehhagel trainierte und von Spielern wie

Ramos, Raffael oder Ottl zusammengehaltene Team trotz neuerlich dräuender Abstiegsgefahr leidlich zu funktionieren. Allerdings erwecken die Rhetorik und das zum Teil ziemlich planlose Agieren von Manager Michael Preetz, der sein Handwerk übrigens bei Dieter Hoeneß gelernt hat, nicht gerade den Anschein, als hätte die Clubführung aus den Fehlern der Vergangenheit gelernt.

Jedenfalls war der Schuldenberg im Verlauf der Saison 2010/11 nach zwischenzeitlicher Reduktion wieder auf 39 Millionen Euro [16] angewachsen. Wie seit Jahrzehnten üblich, verwies man dabei auf die besondere Situation, die ein weiteres Aufnehmen von Schulden geradezu notwendig gemacht habe. Hätte sich der Senat nicht bereiterklärt, dem Club die Stadionmiete gleich für die gesamte Saison zu stunden, hätte Hertha wohl keine Lizenz erhalten. [17]

---

1 Elektronischer Bundesanzeiger. Herausgegeben vom Bundesministerium der Justiz. https://www.ebundesanzeiger.de/, 20.3. 2012.

2 dpa-Text: Hertha-Schulden klettern auf »Maximalwert«. In: Fußball.com, 23.5. 2006. http://www.fussball.com/news-view-15326/herthaschulden-klettern-auf-maximalwert.html, 20.3. 2012.

3 dpa-Text: 55 Mio Schulden für Hertha BSC. In: Focus online, 28.11. 2006. http://www.focus.de/sport/fussball/bundesliga1/pleiteverein_aid_120065.html#fdx=http%3A%2F%2Fgmads.net%2Fr%3Fgmtctrl%3D13%26gmttu%3D19731%26blindid%3D4%26width%3D300%26height%3D250%26gmtt%3Dif%26gmti%3Dblind%26gmtcl%3D1%26gmtsrc%3Dgmdeblind%26gmtv%3D4%26gmtp%3Dhttp%26gmtr%3D1328785785434, 20.3. 2012.

4 dpa-Text: Hertha-Schulden klettern auf »Maximalwert«. In: Fußball.com, 23.5. 2006. http://www.fussball.com/news-view-15326/herthaschulden-klettern-auf-maximalwert.html, 20.3. 2012.

5 »Es gibt Grund, sich um Hertha zu sorgen«. In: FAZ.net, 28.11. 2005. http://m.faz.net/aktuell/sport/fussball-es-gibt-grund-sich-um-hertha-zu-sorgen-1282530.html, 20.3. 2012.

6 Mit Bilanztricks die Lizenz gerettet. In: Focus Money online, 16.5. 2006. http://www.focus.de/finanzen/news/hertha-bsc_aid_109031.html, 20.3. 2012.

7 Rosentritt, Michael: Hoeneß winkt und wirkt. In: Die Zeit Online, 19.10. 2009. http://www.zeit.de/sport/fussball/2009-10/hertha-berlin-dieter-hoeness-nuernberg, 20.3. 2012.

8 Mit Bilanztricks die Lizenz gerettet. In: Focus Money online, 16.5. 2006. http://www.focus.de/finanzen/news/hertha-bsc_aid_109031.html, 20.3. 2012.

[9] Rosentritt, Michael: Die Zukunft verpfändet. In: Der Tagesspiegel, 23. 11. 2005. http://www.tagesspiegel.de/sport/die-zukunft-verpfaendet/661998.html, 20. 3. 2012.

[10] dpa-Text: Hertha zahlt Millionen an Sportfive. In: NWZ online, 28. 11. 2005. http://www.nwzonline.de/Aktuelles/Sport/Nachrichten/NWZ/Artikel/807489/Hertha+zahlt+Millionen+an+Sportfive.html, 20. 3. 2012.

[11] Herthas Altlasten. In: Der Spiegel, 28. 11. 2005. http://www.spiegel.de/spiegel/print/d-43301954.html, 20. 3. 2012.

[12] dpa-Text: Hertha-Schulden klettern auf »Maximalwert«. In: Fußball.com, 23. 5. 2006. http://www.fussball.com/news-view-15326/herthaschulden-klettern-auf-maximalwert.html, 20. 3. 2012.

[13] WM-Stadien 2006: Kosten und Finanzierungen. In: RP Online, 10. 3. 2004. http://www.rp-online.de/sport/fussball/wm-stadien-2006-kosten-und-finanzierungen-1.1567195, 20. 3. 2012.

[14] Vgl. hierzu Jahn, Michael u. a.: Jetzt wird das Olympiastadion richtig teuer. In: Berliner Zeitung, 25. 2. 2005. http://www.berliner-zeitung.de/archiv/nach-der-pleite-von-walter-bau-muss-das-land-fuer-einen-46-millionen-kredit-zahlen-jetzt-wird-das-olympiastadion-richtig-teuer,10810590,10261654.html, 20. 3. 2012.

[15] Vgl. Rose, Mathew D.: Überfall auf die Landeskasse. In: Berliner Journalisten, Nr. 2 – Sommer 2006. S. 18ff.

[16] Witte, Florian/Priefer, Carsten: Keine neuen Top-Stars für Hertha. In: BZ, 21. 2. 2011. http://www.bz-berlin.de/sport/hertha-bsc/keine-neuen-top-stars-fuer-hertha-article1124177.html, 20. 3. 2012.

[17] Fahrun, Joachim: Senat räumt Hertha BSC Millionenkredit ein. In: Berliner Morgenpost, 12. 9. 2010. http://www.morgenpost.de/berlin-aktuell/article1393987/Senat-raeumt-Hertha-BSC-Millionenkredit-ein.html, 20. 3. 2012.

Summe, die Berlin 2010
über den Länderfinanzausgleich von
Baden-Württemberg erhalten hat:

704 Millionen Euro.

Pro Kopf sind das 201 Euro.

»SCHEISS-SCHWABEN«

CHANGE
LEIHHAUS
westermann

GRENZEN

VON JOST LEHNE

»Woher kommen denn alle diese Bankrotte?«[1] Friedrich II. (1712–1786), genannt der Große, war überrascht. Dabei war doch er selbst an diesen Bankrotten nicht ganz unschuldig. Denn die Pleitewelle, die viele Berliner Unternehmen im Zuge einer großen Finanzkrise in Europa im Jahre 1763 erfasst hatte, war auch Resultat der Politik des preußischen Königs.[2]

Als Friedrich II. seinem Vater Friedrich Wilhelm I., dem Soldatenkönig, im Jahre 1740 als preußischer Regent folgte, blieb sein wirtschaftliches Handeln den Mechanismen des Merkantilismus verpflichtet.[3] Friedrichs grundlegendes Verständnis der Staatsfinanzen war stark von dem seines Vaters geprägt,[4] auch was eine prinzipielle Ablehnung von Schulden sowie eine generelle Tendenz zur Sparsamkeit anbetraf.[5] Anders als sein Vater führte Friedrich II. jedoch kostspielige Kriege, die zu einem erhöhten staatlichen Finanzbedarf führten: »Sieger bleibt, wer den letzten Taler in der Tasche hat«, drückte er es in seinem politischen Testament unter Bezugnahme auf einen französischen Kardinal aus.[6]

Insbesondere während des Siebenjährigen Krieges (1756–1763) entwickelte Friedrich bestimmte Mechanismen, um die Versorgung seiner Truppen mit Waffen, Verpflegung und Gütern durch eine entsprechende Finanzierung zu gewährleisten.[7] Hierbei war auffällig, wie er es stets vermied, Schulden zu machen. Wichtige Einnahmequellen waren Unterstützungszahlungen aus England sowie Kontributionen aus dem besetzten Sachsen.[8] Dieses Geld hätte jedoch nicht ausgereicht, um den Krieg zu finanzieren. Um die Aufnahme von Schulden zu vermeiden, betrieb Friedrich in der Folgezeit eine zunehmende Münzverschlechterung.[9] Der Wert und die Kaufkraft des Geldes richteten sich damals am Edelmetallgehalt der einzelnen Münzen aus. Eine Münzverschlechterung erlaubte es dem König, aus der Umprägung und Senkung des Edelmetallgehalts einen Gewinn abzuzweigen, den so genannten Schlagschatz.

Während des Siebenjährigen Krieges gab es in Preußen einen großen Investitionsbedarf. Allerdings war es für Berliner Geschäftleute zu dieser Zeit schwierig, an ausländische Geschäftspartner und Investoren heranzukommen – und im Inland waren die Zinsen für Kredite sehr viel höher. Bei länderübergreifenden Geschäften mangelte es an Sicherheiten, da die potenziellen Geschäftspartner unterschiedlichen Rechtssystemen und politischen Interessenlagen unterworfen waren. Um solche Probleme zu umgehen, hatte sich in ganz Europa jedoch seit einiger Zeit ein reger Handel mit Wechseln etabliert. Ein Wechsel schrieb einen Schuldvertrag zwischen drei (oder mehr) Parteien fest. Aussteller (Gläubiger) und Bezogener (Schuldner) vereinbarten die Auszahlung einer Geldsumme an einen Dritten (Begünstigten) zu einem bestimmten, im Wechsel festgeschriebenen Zeitpunkt. Der Bezogene akzeptierte durch seine Unterschrift auf dem Wertpapier die Ausstellung des Wechsels.

In Form von sogenannten Akzeptkrediten dienten Wechsel damals zur kurz- oder mittelfristigen Vorfinanzierung eines Geschäfts. Aufgrund der Zinsdiskrepanzen zwischen den einzelnen Staaten sowie den erhobenen Gebühren konnten Aussteller und Bezogener etwas an dem Wechsel verdienen und dem Begünstigten war durch die Vorfinanzierung geholfen. An welchen Orten sich die jeweils Beteiligten befanden, war hierbei weitgehend unerheblich, was Wechsel besonders praktikabel machte. Da zudem für den Begünstigten die Möglichkeit bestand, einen Wechsel weiterzuveräußern, konnte dieser wie Geld als Zahlungsmittel genutzt werden.

Ein wichtiger Ort für die Ausgabe von Wechseln war Amsterdam. Der auf internationalem Handel beruhende Reichtum der späteren Vereinigten Niederlande hatte bereits im 17. Jahrhundert zur Etablierung eines hoch entwickelten Finanzsektors in der Stadt geführt.

Ein besonders erfolgreich agierendes Unternehmen war zu dieser Zeit das erst 1751 gegründete Bankhaus der Brüder de Neufville. Die Brüder waren typische Vertreter der »marchands-banquiers«: Handel und Geldgeschäfte waren gleichermaßen Bestandteil der Struktur ihres Hauses.

Während des Siebenjährigen Krieges betrieben die Brüder de Neufville einen florierenden Güter- und Edelmetallhandel. Aufgrund der schneller zu erzielenden

Gewinne spezialisierten sie sich allerdings bald zunehmend auf den Handel mit Wechseln. Diese veräußerten sie zu günstigen Konditionen und agierten deshalb sehr erfolgreich, aber auch mit erhöhtem Risiko. Zudem gewährten sie relativ lange Zahlungsfristen, die es den Begünstigten erlaubten, den Wechsel weiterzuveräußern.

Die Wechsel der Brüder de Neufville kursierten in ganz Europa und auch die preußische Wirtschaft war mittlerweile stark in den europäischen Finanzmarkt einbezogen und entzog sich dadurch immer mehr der direkten Kontrolle durch den König, der über die preußischen Grenzen hinaus keine Verordnungen erlassen konnte.

Durch die Schlesischen Kriege, der dritte und damit letzte war Teil des Siebenjährigen Krieges, hatte Friedrich II. die Grenzen seines Herrschaftsgebietes systematisch erweitert und Preußen, das lange als Land mit einer stabilen, aber kleinen Volkswirtschaft gegolten hatte, zu einem attraktiven »emerging market« [10] gemacht – zu einem Wirtschaftsraum mit Zukunftsperspektive. [11] Finanzinvestoren aus den reichen westlichen Handelsstaaten wie den Niederlanden witterten gute Geschäfte und stellten Kapital zur Verfügung, das etwa jene Berliner Kaufleute benötigten, die Kriegsgüter für die preußische Armee lieferten und ihren Materialbedarf über Kredite vorfinanzieren mussten. Da es in Berlin zu dieser Zeit nur kleinere Banken gab, kamen diese Kredite sehr gelegen.

Weil es sich aber um grenzüberschreitende Kredite handelte, erfolgte die Vergabe über Wechsel. Hierbei wurde zunächst kein Geld transferiert, sondern das Wertpapier mit dem schriftlichen Zahlungsversprechen einer Amsterdamer Bank, das später eingelöst werden sollte. Als Vermittler der Wechsel diente vor allem die Hansestadt Hamburg, wo sich ein starker Bankensektor mit dazugehörigem Finanzmarkt etabliert hatte. Zudem verfügte man dort über gute Geschäftsbeziehungen sowohl nach Amsterdam als auch nach Berlin. Zahlreiche Hamburger Kaufleute waren auf den Handel mit Wechseln spezialisiert und erzielten durch die Verkaufsgebühren sowie über die Diskrepanz zu den niedrigeren Amsterdamer Zinsraten gute Gewinne.

In der Praxis stellte nun also ein Hamburger Bankhaus wie Berenberg einen Wechsel auf ein Haus in Amsterdam aus, etwa auf das der Brüder de Neufville, das die Ausstellung des Wechsels akzeptierte. Das Hamburger Bankhaus konnte nun den Wechsel an den Begünstigten, etwa einen Berliner Unternehmer, weiterleiten. So erhielt beispielsweise Johann Ernst Gotzkowsky in Berlin einen Wechsel des Hauses de Neufville, der durch Berenberg in Hamburg ausgestellt worden war. [12] Nun waren diese drei Parteien in ein Schuldverhältnis verstrickt. Gotzkowsky hatte die Möglichkeit, den Wechsel als Zahlungsmittel zu nutzen. [13] Die beiden Banken verdienten über die Zinsabschläge, Gotzkowsky konnte über den Wechsel mit einem Amsterdamer Investor ein Geschäftsverhältnis eingehen, der – da er als neuer Inhaber des Wechsels eine Forderung gegenüber den Brüdern Neufville besaß – weitgehend sicher sein konnte, sein Geld auch tatsächlich zu erhalten. [14] Im Prinzip hatten die Amsterdamer Geschäftleute durch den Wechsel eine Kreditausfallversicherung abgeschlossen, da sowohl das Hamburger wie auch das Amsterdamer Bankhaus für den potentiellen Ausfall des Wechsels hafteten. [15]

Die Gewinnaussichten beim Verkauf von Wechseln waren gut. Die hohe Nachfrage ließ allerdings auch den Diskont ansteigen. In Hamburg stieg dieser im Juli 1763 auf zeitweise zwölf Prozent. [16]

Wechsel hatten sich somit als erstes bargeldloses Zahlungsmittel etabliert, das auch zur Gewährung von Krediten im internationalen Handel genutzt wurde. Der Handel mit Wechseln hatte sich während des Siebenjährigen Krieges verselbstständigt. Er diente nicht mehr nur der Vorfinanzierung von Handelsgeschäften, sondern eröffnete durch die Möglichkeit des Weiterverkaufs auch eine Gewinnoption, auf die viele der klassischen Händler spekulierten, indem sie Wechsel aufkauften und dann zu einem höheren Zinssatz weiterverkauften. Zur Bezahlung nutzte man meist kein Bargeld mehr, sondern wiederum einen Wechsel, teilweise ohne Auszahlungstermin, sodass eine Übersicht über die zahlreichen »roulierenden« [17] Papiere peu à peu immer schwieriger wurde.

Der zunehmende spekulative Handel mit niederländischen Wechseln bereitete vor allem den alteingesessenen Amsterdamer Kaufleuten wachsendes Unbehagen.

Zwar bescherte er den Banken gute Gewinne, jedoch war vielen Kaufleuten bereits während des Siebenjährigen Krieges bewusst geworden, dass die durch den Krieg gewachsene Nachfrage nach Gütern und Finanzmitteln irgendwann einmal enden würde. Und so kam es dann auch: Nach dem Ende des Siebenjährigen Krieges und dem Frieden von Hubertusburg fielen die Preise vor allem für Getreide und Zucker drastisch, manche Waren wurden gar gänzlich unverkäuflich. Aufgrund der geringen Erlöse konnten plötzlich viele Händler ihre Kredite, die sie als Akzeptkredite in Form von Wechseln erhalten hatten, nicht mehr zurückzahlen. Wechsel sollten nun in bares Geld eingelöst werden und hier offenbarten sich die Schwierigkeiten.

Auf das Haus der Brüder de Neufville kursierten insgesamt Wechsel in Höhe von zehn Millionen holländischen Florin, die de Neufvilles verfügten selbst aber lediglich über ein Eigenkapital von 1,3 Millionen Florin, das heißt, der Großteil derjenigen, die nun ihre Wechsel eintauschen wollten, musste abgewiesen werden, da die Brüder keine liquiden Mittel mehr zur Verfügung hatten. So wurde der Kreislauf aus Wechseln unterbrochen und ein Rücktausch in bares Geld war nicht mehr möglich, die Zahlungsversprechen blieben uneingelöst.

Am 29. Juli 1763 ging das Haus der Brüder de Neufville in Konkurs. Die alteingesessenen Amsterdamer Banken schritten nicht ein, da ihnen die Finanzpraktiken der de Neufvilles von Anfang an nicht behagt hatten. Ihr Konkurs hatte jedoch weit reichende Konsequenzen, denn die meisten Wechselgläubiger waren auch Wechselschuldner. Die Summe der Wechsel war um einiges höher als die tatsächlich vorhandene Geldsumme, was dazu führte, dass bald niemand mehr bezahlen konnte. In Amsterdam, vor allem aber in Hamburg, gingen viele Banken in Konkurs, insgesamt waren es mehr als einhundert.

Ein Problem, das den Liquiditätsengpass noch weiter verschärfte, war das Gebaren Preußens. Friedrich II. hatte nach dem Ende des Krieges begonnen, die Münzverschlechterung wieder rückgängig zu machen, der Edelmetallgehalt der preußischen Münzen wurde schrittweise wieder angehoben. Dadurch sank die Geldmenge und die einhergehende Geldknappheit steigerte die Liquiditätsprobleme vieler Kaufleute noch weiter.

»Ich habe keinen Heller bares Geld, ich weiß auch keines aufzutreiben«, klagte wohl nicht nur Major von Tellheim in Lessings Komödie »Minna von Barnhelm«. Lessing ließ sein Stück bewusst am 22. August 1763 spielen, jenem Tag, an dem Friedrich der Große die »Immediate Wechsel-Commission« einsetzte, welche die Ereignisse der Finanzkrise und deren Auswirkung auf die preußische Wirtschaft sowie die Situation der Kaufleute untersuchen sollte.

Die Krise des Jahres 1763 hatte ein grundlegendes Problem offenbart. Zwar hatte Friedrich die geografischen Grenzen Preußens erweitert, doch sein Wirtschaftssystem war an ideelle Grenzen gestoßen, die nicht so leicht überwunden werden konnten. Der in Preußen sehr stark reglementierten und an den König gebundenen Geschäftswelt fehlte es an einem praktikablen Modell, um die insbesondere während des Siebenjährigen Krieges notwendigen, teils sehr kurzfristigen Kredite zu finanzieren. Das System der Wechsel war in jenem Umfang, in dem es praktiziert wurde, zu undurchsichtig geworden und die fehlende Deckung durch genügend Eigenkapital hatte letztendlich zu dieser Krise geführt. Im Grunde hatte sich auf dem Finanzmarkt eine Parallelwelt mit ganz eigenen Mechanismen aufgetan, die sich durch ihre Komplexität und internationale Vernetzung der Einflussnahme merkantilistischer Regenten wie Friedrich II. entzog, da sie sich in hohem Maße vom materiellen Geld abgekoppelt hatte.

Die in der Krise von 1763 deutlich gewordenen Grenzen des merkantilen Systems bildeten auch einen Ausgangspunkt für die späteren Überlegungen zu einer neuen »politischen Ökonomie«, wie sie Adam Smith 1776 in seinem Werk »The Wealth of Nations«[18] formulierte. Zwar versuchte Friedrich II. in den Folgejahren durch die Einrichtung einer staatlichen »Giro- und Lehnbank« und der »Preußischen Seehandlung« weiter regulierend und fördernd einzuwirken – ein neues Verständnis hinsichtlich einer »aufgeklärten« Finanzpolitik, in der sich bürgerliche Freiheiten eng mit wirtschaftlicher Liberalität verbanden, setzte sich in Preußen jedoch erst Anfang des 19. Jahrhunderts mit den Stein-Hardenbergschen Reformen durch.

[1] Zit. nach Bringmann, Wilhelm: Friedrich der Große. Ein Porträt. München 2006. S. 390.

[2] Eine detaillierte Analyse der Vorgänge findet sich erst in jüngerer Zeit, vgl. hierzu: Schnabel, Isabel/Shin, Hyun Song: Liquidity and Contagion: The Crisis of 1763. In: Journal of the European Economic Association, Volume II, Issue 6. 2004.

[3] Der Begriff Merkantilismus bezeichnet keine geschlossene Wirtschaftstheorie, sondern dient zur Kennzeichnung des Verhaltens der absolutistischen Fürsten dieser Zeit. Ziel des Merkantilismus war es, den Reichtum des Landes zu steigern und dadurch die Macht des Staates auszubauen. Dies funktionierte über eine besondere Beschränkung bei der Einfuhr von Waren bei gleichzeitiger Begünstigung ihrer Ausfuhr. Der Ausbau der Produktivität in Preußen, beispielsweise im Bereich des Manufakturwesens, war hierbei genauso unerlässlich wie ein kontrollierter Umgang mit staatlichen Geldern, etwa zur Finanzierung eines stehenden Heeres zum möglichen Schutz der Landesgrenzen.

[4] Friedrich Wilhelm I. hatte Sparsamkeit und Disziplin in Preußen gewissermaßen etabliert. Er orientierte sich nicht an der kostspieligen Pracht anderer absolutistischer Höfe. Statt prächtiger Gewänder trug er als erster Monarch in Europa eine schlichte Uniform, die geradezu die Prämissen seiner Politik verkörperte. Dies galt auch für den Umgang mit den Staatsfinanzen. So versuchte Friedrich Wilhelm eine Ordnung des zu jener Zeit noch recht ungeregelten Kapitalmarktes vor allem mithilfe von drakonischen Strafen herbeizuführen und durch die Einführung eines allgemeinen Schuldenbuches seine Bürger zu disziplinieren. Entsprechend dieser Grundeinstellung zeigte sich der Merkantilismus in Preußen in einer sehr dirigistischen Form.

[5] Ganz in der Tradition seines Vaters stehend, versuchte Friedrich II., seine Untertanen, insbesondere die Soldaten, zur Sparsamkeit zu erziehen. Schon Friedrich Wilhelm hatte in den Jahren 1726 und 1728 zwei Edikte erlassen, die Friedrich II. am 7. April 1744 durch ein neuerliches »Patent zur Verhütung der Schulden bey den Capitains und subalternen Officiers auch Unterofficiers und gemeinen Soldaten« bekräftigte. Die genannte Personengruppe durfte seither nur noch in besonderen Fällen und nur mit Zustimmung des Regimentskommandeurs bei Gastwirten und Lebensmittelhändlern anschreiben lassen. Das Edikt drohte drakonische Strafen für Soldaten an, die auf Kredit kauften, beispielsweise den berüchtigten Spießrutenlauf. Zwei Jahre später, am 4. Juli 1746, erließ Friedrich ein »Geschärftes Edict wider die Schulden derer Officiers«, in welchem nicht nur den Soldaten und Offizieren Strafen angedroht wurden, sondern auch jenen Kaufleuten und Händlern, die den Soldaten einen Kredit gewährten. Die kaufmännische Freiheit, über die Kreditvergabe selbst zu entscheiden, wurde somit eingeschränkt. Friedrich hatte erkannt, dass man, um das Schulden-Machen zu unterbinden, den Hebel an beiden Seiten ansetzen musste: bei Gläubiger und Schuldner.

[6] Zit. nach Bringmann 2006. S. 385.

[7] Vgl. hierzu u. a. Koser, Reinhold: Die preußischen Finanzen im Siebenjährigen Kriege. In: Forschungen zur brandenburgischen und preußischen Geschichte, Nr. 13. Berlin 1900. S. 329–375.

[8] Hier mussten die Städte und Gemeinden festgesetzte Zahlungen an den preußischen König leisten.

[9] Vgl. hierzu insbes. Bringmann 2006. S. 390ff.

[10] Vgl. Schnabel/Shin 2004, bspw. S. 2.

[11] Vgl. hierzu Altorfer, Stefan (Hg.): History of Financial Disasters, 1763–1995, Bd. 1. London 2006. S. 1ff. sowie Schnabel/Shin 2004.

[12] Vgl. zur Auswirkung der Finanzkrise von 1763 auf Gotzkowsky u. a.: Schepkowski, Nina Simone: Johann Ernst Gotzkowsky. Kunstagent und Gemäldesammler im friderizianischen Berlin. Berlin 2009. S. 302ff.

[13] Vgl. hierzu die detaillierte Aufstellung der Verhältnisse in Schnabel/Shin 2004. S. 8ff.

[14] Vgl. Schnabel/Shin 2004.

[15] Vgl. ebd., insbes. S. 40.

[16] Vgl. hierzu u.a. von Halle, Ernst Levy: Die Hamburger Giro-Bank und ihr Ausgang. (=Studien zur Hamburgischen Handelsgeschichte, Bd. 1). Berlin 1891.

[17] Sinngemäß soviel wie »zirkulieren«.

[18] Vgl. als deutsche Ausgabe: Smith, Adam: Der Wohlstand der Nationen: Untersuchung über das Wesen und die Ursachen des Volkswohlstandes. Frankfurt am Main 2009.

WER SCHULDEN HAT, DER WIRD GEGRÜSST.

~

Berliner Volksmund

VOLKSMUND II: SCHULDEN | BORGEN | LEIHEN

❶
Lass die sorgen, die uns borgen.

❷
Ein schlechter Wirt, der nicht eine Zeche borgen kann.

❸
Wer gut bezahlt, mag wieder borgen.

❹
Versprechen macht Schulden.

❺
Frauen, Pferde und Uhren soll man nicht verleihen.

❻
Wer seine Ehre zum Pfande setzt, dem ist übel borgen.

❼
Scharfe Mahner machen gute Zahler.

❽
Schenk ist tot, Geben hat ein Bein gebrochen.

❾
Leihen macht Freunde.

❿
Borgen und Jucken tut nur eine Weile wohl.

Leihhaus

LOTTCHEN WIRD SANIERT

VON KURT TUCHOLSKY

»Also sind das jetzt alle Schulden, die du hast?«
»Das sind alle.«
»Lottchen, daß du mir aber nicht hinterher mit neuen kommst – du weißt: im vorigen Jahr, in Lugano, habe ich auch alles bezahlt, und wie ich fertig war ...«
»Daddy, ich schwöre dir – diesmal habe ich wirklich alles gebeichtet! Meine Kassen sind überhaupt tadellos in Ordnung – also wirklich!«
»Gut. Also gib noch mal die Aufstellung her; ich will das mit deinen Kassenbüchern vergleichen ... allmächtiger Gott, das sind deine Kassenbücher?«
»Na, was denn?«
»Diese traurigen Fetzen?«
»Selber trauriger Fetzen! Geh mal weg! Gib mal her – bring mir das nicht durcheinander – ich hab mir das so schön geordnet ...! Soll ich vielleicht doppelte Buchführung machen mit Hauptbuch in Kaliko und so nem Quatsch ... gib mal her!«
»Was ist denn das?«
»Das ist der Zettel von den Schulden; aber die hier gelten nicht, die sind schon bezahlt, nein, die sind noch nicht bezahlt, aber die haben Zeit. Die können warten! Käthchen kann warten.«
»Hat dir dein Freund Käthe wieder Geld gegeben? Ich habe dir doch gesagt, du sollst die Frau nicht anpumpen. Ihr Mann ist Arzt und verdient ... ja, ich weiß schon. Aber ich will das nicht. Wieviel?«
»Vierzig Mark.«
»Da steht doch aber fünfundsechzig Mark?«
»Ja ... das heißt ... das sind noch fünfundzwanzig Mark, die habe ich ... die hat sie mir ...«
»Also fünfundsechzig. Und was ist das? Hundertundzehn Mark?«
»Das ist für die Kinder. Schuhe und Strümpfe.«
»Also, weiß Gott: es sind ja nicht meine Kinder. Hundertundzehn. Teure Kinder hast du.
Fünfundsechzig und hundertundzehn ... so geht das überhaupt nicht. Gib mal her – jetzt werde ich mal eine neue Aufstellung machen! Also:

Käthchen 65
Kinder 110
Hankemann 92
Ja, die hast du gebeichtet – ich weiß schon.
Louis Brest ... ach so, die Bank, wieviel? Zweihundertundneun Mark? Sage mal, Lottchen, dir piekt es wohl?«

»*Wieso? Das ist ein altes Debet-Konto, das habe ich ... Das verstehst du nicht – Herrgott, hör doch mal zu! Ich habe mir aus meiner Kleiderkasse im Mai, nein, im vorigen Oktober, fünfundvierzig Mark geborgt, bitte, ich geb sie dir zurück, ich kenn mich doch, mir kann man borgen; und die habe ich in die Kinderkasse getan, und weil in die Reisekasse noch neunundachtzig Mark wegen der Gasrechnung gefehlt haben, da habe ich eben die Miete vom nächsten Vierteljahr genommen – und auf diese Weise habe ich auf der Bank ein Debet-Konto! Das ist doch lohrisch!*«

»Ja, das ist sehr logisch. Aber davon hast du nichts gesagt. Ich will dich ja gern sanieren, das tue ich ja alle Jahre, dieses Großreinemachen – zweihundertundneun Mark Debet ... sage mal Lottchen, wer glaubst du eigentlich, wer ich bin?«

»*Du bist ein alter Gnietschfritze! Hab dich doch nicht so wegen der zweihundert Mark!*
Überhaupt sind sie nicht eilig! Die haben Zeit!«

»Und kosten Zinsen! Also weiter:
Louis Brest 209
Werßhofen 54
Was ist das?«

»*Das ist das, wo ich dir neulich gesagt habe!*«

»Davon hast du nichts gesagt!«

»*Davon habe ich nichts gesagt? Das ist ja großartig! Ich habe nur nicht vierundfünfzig gesagt, damit du nicht so nen Schreck kriegst ... ich habe nur einen Teil zugegeben.*«

»Wieviel?«

»*Drei Mark fünfzig. Das hat man davon, wenn man Rücksicht nimmt! Die gehören überhaupt in die Wirtschaftskasse. Die Schulden, das sind gar nicht meine Schulden ... das schuldet die Wirtschaftskasse!*«

»Wem?«

»*Der Kleiderkasse. Nu weiter!*«

»Also wovon ich alles bezahlen soll ... ich weiß es nicht. Ich weiß es wirklich nicht.

Werßhofen 54
Postscheck 28
– was heißt Postscheck achtundzwanzig ...?«
»Gib mal her. Ich weiß nicht ... Ach so! Das habe ich an Papa mit Postscheck zahlen wollen.«
»Hast dus denn gezahlt?«
»Nein. Papa war damals grade auf Reisen.«
»Wo ist das Geld?«
»Wo ist das Geld! Wo ist das Geld! Komische Fragen stellst du! Das Geld ist natürlich weg!«
»Wo ist es, will ich wissen!«
»Mein Gott, ich hab es an Neschke geschickt, wegen der Schuld.«
»Wegen welcher Schuld?«
»Na, ich ... also ich schulde ihm noch achtundvierzig Mark, vom vorigen Jahr! Herrgott, ich kann nicht immer mit demselben Hut rumlaufen, man kommt sich ja schon rein dämlich vor!
Alle Frauen haben einen neuen Hut, bloß ich nicht! Mach nicht son Gesicht – Neschke kann warten; den brauchst du nicht bezahlen!«
»Zu bezahlen!«
»Verbesser einen doch nicht immer! Das ist ja schlimmer wie ein Lehrer!«
»Als.«
»Wie?«
»Als. Schlimmer als ein Lehrer. Nach dem Komparativ ...«
»Ist hier Grammatik, oder machen wir hier Kasse? Also weiter. Neschke wartet – er ist darin viel kulanter wie die Münchner.«
»Welche Münchner?«
»Ach ... ich habe da auf der Reise ... Daddy, du brauchst nicht gleich zu schreien, zu nach brauchen, ich war doch auf der Durchreise in München, und da habe ich so ein entzückendes Automäntelchen gesehn ...«
»Mäntelchen ist schon faul. Wieviel?«
»........«
»Also wieviel?«
»Hundertundzwanzig. Aber ich trage es noch drei Jahre!«
»Diese Frau ist der Deckel zu meiner Urne. Ich vermag es fürder nicht. Fürder

ist ein seltenes Wort, aber du bist auch selten. Sind das nun alle Schulden?«
»Das sind alle. Dann bloß noch die Apotheke und fünfzig Mark beim Doktor. Aber der kann wirklich warten. Du brauchst ihn nicht zu bezahlen! Ich will es nicht! Ich will es wirklich nicht!
Den bezahl ich allein! Er kann warten! Wirklich!«
»O Popoi. Nein, das ist nicht unanständig; das ist griechisch. Nun schreib mir das alles auf, und ich werde es in meine Brieftasche legen und es mir beschlafen. Großer Gott, du siehst es. Blick herunter! Schreib es so, daß man es lesen kann! So, danke. Ich geh jetzt mal runter, Zigaretten kaufen – gib her! Lottchen, du bist eine teure Dame. Aber nun ist auch wirklich alles aufgeschrieben? Ja? Das ist alles? Das ist nun wirklich alles?«
»Das ist alles. Heiliges Ehrenwort. Das ist wirklich alles. Ich bin gar keine teure Dame – ich bin viel zu billig. Bei meinen Qualitäten! Auf Wiedersehn!«
»Auf Wiedersehn!«
(Das Lottchen): *»Jetzt hab ich richtig vergessen, ihm die zweiundzwanzig Mark Bridgegeld anzusagen! Allmächtiger Braten! Ach was ... ich buch sie in die Sportkasse –!«*

Es reut das Lottchen

»Gar nichts. Ich habe gar nichts. Ich? Nichts. Nein ...
Frag nicht so dumm – man kann ja auch mal nicht guter Laune sein, kann man doch, wie? Ich habe gar nichts.
Nichts. Ach, laß mich. Na, ich denke eben nach. Meinst du, bloß ihr Männer denkt nach? Ich denke nach. Nein, kein Geld – meine Rechnungen sind alle bezahlt. Alle! Ich habe keinen Pfennig Schulden. Was? Keinen Pfennig. Bloß die Apotheke und das Aquarium, das ich mir neulich gekauft habe, und die Schneiderin und bei Käthchen. Sonst nichts. Na ja, die fünfzig Mark bei Vopelius. Nein, wegen dem Geld ist es auch nicht. Wegen des Geldes! Was du bloß immer mit der Grammatik hast – die Hauptsache ist doch, daß ich Geld habe. Ich habe aber keins.
Ach, der Kerl, der ... Na, nichts. Na, dieser Kerl. Der Seemann, von dem ich dir neulich erzählt habe. Er war doch ein bißchen tätowiert wie ein Seemann und sah aus wie ein holsteinischer Bauernjunge. Nein, ich war nie in Holstein – ich denk mir das so. Was mit dem ist? Ach, laß mich.

Natürlich, doch, ja! Seemann ist er. Nein, er war nicht mehr hier. Ich dachte immer, er würde mal kommen. Wieso? Wieso! Weil er mich angepumpt hat! Wieso ist das die Höhe? Das ist gar keine Höhe! Ich pump dich doch auch manchmal an. Aber ich sag wenigstens nicht, daß ichs dir wiedergebe! Nein, nicht viel. Ist ja egal. Ach ... ich weine gar nicht. Viel nicht. Einmal fünfzig Mark und einmal achtundsechzig. Na und –?
Na und? Ich hab doch gedacht, er wär zwei Jahre auf See gefahren. Das hat er mir erzählt.
Bitte, meine Freunde lügen nicht ... wenn die was erzählen, dann ist es wahr, meistens ist es sogar wahr. Die lügen eben nicht alle wie du neulich mit Micky. Hast du die Person wiedergesehn?
Er war gar nicht auf See. Auf dem Land natürlich. Ach, laß mich.
Na, er hat eben gesessen.
Anderthalb Jahre. Ich weiß nicht warum. Wo? Das ist doch egal. In Plötzensee.
Ich weiß nicht, weswegen – laß mich in Ruhe. Es hat mir einer erzählt. Da war ein Mann, der holt sich hier immer alte Kindersachen ab, die geb ich ihm, und der hat für einen Freund gebeten, den haben sie grade entlassen, und da sind wir ins Gespräch gekommen, und da hat er auf einmal den Namen von dem gesagt, von dem Seemann. Und da ist es rausgekommen. Die kannten sich alle zusammen. Anderthalb Jahre. Mir hat er gesagt, er war in Bali. Und dabei war er in Plötzensee.
Ich weiß nicht, warum – laß mich in Frieden! Darauf kommt es auch gar nicht an! Mein Geld ...? Ich war gleich auf der Kriminalpolizei. Du, da war aber so ein netter Mann, der mich da empfangen hat, den habe ich gefragt. Ich habs ihm alles erzählt. Sah sehr gut aus, der Mann – ein Kriminalrat oder so. Wie ich rausgehn will, sagt er zu mir: Frau Laßmann, sagt er, Sie haben zu schöne Augen! Das Weiße da drin: ganz blau! Hat er gesagt! Und dann war ich nochmal da, und da hat er mir Gedichte vorgelesen, der Mann macht nämlich Gedichte. Na, meinste, du machst bloß alleine Gedichte?
Sollen sie sich vielleicht vorne reimen – natürlich haben sie sich hinten gereimt! Sehr schöne Gedichte. Und er hat gesagt: Das ist ja glatter Betrug! Glatter Betrug ist das! Vorspiegelung falscher Tatsachen, sagt er. Und er wird dahinterhaken. Und dann hat er mir noch ein Gedicht vorgelesen. Ob ich so zu meinem Geld komme? Daddy, ich werd dir mal was sagen:

Mein Geld will ich gar nicht wiederhaben! Der Kerl ist bei mir gestrichen. Ich, mit einem Seemann? Nie wieder. Ist das eigentlich ein höherer Beamter, ein Kriminalrat?
Und hier ist noch eine Rechnung, die kannst du auch bezahlen. Warum sagst du ahoi? Und ich werde dir mal sagen, woher das alles kommt:
Ich habe viel zuwenig Geld, und viel zuviel Herz. Und bei dir ist es eben umgekehrt. Ahoi –!«

ALLE FÜMFE IN DIE ZEHNE
ZUR BERLINER POESIE DES ÜBERS-OHR-HAUENS

VON LAVINIA MEIER-EWERT

Was dem Eskimo der Schnee und dem Ostasiaten der Reis, ist dem Berliner das Behumsen – sprachlich, versteht sich. Doch während die vermeintlich vier arktischen Ausdrücke für Schnee, die der Anthropologe Franz Boas zu Beginn des 20. Jahrhunderts von seiner Expedition zu den Inuit mitbrachte, die der Linguist Benjamin Whorf Jahre später noch einmal erhöhte – und die schließlich irgendwann, im Zuge steter Inflation in Hauptseminaren und anderswo, auf ganze Hundert anschwollen –, mittlerweile allseits für erledigt gelten, und auch der These von den angeblich zweihundert Wörtern für Reis der Durchbruch zur urbanen Legende wohl mit gutem Recht nie ganz gelang, hat der Berliner weiter Oberwasser. Aus der Lamäng verfügt er für den Sachverhalt des Über-den-Tisch-Ziehens über mehr Ausdrücke als der Eskimo für Schnee zu seinen besten Zeiten. Kein Tun und kein Geschehen wird mit solch überbordender Wortgewalt bedacht wie das Übervorteilen und das Übervorteiltwerden. Sieht man vielleicht einmal ab von der ebenfalls beeindruckenden Vielfalt an berlinischen Wendungen für die, nicht selten ineinander übergehenden, Tätigkeitsfelder »trinken« und »schlagen«.

Dass der Berliner handfest tatsächlich sooft zuschlägt, wie er es sprachlich tut, darf getrost bezweifelt werden, doch was er sich an Wortgefechten liefert, das kann Ausmaße annehmen, die ein Zählen ebenso unmöglich machen wie im Fall der Eskimowörter für Schnee. Dass man deren Anzahl nicht ermessen kann, liegt im polysynthetischen Charakter der Inuitsprachen begründet, innerhalb derer sich jede Wendung zu einer unbegrenzten Zahl zusammengesetzter Wörter fügen lässt. Vieles spricht dafür, dass auch die berlinischen Bedrohungsvariationen unerschöpflich sind, Halt machen sie zumindest weder vor Kleinlichkeiten der Semantik noch der Biologie und schon gar nicht vor dem guten Geschmack. Auch sprachliche Splatterszenarien und der tiefe Griff in die Kalauerkiste sind dem Berliner nicht fremd. Eher unästhetisch droht er: *Ihnen is woll schon lange nich mehr de Pupille übert Schemisettchen gekleckert?* Und, nicht minder schmerzhaft, wenn auch auf einer anderen Ebene: *Krichst eene vor'n Bahnhof, detta sämtliche Jesichtszüje entgleisen.*

Ein Zeichen für Selbstironie sei das, erklärt »Der richtige Berliner«, Standardratgeber in diesen Fragen, ebenso verhalte es sich mit den vielen Ausdrücke für »trinken«. Der Berliner ist nämlich kein Säufer, er geht einfach sehr gern in die Kneipe, am liebsten gleich um die Ecke, aber eigentlich nur, um zu vermeiden, dass er trübsinnig wird: »Er neigt zur Melancholie, lässt sie indes nicht gerne aufkommen. Die für die Schwermut so gefährliche Dämmerstunde verbringt er darum, wenn's irgend geht, in der Kneipe. Das kleine Helle ist seine Seelenhygiene. Die Kneipenpause verschafft dem Berliner den Abstand zu sich selbst und zu der Welt ringsum.«[1]

So friedvoll das ist, so luftig und von so alltagsgegenständlicher, fast amtsmäßiger Bescheidenheit die Synonyme sind, die er für das Trinken fand – picheln, eenen uf'n Diensteid nehmen, in de Jacke schwenken oder uf de Lampe jießen, was tuten, schmettern, zwitschern oder vom Turm blasen –, sein wahres sprachliches Füllhorn ergießt er woanders:

balbieren – belummern – berumpsen
beschuppen – betimpeln – betuppen

Was in seinem lautmalerischen Sound fast daherkommt wie das Little Richard-Intro *A-Wop Bop-a-Loo-Bop A-Lop-Bam-Boom*, ist der geradezu fingerschnipptaugliche Paradefall einer Beobachtung des Verlegers Helmut Kindler. Berlinern, befand er, sei der »Übergang von Sprache zu Musik.«[2] Berlinern hat Schmiss – *Een Wort und de Neese sitzt hinten* –, und die Gewalt der Sprache entfaltet es in einer Poesie des Übers-Ohr-Hauens. Dabei scheint die Betonung vor allem auf dem Hauen zu liegen, denn wenn man Synonymen wie belämmern, beramschen, behumsen, beschuppsen, beneppen oder berammen einmal nachlauscht, erklingt in ihnen allen ein Verbtypus, dessen Stamm jede Schlägerei in einem Comic bestens illustrieren könnte: rumps! lämm! ramm! Da ist es nur stimmig, dass auch »betäuben« zu den Synonymen gehört – es kommt, am Ende, auf dasselbe heraus.

Wer also ausjebufft genug ist, etwas auszubaldowern, zu mauscheln, zu schachern, zu kaupeln, Kabrusche oder Schmu zu machen, der weiß zweifellos, wo Bartel den Most holt.

Er handelt und macht Geschäfte, beides durchaus mit dem Ruch des Unlauteren, wie es die aus dem Rotwelsch, der Ganovensprache, ins Berlinische eingegangenen Wörter andeuten. Ganove selbst stammt vom hebräischen Ganaf, Dieb, ab. Wer schachert, handelt – wenn er Kabrusche macht, mit den Mitteln der Verschwörung –, der Mauschelnde setzt ein Beispiel (hebr. Moschal), in diesem Fall ein schlechtes, und wer Schmu macht, betrügt, und verhält sich somit schofel. [3] Dass so viele der ins Berlinische eingegangenen Wörter aus dem Rotwelschen hebräischen Ursprungs sind, begründet Agathe Lasch, die 1928 die erste berlinische Sprachgeschichte mit wissenschaftlichem Anspruch erarbeitete, mit der Tatsache, dass die »Winkelkneipen, in denen man sich traf« und in denen derlei Geschäfte gemacht wurden, »vielfach in jüdischen Händen« waren. [4] Bei Bartel, der seinen Most holt, wiederum geht es weniger um wie auch immer geartetes Verhandeln denn um gezieltes Draufhauen: Führt man Bartel auf das hebräische Wort Barsel für Eisen oder Brechstange zurück und Most auf Moess, Kleingeld, handelt es sich hier ganz umstandslos darum, eine Geldquelle mit dem Brecheisen zu bearbeiten. [5]

Derlei schlagkräftiges Vokabular und die wildwestmäßigen Bilder von Mann-gegen-Mann-Kämpfen, die es aufruft, sollen jedoch nicht darüber hinwegtäuschen, dass der Berliner auch anders kann: nicht nur vorne drauf, sondern auch hintenrum. Gemogelt und geschummelt wird deutschlandweit, sich bei jemandem anvettermicheln, um ihn dann anzuplauschen, das macht man nur in Berlin. Eine eigentlich genuin kölsche Freude an der Jemötlischkeit des Filzes spricht aus diesen plüschig-heimeligen Wörtern. Und ähnlich wie der Kölner verfügt auch der Berliner über treuherzige verbale Augenaufschläge wie: »Dazu sind ja die Fehler, det se jemacht wer'n!« [6]

Eigentlich aber ist der Preuße ja ehrenhaft und so fällt bei weit mehr Wendungen doch die gewissenhafte Ausübung des Übervorteilens als Handwerk ins Auge. Zahlreiche Gewerke leihen dem Behumsen Wörter aus ihrem Repertoire: Vom Friseur, der einseift oder eenen über'n Löffel balbiert – dereinst eine Technik, um durch einen Esslöffel im Mund des Kunden beim Rasieren dessen erschlaffte Wange von innen zu spannen –, bis zum Kürschner, der einem das Fell über die Ohren zieht, und einer ganzen Bandbreite milch- und holzverarbeitender Tätigkeiten: anmeiern, absahnen, andrechseln, anleimen, lackieren.

Es scheint also, rein sprachlich, das Betrügen nicht nur etwas zu sein, das handwerklich sauber auszuführen ist, darüber hinaus wirkt die Betrügerei an jenem, dem sie widerfährt, mitnichten stigmatisierend, vielmehr dekorativ: Sauber, glatt rasiert oder frisch frisiert geht er aus der Sache heraus. Wer eenen Zopp gemacht bekommt, mag ordentlich angeschmiert, eingewickelt und zugedeckt worden sein, aber immerhin sieht er anständig aus. Auf Zöpfe wurden schließlich einmal Eide geschworen – man schwur »mit Hand und Mund, mit Zopf und Brust« –, und unter dem rigiden Sparkurs von König Friedrich Wilhelm I. war der straff gebundene Soldatenzopf ein optischer Befreiungsschlag von der vormals ausufernden Perückenpracht.

Auch der Betrügende selbst kommt optisch so schlecht nicht weg. Während er anderen eene Nase dreht – und sich dabei eine goldene verdient –, bis jene womöglich Schulden haben wie Haare auf dem Kopf, ist er selbst eener mit Ärmel. Wie immer die aussehen mögen, das klingt gut angezogen und erinnert an die weiten Ärmel mittelalterlicher Gewänder, aus denen sich sprichwörtlich zaubern oder zumindest allerlei schütteln ließ, ebenso wie an die weißen Ärmel des Büromenschen, der sich nicht schmutzig machen muss, um seinen Lebensunterhalt zu verdienen. Während einer, der beschlauft, also mit Schleifen versehen worden ist, womöglich ein wenig albern aussieht, sitzt der Ärmel des Durchtriebenen wie ein guter Anzug, der dem, der zu mogeln versteht, das Ansehen eines Jroß-Moguls geben kann.

So schmerzhaft vor allem dieses Spiel mit Homonymen mitunter ist, so wenig kann man dem Berliner vorwerfen, sich keine Mühe zu geben, seine Gedanken in Worte zu kleiden, wie eine der Anforderungen an den Redner in Ciceros Lehre vom sprachlichen Ausdruck lautet. Sogar Goethe gestand den »Berliner Sprachverderbern«[7] zu, sprachschöpferisch Wörter zu entwickeln, »wie [sie] Aristophanes nicht gewagter hätte bilden können.« Besonders beeindruckte ihn der in der Tat bemerkenswerte Ausdruck »Butterkellertreppengefalle«: »Man fällt ja selbst mit hinunter, ohne auch nur eine Stufe zu verfehlen.« Das Wort vollzieht, wovon es spricht; es holpert die Klangtreppe hinunter wie einer, der auf buttrigen Stufen ausrutscht – ebenso wie sich der Betuppte verbal gegen die Stirn schlägt.

»Schöne Wörter sind in Wahrheit das eigentliche Licht des Gedankens.«[8] Das schrieb der aus Rhetoriklehrbüchern bekannte antike Dichtungstheoretiker Pseudo-

Longinos und konstatierte damit eine Abhängigkeit des Gedankens von der Sprache. Die Worte erhellen, was gedacht wird. Aber es sind ja nicht allein die Worte. Im Berlinischen wird man auch rhetorisch über den Tisch gezogen.

Schlimm ist vor allem die bereits erwähnte Liebe zum Homonym, häufiger: zum Homophon. »Ick werd Dir gleich meine Fümfe in die Zehne dividieren«, ist einer dieser Sätze, bei denen sich erst nach Zu-Ende-Hören des Gesagten erschließt, auf welch üble Weise man gefoppt worden ist. Ebenso verhält es sich mit der Prügel-Androhung »Det jibt was aus de Armenkasse« (nicht *für* Arme, sondern *mit den* Armen, *haha*). Klassische Kalauer sind das – und sogar bei der Entstehung dieses Wortes hatte der Berliner seine Finger im Spiel. Ein Nachschlagen der Herkunft von »Kalauer« im »Sachwörterbuch der Literatur«[9] ergibt: fauler Wortwitz, Berliner Eindeutschung des französischen Calembourg. Von wegen: »calembour, etymologische Herkunft unbekannt«, schreibt der ehrenwerte französische Dictionnaire Robert. Weil der Kladderadatsch-Redakteur Dohm Mitte des 19. Jahrhunderts aus Kalau in der Niederlausitz Witzchen in die Hauptstadt geschickt haben soll,[10] hat der Berliner flugs den französischen Ort Calembourg/ Kalau erfunden. Der Begriff Kalauer ist mithin selber einer – das soll erst einmal einer nachmachen.

Die »hinterlistige Kunst« der Rhetorik (Kant)[11] beherrscht der Berliner aus dem Effeff: Wat hier jelacht wird, det lach ick. Man ist verstimmt, eh man die Absicht merkt, noch verstimmter, sobald man sie ganz begriffen hat. Vielleicht erklären sich aus diesem Leid der um der Pointe willen zu kurz Gekommenen die aggressiven Attacken, mit denen sich so viele gegen das Berlinische zur Wehr haben setzen müssen. »Ekelhafte[r] Dialekt«, urteilte der Komponist Albert Lortzing;[12] »Jargon aus verdorbenem Plattdeutsch und allem Kehricht und Abwurf der höhern Gesellschaftssprache« der Schriftsteller Willibald Alexis – und fährt fort: »... auf eine so widerwärtige Weise componirt, dass er nur im ersten Moment Lächeln erregt, auf die Dauer aber das Ohr beleidigt.«[13] Nur das Ohr?

Den Berliner treibt der Wunsch, schneller gewesen zu sein. Er möchte die Sache durchschaut haben, bevor überhaupt die Möglichkeit aufkommt, dass er ihr auf den Leim gehen könnte (Das wiederum könnte eine Erklärung für seine Manie sein, Wahrzeichen mit despektierlichen Spitznamen zu versehen; »Renommierpimmel« und »Waschmaschine« für Fernsehturm und Kanzleramt – Ick lass ma doch nich von eurer Architektur beeindrucken!). Im Grunde vollzieht er hiermit sprachlich, was ihm Fontane für sein Verhalten auf der Straße zugeschrieben hat: Wer ein echter Berliner werden wolle, der müsse lernen, einen fremden Menschen auf der Straße anzurempeln, um ihn dann mit den Worten »Pass besser uff, man!« zurechtzuweisen. [14]

Und wenn er schon nicht immer der erste sein kann, dann will er wenigstens das letzte Wort haben. »Verbales Duell« nennt der Sprachwissenschaftler Peter Schlobinski das. Man könnte auch von einer Rhetorik des Überbietens sprechen. Als Anlass genügt ein einfacher Morgengruß: [15]

A: Morgen!
B: Guten Morgen!
A: Ein wunderschön' guten Morgen!
B: Ein recht schön wunderschön' guten Morgen!
A: Sag bloß, du hast jut jeschlafen heut.

Wäre das ganze ein Tennismatch, hätte A hiermit den uneinholbaren Stopball gespielt. Anstatt sich von B in immer höher sich auftürmende Wortkaskaden treiben zu lassen, hält er inne und wendet das Blatt; B läuft auf. In eine ähnliche rhetorische Falle lässt auch Adolf Glaßbrenner, der mit seinem Eckensteher Nante den Berliner Typus schlechthin geschaffen hat (Herz + Schnauze), die Zuschauer der folgenden Szene tappen:
NANTE *sitzt auf einem Steine an einem Eckhause und trinkt aus seiner Schnapsflasche.*

Aach, det schmeckt!
det schmeckt
als wenn Eener Schnaps drinkt,
un er schmeckt ihm. [16]

Same procedure: Erwartungen aufbauen und sie dann mit einem Pieks genüsslich zerplatzen lassen. Wie der mit dem Hasen um die Wette laufende Igel in der Fabel ist der Berliner mit seinen sprachlichen Abzock-Manövern immer »schon da«, wenn der andere ankommt. Er lässt sich nicht die Butter vom Brot nehmen und ist, koste es, was es wolle, immer lieber der mit Ärmel als der mit der angedrehten Nase.

Aber die Frage ist ja: »Wat will det sagen vor 'ne Stadt wie Berlin?«[17] Für einen Anhänger der sprachlichen Relativität wäre die Sache klar: »Ob in einem Land Unkraut wächst, hängt von der Sprache seiner Bewohner ab.«[18] Die Sprache bestimmt, wie die Welt aussieht. »Die Formulierung von Gedanken«, schreibt der Linguist Benjamin Whorf, der das Eskimoschneewörter-Beispiel in Umlauf brachte, »ist kein unabhängiger Vorgang [...], sondern [...] beeinflusst von der jeweiligen Grammatik.« Das »linguistische System«, so Whorf, sei kein »reproduktives Instrument zum Ausdruck von Gedanken [...], sondern [formt] vielmehr selbst die Gedanken.«[19] Mit anderen Worten und auf Berlin und sein Verhältnis zum Behumsen bezogen: Was will man schon erwarten von einem Volk, das 5-Cent-Münzen als Sechser bezeichnet?

Andererseits: Was ist hier Huhn und was Ei? Behumst der Berliner so viel, weil seine Sprache ihm das vorgibt? Oder hat er deshalb so viele Wörter und Wendungen für den Akt des Übervorteilens finden müssen, weil der seit jeher das Geschäftsleben der Stadt bestimmt – und nur dessen exakte Identifizierung, wie jene der Schneebeschaffenheit durch den Eskimo, sein Überleben sichern konnte? Seine verbale Wendigkeit wäre somit evolutionär bedingt.

Und auf dem Kiwief muss man schon sein in einer Stadt, in der Begriffsstutzigkeit schnell mit finanziellem Hintendranbleiben gleichgesetzt wird. Wer ständig Gefahr läuft, dass ihm zehn Pfennich anne Mark fehlen oder der Jroschen in Fennje fällt, dem geht es schon aus Selbsterhaltungsgründen ums »Rechthaben à tout prix« (Fontane). Der Berliner fährt gut mit dem Motto: Hat er etwas belacht, existiert es nicht mehr für ihn. Ob diese Mentalität nun ein »Produkt des Daseinskampfes seit dem 16. Jahrhundert«[20] ist, seines mühevollen Lebens in karger Landschaft und auf den dürftigen Sandböden der Mark, oder ob sie einzig dazu da ist, ihn »manchen Puff des Daseins leichter ertragen« zu lassen – wer will das schon entscheiden. Und was macht es auch, schließlich ist doch – so mühevoll das Leben auf der Großstadterde ist – ein Berliner Witz ohnehin »mehr wert als eine schöne Gegend.«[21]

Und wer weiß, am Ende ist es doch vielleicht alles ganz anders und der Berliner, Geschichte hin oder her, überhaupt kein abgezockter Behumser – nur einer, der sich halt nicht unterkriegen lässt. Und was, wenn sein sprachliches Über-den-Tisch-Ziehen dem Übervorteilten gar noch nicht einmal zum Nachteil gereicht? Die Wienerin Eva Menasse sieht es so: »Der Berliner ist auf den ersten Blick unfassbar unfreundlich, um nicht zu sagen, grob, aber auf lange Sicht eine ehrliche Haut. Beim Wiener ist es umgekehrt.«[22]

---

1 Meyer, Hans und Mauermann, Siegfried: Der richtige Berliner in Wörtern und Redensarten. Bearbeitet und ergänzt von Walter Kiaulehn. München 1985. S. 13.

2 Ostwald, Hans: Der Urberliner. Der Klassiker des Berliner Humors. Neu herausgebracht, bearbeitet und mit einem Nachwort von Hans Clauert. Berlin 1991. S. 153.

3 Nachama, Andreas: Jiddisch im Berliner Jargon oder Hebräische Sprachelemente im deutschen Wortschatz. Berlin 1995.

4 Lasch, Agathe: »Berlinisch« – Eine berlinische Sprachgeschichte. Berlin 1928. S. 172.

5 Nachama 1995. S. 44.

6 Ostwald 1991. S. 5.

7 Johann Wolfgang Goethe im Gespräch zu F. Förster, 25.8. 1831. Zitiert nach: Dobel, Richard (Hg.): Lexikon der Goethe-Zitate. München 1995. S. 60.

8 Zitiert nach: Groddeck, Wolfram: Reden über Rhetorik. Zu einer Stilistik des Lesens. Basel/Frankfurt am Main 2008 (2. Auflage). S. 70.

9 von Wilpert, Gero: Sachwörterbuch der Literatur. Stuttgart 1969 (5. Auflage).

10 Etymologisches Wörterbuch des Deutschen. Erarbeitet unter der Leitung von Wolfgang Pfeifer. München 2003 (6. Auflage).

11 Zitiert nach: Groddeck 2008. S. 8.

12 Dueringer, Philipp Johann: Albert Lortzing. Sein Leben und Wirken. Leipzig 1851. S. 111.

13 Zitiert nach: Schildt, Joachim/Schmidt, Hartmut (Hg.): Berlinisch: geschichtliche Einführung in die Sprache einer Stadt. Berlin 1986. S. 286.

14 Berliner Ansichten. Andreas Conrad verzweifelt über dem Berliner Umgangston. Der Tagesspiegel, 21. 2. 2010. http://www.tagesspiegel.de/berlin/berliner-ansichten-andreas-conrad-verzweifelt-ueber-dem-berliner-umgangston/1687562.html, 27. 3. 2012.

15 Beispiel aus: Schlobinski, Peter: Berlinisch für Berliner und alle, die es werden wollen. Berlin 1984. S. 53f.

16 Zitiert nach Mauermann/Meyer 1985. S. 225.

17 Ebd.

18 Johannes Leo Weisgerber, zitiert nach: Pelz, Heidrun: Linguistik. Eine Einführung. Hamburg 1996. S. 37.

[19] Whorf, Benjamin Lee: Sprache – Denken – Wirklichkeit. Beiträge zur Metalinguistik und Sprachphilosophie. Hg. und übersetzt von Peter Krausser. Hamburg 2008 (25. Auflage). S. 12.
[20] Schlobinski 1984. S. 41.
[21] Hegel zugeschrieben.
[22] Komet – Persönlich. Interview mit der Autorin Eva Menasse. In: Kosmos Österreich, Nr. 39/2011: Abschied. S. 23.

JELD ALLEENE MACHT NICH GLÜCKLICH;
MAN MUSS OOCH WAT HABEN.

~

Berliner Volksmund

Quellennachweise

S. 10 Zitat Karl Pisa. Quelle: www.zitate.de

S. 12 Liste »Die Entwicklung des Berliner Schuldenstandes«. Quelle: Statistisches Bundesamt

S. 19 Tucholsky, Kurt: Berliner Geschäfte. Erschienen in: Ders.: Das Lächeln der Mona Lisa. Auswahl 1926 bis 1927. Verlag Volk und Welt. Berlin 1974. S. 60ff.

S. 29 Hoffmann von Fallersleben, August Heinrich: Gründers Mittagslied. Erschienen in: Ders.: Gesammelte Werke. Hg. von H. Gerstenberg. Fontane. Berlin 1890ff. Zitiert nach: Conrady, Karl Otto: Das große deutsche Gedichtbuch. (c) 2008 Bibliographisches Institut/Artemis & Winkler, Mannheim, S. 342. (4. Aufl. von 1995)

S. 30 von Siemens, Werner: Wiege einer Weltfirma. Erschienen in: Häßlin, Johann Jakob (Hg.): Berlin. Völlig umgestaltete Ausgabe. Prestel Verlag. München 1971. S. 322.

S. 34 Zitat de la Rochefoucauld. Quelle: www.aphorismen.de.

S. 35 Volksmund I. Quelle: www.alle-sprichwoerter.de

S. 43 Schröder, Jörg/Kalender, Barbara: Alles in allem zehn Millionen. Zuerst erschienen in: Frankfurter Allgemeine Sonntagszeitung vom 9. 10. 2011.

S. 48 Zitat Oscar Wilde. Quelle: Wilde, Oscar: Das Bildnis des Dorian Gray. Verlag Neues Leben. Berlin 1987. S. 42.

S. 52 Liste »So ließen sich Berlins Schulden tilgen«. Quelle: Haushalt und Finanzen Berlins. Ein Überblick. www.berlin.de

S. 52 Liste »Und all das ließe sich finanzieren ...«. Quelle: Finanzplanung von Berlin 2011 – 2015. www.berlin.de.

S. 53 Martenstein, Harald: My Big Fat Greek Column. Zuerst erschienen in: Zeit Magazin vom 14. 7. 2011.

S. 57 Pfau, Ludwig: Herr Biedermeier. Erschienen in: Der deutsche Vormärz. Texte und Dokumente. Hg. von J. Hermand. Reclam. Stuttgart 1967. Zitiert nach: Conrady, Karl Otto: Das große deutsche Gedichtbuch. (c) 2008 Bibliographisches Institut/Artemis & Winkler, Mannheim, S. 336. (4. Aufl. von 1995)

S. 58 Cicero-Zitat. Dieses Zitat wird Cicero lediglich zugeschrieben. Quelle: www.zitate-online.de.

S. 77 Zitat Roland Koch. Quelle: Focus Magazin, Nr. 24 (2007). Sprüche der Woche.

S. 78 Schopenhauer-Aphorismus. Erschienen in: Schopenhauer, Arthur: Zürcher Ausgabe. Werke in zehn Bänden, Bd. IX. Parerga und Paralipomena: kleine philosophische Schriften. Zweiter Band. Diogenes. Zürich 1977. S. 281.

S. 80 Liste »Zinsausgaben des Landes Berlin«. Quelle: Senatsverwaltung für Finanzen: Haushalt und Finanzen Berlins. Ein Überblick. Mai 2011. Folie 2.

S. 91 Ostwald, Hans: Wir versaufen unser Oma ihr klein Häuschen. Erschienen in: Ders.. Sittengeschichte der Inflation. Ein Kulturdokument aus den Jahren des Marksturzes. Neufeld & Henius Verlag. Berlin 1931. S. 218f.

S. 98 Heine, Heinrich: Die Heimkehr. Erschienen in: Ders.: Buch der Lieder. Aufbau Verlag. Berlin und Weimar 1987. S. 119.

S. 110 Liste »Die häufigsten Ursachen für private Überschuldung«. Quelle: Pressematerialien der Schuldnerberatung Berlin. »10 Jahre Verbraucherinsolvenz – eine Erfolgsgeschichte«. Jahresende 2008. www.schuldnerberatung-berlin.de/10jahreVIV.pdf., 15.4. 2012.

S. 135 Hoffmann von Fallersleben, August Heinrich: Die sieben Sachen. Erschienen in: Ders.: Unpolitische Lieder II. Hoffmann & Campe. Hamburg 1840/41.

S. 137 Bremer, Jan Peter: Ein Schmuckstück. Zuerst erschienen in: Frankfurter Allgemeine Sonntagszeitung vom 9.10. 2011.

S. 139 Fontane, Theodor: Der echte Dichter. Erschienen in: Gedichte von Theodor Fontane. J. G. Cotta'sche Buchhandlung Nachfolger. Stuttgart und Berlin 1905. S. 53f.

S. 147 I. Validus. In: Weltbühne, 11/1919. II. Ungenannter Zahnarzt. In: Tage-Buch, 12/1923. III. Polgar, Alfred: Hinterland. Rowohlt Verlag. Alle drei Texte zitiert nach: Ostwald, Hans: Sittengeschichte der Inflation. Ein Kulturdokument aus den Jahren des Marksturzes. Neufeld & Henius Verlag. Berlin 1931. I: S. 62. II: S. 64. III. S. 100f.

S. 151 Henckell, Karl: Börsencafé. Erschienen in: Ders.: Gesammelte Werke. J. M. Müller. München 1921. Zitiert nach: Conrady, Karl Otto: Das große deutsche Gedichtbuch. (c) 2008 Bibliographisches Institut/Artemis & Winkler, Mannheim, S. 388. (4. Aufl. von 1995)

S. 152 Kaiser, Georg: Song vom Zusammenhang zwischen Hunger und Geschäft. Erschienen in: Ders.: Stücke. Erzählungen. Aufsätze. Gedichte. Hg. von W. Huder. Kiepenheuer & Witsch. Köln 1966. Zitiert nach: Conrady, Karl Otto: Das große deutsche Gedichtbuch. (c) 2008 Bibliographisches Institut/Artemis & Winkler, Mannheim, S. 537. (4. Aufl. von 1995)

S. 171ff. Quellenangabe Akte: Brandenburgisches Landeshauptarchiv (BLHA), Rep. 36A Oberfinanzpräsident Berlin-Brandenburg (II) Nr. 24501.

S. 174 Lessing, Gotthold Ephraim: An eine würdige Privatperson. Erschienen in: Ders.: Gesammelte Werke, Bd. I. Aufbau Verlag. Berlin 1954.

S. 175 Voßmeyer, Lothar: Das Ende des Dreifachen Wehs. Zuerst erschienen in: Frankfurter Rundschau vom 20.12. 2010.

S. 184 Fontane, Theodor: Prinz Louis Ferdinand. Erschienen in: Ders.: Werke und Schriften. Hg. von Walter Keitel und Helmuth Nürnberger. Ullstein. Frankfurt am Main/Berlin/Wien 1979. S. 224ff.

S. 185 Liste »Berliner Haushaltsmaßnahmen«. Vgl. hierzu u.a. Weinzen, Hans W.: Berlin und seine Schulden. Ein Land auf der Flucht vor der Wirklichkeit? Berliner Wissenschafts-Verlag. Berlin 2003.

S. 187 Hoppe, Bert: Wie bankrott war die DDR wirklich? Zuerst erschienen in: Berliner Zeitung vom 31.10. 2009.

S. 201 »Scheiß-Schwaben«. Quelle: Bundesrat, Drucksache 551/11 vom 16.9. 2011. Zweite Verordnung zur Durchführung des Finanzausgleichsgesetzes im Ausgleichsjahr 2010.

S. 211 Volksmund II. Quelle: www.alle-sprichwoerter.de

S. 213 Tucholsky, Kurt: Lottchen wird saniert und Es reut das Lottchen. Erschienen in: Ders.: Man sollte mal ... Eine Auswahl von Hermann Kesten. Büchergilde Gutenberg. Frankfurt am Main 1957. S. 25ff.

Moabiter
Leihhaus
OSKAR LOHMANN
Ankauf Verkauf
Beleihungen

Die Herausgeber danken

Albrecht Henkys und Uwe Winkler von der Stiftung Stadtmuseum Berlin sowie Maria Deiters für wissenschaftlichen Beistand. Ines Pannek von der Fotothek der Stiftung Stadtmuseum Berlin und Andrea Theissen für die freundliche Unterstützung. Charlotte Gubig fürs Transkribieren, Ronald Fischer-Weise für Beratung, Bewirtung und exzellenten Wein. Allen Kolleginnen und Kollegen von der Stadtmuseum Berlin GmbH, insbesondere David Schiesser, Beatrice Endert und Moritz Möller fürs Rückenfreihalten. Helmut Herbig und Iris Schewe von der Bibliothek der Stiftung Stadtmuseum Berlin für wichtige Hinweise. Obergerichtsvollzieher Markus Oegel für das ausführliche Gespräch und dem ehemaligen Gerichtsvollzieher Peter Streich für die Einsicht in das Archiv der Deutschen Gerichtsvollzieher Zeitung sowie beiden für ihre Unterstützung. Thomas F. Dem Brandenburgischen Landeshauptarchiv für das rasche Bearbeiten. Mathew D. Rose für den Hertha-Ordner. Heidrun Meier-Ewert für kluge Kommentare und Schokoladenkuchen, Laura Meier-Ewert für gute Hinweise, beiden für Geduld und Unterstützung; Günter Resch für historische Auskünfte und Thomas Resch für die Kneipenrecherche, Terence Winter für »Boardwalk Empire«. Ingrid Glanzmann für den Satz »Wer Schulden hat, der wird gegrüßt«. Allen Freunden für Hinweise, Geduld und starke Nerven. Und natürlich allen Autoren.

Jan Peter Bremer, geboren 1965, lebt als freier Schriftsteller mit seiner Frau und seinen Kindern in Berlin. Er erhielt unter anderem den Ingeborg Bachmann-, den Alfred Döblin- und den Eduard Mörike-Preis. Zuletzt erschien von ihm der Roman »Der amerikanische Investor« (Berlin 2011).

Christine Friedrich, geboren in Cottbus. Studium der Wirtschaftskommunikation, Kulturwissenschaft und des Kultur-und Medienmanagements. Mitbegründerin und Verlegerin des Verlag M – Stadtmuseum Berlin GmbH.

Bert Hoppe, geboren 1970, ist Sachbuchlektor beim Verlag Rowohlt. Berlin. Zuvor hat er als Historiker an der Humboldt-Universität Berlin und beim Institut für Zeitgeschichte gearbeitet und war als Journalist u. a. für die Berliner Zeitung, die Süddeutsche Zeitung und die Neue Zürcher Zeitung tätig. Seine Schwerpunkte liegen auf der deutschen und sowjetischen Zeitgeschichte; zu seinen Veröffentlichungen gehören: »Auf den Trümmern von Königsberg. Kaliningrad 1946–1970« (München 2000), und »In Stalins Gefolgschaft. Moskau und die KPD 1928–1933« (München 2007).

Barbara Kalender wurde 1958 im hessischen Stockhausen geboren. Seit 1990 erscheinen viermal jährlich die Folgen von »Schröder erzählt«, die Barbara Kalender und Jörg Schröder sich gegenseitig erzählen. Die Tonbandabschrift wird anschließend von beiden Autoren redigiert. Informationen zu »Schröder erzählt« jederzeit gern: MÄRZ Desktop VERLAG, Wexstraße 29, 10715 Berlin, E-Mail: info@maerz-verlag.de, www.maerz-verlag.de. Ansonsten bloggen Schröder & Kalender in der »tageszeitung«. Zuletzt erschien im Verlag Philo Fine Arts, Hamburg: »Immer radikal, niemals konsequent. Der März Verlag – erweitertes Verlegertum, postmoderne Literatur und Business Art« von Jan-Frederik Bandel, Barbara Kalender und Jörg Schröder.

Jost Lehne wurde in Frankfurt am Main geboren. Studium der Theaterwissenschaft, Kunstgeschichte, Musikwissenschaft in Erlangen und Berlin. 2004 Promotion in Theaterwissenschaft mit einer Arbeit zum Berliner Admiralspalast. Tätig als Stadtforscher, Theatermann, Museums- und Gästeführer. Hierfür wissenschaftliche, konzeptionelle und künstlerische Arbeit an Theatern und Museen, unter anderem am Deutschen Historischen Museum Berlin. Veröffentlichung von Texten unterschiedlichster Sorte, ausgezeichnet unter anderem mit dem Literaturpreis des Brecht-Hauses für den Theaterclip »Nachtflug zur Venus«.

Susanne Linzer lebt und arbeitet als Autorin und freie Regisseurin in Berlin. 2011 erschien ihr erstes Buch: »Ich möcht' nicht mehr weiter jetzt. Gerhart Ziller. Susanne Kerckhoff. Wolf Kaiser. Drei biografische Essays«. Seit mehreren Jahren beschreibt sie Filme für Blinde und Sehschwache, die als Hörfilme vielfach ausgezeichnet wurden. Exemplarisch seien hier »Erbsen auf Halbsechs« und der Berlinale-Beitrag »Renn wenn Du kannst« genannt.

Harald Martenstein, geboren 1953 in Mainz, lebt in Berlin und in der Uckermark. Er ist Autor der Kolumne »Martenstein« im »Zeit-Magazin« und Redakteur beim Berliner »Tagesspiegel«. Er wurde unter anderem mit dem Henri-Nannen-Preis und dem Egon-Erwin-Kisch-Preis ausgezeichnet. Harald Martenstein lehrt an mehreren renommierten Journalistenschulen und ist Autor zahlreicher Bücher. Sein Roman »Heimweg« (München 2007) wurde im September 2007 mit der Corine ausgezeichnet. 2010 erhielt er den Curt-Goetz-Ring. Zuletzt erschienen der Roman »Gefühlte Nähe« (München 2010) und der Kolumnenband »Ansichten eines Hausschweins« (München 2011).

Lavinia Meier-Ewert, geboren 1980 in Freiburg, studierte Literatur-, Politik- und Kommunikationswissenschaften in Erfurt, Lausanne und an der Freien Universität Berlin. 2009 begann sie ihre Dissertation an der Universität Zürich. 2011 Visiting Graduate Student an der New York University. Mitbegründerin des Verlag M. Sie arbeitet als Journalistin und Lektorin in Berlin.

Dorothea Nölle, geboren 1979 in Schwelm/Westfalen, studierte Regie an verschiedenen Kunst- und Filmhochschulen in Leipzig, Moskau und Köln. Sie arbeitete als Redakteurin im Fernsehshowbereich, bevor sie 2008 das Drehbuchstudium an der Deutschen Film- und Fernsehakademie Berlin aufnahm und drei Jahre später mit dem Diplom abschloss. Dorothea Nölle lebt und arbeitet als freie Drehbuchautorin in Köln und Berlin.

Hans Ostwald, wurde 1873 in Berlin geboren, wo er 1940 auch verstarb. Zwischen 1904 und 1908 edierte er die »Großstadtdokumente«, eine knapp 50 Bände umfassende Sammlung von Geschichten und Beschreibungen des Großstadtlebens aus den unterschiedlichsten Milieus und Subkulturen. In Skizzen und Momentaufnahmen, bei denen oftmals nicht klar ist, ob diese sich tatsächlich so ereignet haben oder sich vielmehr so ereignet haben könnten, gelingt es den »Großstadtdokumenten«, in entlegenste Winkel und Ecken vorzudringen. Auch in der 1931 veröffentlichten »Sittengeschichte der Inflation«, aus der die in diesem Band abgedruckten Texte stammen, blieb Ostwald seinem Stil des Sammelns, Zitierens und Aneinanderreihens treu. Auch hier trägt er Vielfalt zusammen, lässt sie nebeneinander stehen, versucht gar nicht erst, Ordnung ins Chaos zu bringen. Das auch heute noch lesenswerte Buch ist, wie Ostwald es selbst nennt, »ein grellbunter Jahrmarkt des Lebens«.

Andreas Resch, 1973 in Mainz geboren, hat Germanistik, Philosophie und Literaturwissenschaft in Mainz und Berlin studiert. Er lebt als Autor, Kritiker und Lektor in Berlin. 2010 drehte er mit der Gontscharow-Adaption »Oblomow« seinen ersten Spielfilm. Zurzeit arbeitet er an dem Thriller-Drehbuch »Die Unschärfe«.

Thomas Resch wurde 1978 in Mainz geboren. Von 2000 bis 2002 studierte er Technische Informatik an der TU-Berlin. Seither lebt er in Basel, wo er von 2002 bis 2007 Audiodesign an der Hochschule für Musik studierte. Dort arbeitet er heute als Tonmeister und Informatiker.

Mathew D. Rose, geboren 1954 in New York, ist studierter Historiker und arbeitet seit vielen Jahren als investigativer Journalist in Deutschland. Mitte der 1990er Jahre hat er sich durch die Aufdeckung von Korruption und Vetternwirtschaft in Berlin, den »Berliner Filz«, einen Namen gemacht. Rose hat in »Der Spiegel«, »Handelsblatt«, »Manager Magazin«, »Die Zeit« und verschiedenen Tageszeitungen veröffentlicht sowie eine Bücher-Trilogie über Berlin geschrieben. Sein neuestes Buch, »Korrupt?« (München 2011), über Filz und Korruption in Bundesregierung und Bundestag erschien in Heyne Verlag. Er lebt in Berlin.

Jörg Schröder, 1938 in Berlin geboren, ist Verleger des MÄRZ Verlages, dessen Archiv im Jahr 1987 das Deutsche Literaturarchiv Marbach übernommen hat. Seit 1990 erscheinen viermal jährlich die Folgen von »Schröder erzählt«, die Barbara Kalender und Jörg Schröder sich gegenseitig erzählen. Die Tonbandabschrift wird anschließend von beiden Autoren redigiert. Informationen zu »Schröder erzählt« jederzeit gern: MÄRZ Desktop VERLAG, Wexstraße 29, 10715 Berlin, E-Mail: info@maerz-verlag.de, www.maerz-verlag.de. Ansonsten bloggen Schröder & Kalender in der »tageszeitung«. Zuletzt erschien im Verlag Philo Fine Arts, Hamburg: »Immer radikal, niemals konsequent. Der März Verlag – erweitertes Verlegertum, postmoderne Literatur und Business Art« von Jan-Frederik Bandel, Barbara Kalender und Jörg Schröder.

Tobias Tanzyna, geboren in Frankfurt (Oder). Ausbildung zum Grafikdesigner in Dresden. Lebt und arbeitet als Fotograf in Leipzig.

Kurt Tucholsky wurde 1890 in Berlin geboren und verstarb 1935 in Hindaas/Schweden. Mit seinen Satiren und scharfzüngigen Kulturkritiken, die er oft unter einem seiner insgesamt vier Pseudonyme verfasste, wurde er in den zehner und zwanziger Jahren des vorigen Jahrhunderts zu einem der wichtigsten Kommentatoren des Zeitgeschehens in Deutschland. Tucholsky war Aufklärer, Humanist, Pazifist. Unter anderem schrieb er für die »Weltbühne« und die »Vossische Zeitung« – für beide seit 1924 als Paris-Korrespondent. Darüber hinaus war er Essayist, Lyriker und Romancier. Eine umfassende Tucholsky-Werkausgabe ist 1979 im Rowohlt Verlag erschienen.

Lothar Vossmeyer wurde 1934 in Bremen geboren. Er studierte in Marburg, München und Göttingen Geschichte und Germanistik. Hauptberuflich war er Gymnasiallehrer, Gesamtschuldirektor und Oberschulrat in Bremen. Nach der Veröffentlichung eines satirischen Romans [»Onkel Georgs Vision. Ein Schulroman« (Bremen 2001)] und anderer belletristischer Prosa schreibt er jetzt Sachtexte zu historischen Themen.

Currywurst
ohne Darm
LEIHHAUS
CHARLOTTENBURG

Stationen sonstiger Augenblicke

Berlin-Kreuzberg: Fotografien

Ludwig Menkhoff

»Starke Bilder aus einer Zeit, in der die Fassaden noch Einschusslöcher hatten und Geschichte(n) erzählt haben« – Andres Veiel

»Und nun, wie eine ungewöhnlich scharfe Momentaufnahme, dieses schöne Buch.« – Der Tagesspiegel

Kreuzberg in den siebziger Jahren. Ludwig Menkhoff richtet seinen Blick auf den Bezirk am Rand der Mauer: auf verwinkelte Hinterhöfe, bröckelnde Häuserfassaden und die Trümmerberge der Abrisshäuser. Mit Melancholie und Bildwitz dokumentieren seine Straßenszenen und Porträts eine Welt, die so nicht mehr existiert – und eine Poesie des Verfalls, für die ein aufgesprühter Schriftzug auf der Berliner Mauer als Überschrift gelten kann: »Stationen sonstiger Augenblicke«.

Edition Stadtmuseum »Berliner Ideen«

[ISBN 978-3-939254-06-5], 24,90 €

Ich möcht' nicht mehr weiter jetzt

Gerhart Ziller, Susanne Kerckhoff, Wolf Kaiser
Drei biografische Essays
von Susanne Linzer

Die junge Schriftstellerin, der aufstrebende DDR-Minister und der gefeierte Brecht-Schauspieler. Unterschiedlicher, so scheint es, können Biografien kaum sein. Doch Susanne Kerckhoff, Gerhart Ziller und Wolf Kaiser ist eines gemein. Sie haben den Freitod gewählt.

Anhand von Briefen, Gesprächen und Zeitdokumenten begibt sich Susanne Linzer auf Spurensuche. Entstanden ist ein Buch über das Leben: drei so spannende wie bewegende Porträts von beeindruckenden Persönlichkeiten, die ihrer Leidenschaft gefolgt sind und für ihre Ideale gekämpft haben – Menschen, die sich im Tosen der historischen Umbrüche ihrer Zeit selbst treu geblieben sind, und die vom Leben viel, wenn nicht alles erwarteten.

Edition Stadtmuseum »Berliner Subjekte«

[ISBN 978-3-9812257-7-8], 19,90 €

Gott und andere Götter

Mit einem Fake auf der Suche nach Gott

Idee und Realisation von Ernst Volland

Satire-Legende Ernst Volland hat wieder zugeschlagen, diesmal undercover: »Unser Sohn Marco (8 Jahre) hat immer wieder die Frage nach Gott gestellt. Er möchte wissen, wie dieser wirklich aussieht [...]«. Mit diesem Ansinnen und beigelegter Kinderzeichnung von Gott hat sich Volland an hochrangige Vertreter religiöser Gemeinschaften gewandt.

Mit einem Nachwort von Horst Tomayer

»Ernst Volland hat eine feine Sammlung von Antworten zusammengetragen, die Auskunft gibt über die Geisteshaltung nicht nur der christlichen Kirchen auf die Kinderfrage, wie denn der liebe Gott wohl aussehe. [...] Göttlich? Göttlich!« — tip Berlin

---

Edition Stadtmuseum »Berliner Ideen«

[ISBN 978-3-9812257-1-6], 14,90 €

Vom Museum aufs Schafott

Kleine Geschichte eines Richtbeils

Erzählt von Uwe Winkler

Der Scharfrichter erhebt mit beiden Händen das Richtbeil und lässt es auf den Nacken des Verurteilten niederfallen. Das Haupt, vom Rumpf getrennt, fällt auf das Schafott nieder. So geschehen am 16. August 1878 im Gefängnis Berlin-Moabit.

Spannend wie ein Krimi – und zudem eine amüsante kunstphilosophische Denkaufgabe – ist dieses Skandalstück deutscher Rechtsgeschichte, in dem ein misslungenes Attentat auf Kaiser Wilhelm I., ein eilends ernannter Scharfrichter und ein Beil aus dem Märkischen Museum Berlin die Hauptrollen spielen.

Edition Stadtmuseum »Berliner Objekte«

[ISBN 978-3-9812257-3-0], 17,90 €

Die Berliner Nikolaikirche
Gotteshaus – Denkmal – Museum

von Albrecht Henkys

Wie kein anderer Ort spiegelt die Nikolaikirche die besten Zeiten der Stadt von ihren Anfängen bis zu ihrem Status als europäische Metropole. Mit ihrer Zerstörung im Zweiten Weltkrieg wurde sie aber auch zu einem Symbol für die dunkelste Periode unserer Geschichte. Ihr Wiederaufbau als Museum ermöglicht es heute, das Wissen um die vielfältigen Facetten unserer Vergangenheit in authentischer Weise wach zu halten.

Mit neuen Forschungsergebnissen aus der Bausanierung und zahlreichen historischen Abbildungen!

---

1. Auflage Berlin 2010, Verlag M
80 Seiten, mit zahlreichen farbigen Abbildungen, Softcover
4,90 Euro
[ISBN: 978-3-9812257-6-1]

Mechanische Musikinstrumente
Vom Salon in die Kneipe

von Anne Franzkowiak

Orchestrion, Flötenuhr, Drehorgel – bevor die Schallplatte die Welt endgültig eroberte, gab es vielfältige mechanische Speicher- und Abspielgeräte in Gastlokalen und Wohnzimmern. Auf der beiliegenden CD mit ausgewählten Musikstücken sind sie ganz wunderbar zu hören: klassische Klänge und Perlen der Tanzmusik, Giuseppe Verdi und Kurt Weill, Paul Lincke, »Sonny Boy« und Evergreens wie »Die Kirschen in Nachbars Garten« und »Die Männer sind alle Verbrecher«.

Mit Original-Aufnahmen der beliebten mechanischen Musikinstrumente!

---

1. Auflage Berlin 2011, Verlag M
ca. 80 Seiten plus CD, Softcover
9,90 Euro
[ISBN: 978-3-939254-05-8]